PAI ASSASSINADO, PAI MORTO

Blucher

PAI ASSASSINADO, PAI MORTO

Revisitando o complexo de Édipo

Rosine Jozef Perelberg

Tradução

Claudia Starzynski Lima

Pai assassinado, pai morto: revisitando o complexo de Édipo
Título original: *Murdered Father, Dead Father: Revisiting the Oedipus Complex*

Imagem da capa: iStockphoto

Publisher Edgard Blücher
Editor Eduardo Blücher
Coordenação editorial Jonatas Eliakim
Produção editorial Bárbara Waida, Bonie Santos, Isabel Silva, Luana Negraes
Preparação de texto Ana Maria Fiorini
Diagramação Negrito Produção Editorial
Revisão de texto Cristine Akemi
Capa Leandro Cunha

Blucher

Rua Pedroso Alvarenga, 1245, 4º andar
04531-934 – São Paulo – SP – Brasil
Tel.: 55 11 3078-5366
contato@blucher.com.br
www.blucher.com.br

Segundo o Novo Acordo Ortográfico, conforme 5. ed. do *Vocabulário Ortográfico da Língua Portuguesa*, Academia Brasileira de Letras, março de 2009.

Dados Internacionais de Catalogação
na Publicação (CIP)
Angélica Ilacqua CRB-8/7057

Perelberg, Rosine Jozef

Pai assassinado, pai morto : revisitando o complexo de Édipo / Rosine Jozef Perelberg; traduzido por Claudia Starzynski Lima. – 1. ed. – São Paulo : Blucher, 2021.

344 p.

Bibliografia

ISBN 978-65-5506-063-8 (impresso)

ISBN 978-65-5506-315-8 (eletrônico)

1. Psicanálise. 2. Freud, Sigmund. I. Título. II. Lima, Claudia Starzynski.

20-0487 CDD 150.195

Índices para catálogo sistemático:
1. Psicanálise

À memória de

Fiszel Swiczarczyk e Fradja Dobrzinska

Rosa e José Karacuchansky

Para Georges Hersz Jozef e

Bella Karacuchansky Jozef

Para Daniel, Gabriel e David

A força da vida

Conteúdo

Agradecimentos

Este livro é o resultado de uma jornada ao longo da qual tive o privilégio de encontrar muitas pessoas inspiradoras, que contribuíram para meu desenvolvimento e pensamento como psicanalista.

Muito obrigada a Alessandra Lemma, editora da New Library of Psychoanalysis, pelo apoio a este projeto, e a meus leitores anônimos por seus comentários, que possibilitaram que eu aprimorasse o manuscrito.

Nos últimos trinta anos, a British Psychoanalytical Society tem sido um fórum de discussões e trocas entre amigos e colegas apaixonados responsáveis pelos seminários, análise, supervisão e formação de nossos candidatos. Sou incapaz de enumerar todos. No entanto, foram particularmente valiosas para mim as conversas teóricas e clínicas que, ao longo de muitos anos, tive com Catalina Bronstein, Rosemary Davis, Sira Dermen, Sara Flanders, Anne Harrison, Michael Parsons, Caroline Polmear, Joan Raphael-Leff e Joan Schachter. As trocas com os amigos do Spanish Club e do The Young Adults Resarch Group foram marcos importantes nessa trajetória.

Os alunos que frequentaram meus seminários durante esses anos e meus supervisionandos desafiaram-me a manter-me atualizada com as questões da teoria e da prática clínica.

Dentre os antecessores que não se encontram mais entre nós, gostaria de prestar homenagem a Marion Burgner, Rose Edgecumbe, Pearl King, Nina Coltart e Dinorah Pines; Mervin Glasser, André Green, Jean Laplanche, J. B. Pontalis, Joseph Sandler e Harold Stewart.

A criação por Joseph Sandler da Unidade de Psicanálise e posteriormente o *master of science* (MSc) em Teoria Psicanalítica na University College London (UCL) por Peter Fonagy tornaram-se referências no panorama da psicanálise em Londres e no Reino Unido. Há dezenove anos estou envolvida com a atividade de lecionar e supervisionar alunos. Durante a maior parte desse tempo, coordenei os seminários de Freud e os seminários sobre sexualidade. Sempre valorizei os desafios trazidos pelas novas gerações de alunos e sinto-me recompensada por seu engajamento com as ideias psicanalíticas.

Minha formação em antropologia cultivou em mim uma sensibilidade e respeito pelas diferenças, e aspiro por um diálogo contínuo com diferentes tradições, não só dentro da British Psychoanalytical Society, mas também no âmbito internacional.

Durante os últimos dezenove anos, trabalhei também com os membros da Deutsche Psychoanalytische Gesellschaft (DPG), oferecendo supervisões e aulas para vários institutos psicanalíticos e universidades em Berlim, Düsseldorf, Frankfurt, Hamburgo, Stuttgart e Tubingen. Essas trocas constituem a base de alguns capítulos deste livro. Fui palestrante no Annual DPG Congress em Frankfurt em 2013 e em Düsseldorf em 2014. Gostaria de agradecer particularmente a Ingo Focke, atual presidente da DPG,[1] a Winnie e Bernd Gutmann, por uma inesquecível estadia em Berlim, e a Gisela Klinckwort pelos reiterados convites e por sua confiança em mim.

A Karl Abraham Memorial Lecture, proferida no Karl Abraham Intitute of the Deutsche Psychoanalytische Vereinigung (DPV) em Berlim, em 2009, foi um marco para mim, e constitui a origem do Capítulo 2. Sou grata a Veronica Mätchlinger por me convidar e por me receber em uma das minhas visitas a Berlim.

O Anglo-French Colloquium organizado por Anne-Marie Sandler e Haydée Faimberg completa agora 21 anos. Foi onde muitos de nós nos conhecemos, e amizades e trocas sólidas desenvolveram-se ao longo dos anos. Muito apreciei o convite de Laurent Danon-Boileau para contribuir ao seu *Glossaire Clinique de Psychanalyse Contemporaine* com três entradas sobre meus conceitos: "um pai é espancado", discutido no Capítulo 2, "fantasia central na violência", e a distinção entre *après-coup "descritivo" e après-coup "dinâmico"*. Apreciei também os convites feitos por André Beetschen, Catherine Chabert, Paul Denis, André Green e Jean-Claude Rolland que me ofereceram a oportunidade de fazer apresentações em Paris, Lyon e Lausanne.

Ao longo dos últimos quinze anos, o British French Colloquium on Sexuality, organizado por mim, Monique Cournut, Daniellle Kaswin e Chantal Lechartier-Atlan, tem sido uma fonte frutífera de trocas e reflexões. Esses colóquios, que ocorrem bienalmente em Londres e Paris, reúnem membros da British Society, da Société Psychanalytique de Paris e da Association Psychanalytique de France. Têm sido uma oportunidade de apresentar nossos

---

1 Ingo Focke foi presidente da DPG entre 2011 e 2017. O presidente no momento de publicação desta edição é Klaus Grabska [N.E.].

candidatos e membros a um modo diferente de pensar e praticar a psicanálise.

O colóquio no castelo de Cerisy-La Salle, organizado em 2004 por François Richard e Fernando Urribarri, foi um marco no aprofundamento de meu vínculo com a obra de André Green e de meu diálogo com os amigos e colegas franceses, especialmente Marilia Aisenstein e Julia Kristeva. Aquele longo fim de semana foi uma experiência inesquecível para todos nós, e André comentou cada uma de nossas contribuições. Esse diálogo continuou quando nos reencontramos em Nova York em abril de 2006, no Symposium on the Dead Father, organizado por Lila Kalinich e Stuart Taylor e a Association of Psychoanalytic Medicine. O primeiro capítulo deste livro nasceu desses colóquios. Ao longo de todos esses anos, o diálogo com Marilia Aisenstein tem sido precioso para mim.

De 2011 a 2012, fui nomeada Professorial Fellow da British Psychoanalytical Society – Birkbeck University. Foi então que este livro tomou forma, na medida em que fui apresentando os diversos capítulos em seminários e palestras públicas sobre o tema "Funções materna e paterna na psicanálise e mitologia". Muito apreciei a atmosfera interessada que encontrei em Birkbeck e percebi que a psicanálise em Londres poderia atrair um grande número de alunos para os seminários do meio-dia no Clore Management Centre. Sou particularmente grata a Stephen Frosh, Lisa Baraister e Daniel Pick, que me ofereceram essa oportunidade. Daniel Pick também me convidou para dar seminários aos seus alunos sobre o complexo de Édipo na antropologia e na psicanálise e sobre a noção de abjeto de Julia Kristeva, temas desenvolvidos nos Capítulos 5, 6 e 7. Sou grata a Jeremy Schonfield por algumas referências por ele sugeridas e por seus comentários na versão original do Capítulo 3.

Em 2012, fui a São Francisco na qualidade de professora visitante no San Francisco Centre of Psychoanalysis, onde apresentei artigos, lecionei e supervisionei candidatos, membros e analistas didatas. Essa foi mais uma oportunidade para me engajar com diferentes tradições em psicanálise. Gostaria de agradecer a Eric Glassgold por essa oportunidade e a todos os colegas que ali encontrei por sua acolhida calorosa. Sou particularmente grata a Peter Goldberg por sua análise meticulosa e avaliação generosa do meu trabalho, e a Jed Sekoff por sua receptividade calorosa.

Meus agradecimentos especiais a Renée Danziger, Walter Gibson e Maria Helena de Losada, que generosamente me permitiram usar citações de seus trabalhos.

No coração de meu engajamento está minha clínica, de onde tudo brota. Sinto-me privilegiada por dispor da confiança de meus pacientes.

Sophie Bennett verificou muitas das referências para mim, e sou grata por sua meticulosidade e disponibilidade.

Saven Morris, bibliotecário do Institute of Psychoanalysis, continua a encontrar referências e citações para mim quando ninguém mais supõe que isso seja possível.

Eric e Klara King leram todo o manuscrito e me impressionaram pela atenção meticulosa aos detalhes, à qual sou grata.

A Ruth Naidin, por nossas conversas, que começaram na infância e se estenderam por todas as nossas vidas profissionais.

Don Campbell, Gregorio Kohon e eu desenvolvemos, por muitos anos, uma atmosfera de amizade, confiança e ajuda mútua. Sou profundamente grata ao diálogo criativo no qual nos envolvemos.

Daniel agora sabe por si próprio a dedicação e paixão que isso exige.

Sergio tem sido meu parceiro constante nessa viagem entre os continentes emocional e geográfico.

Também agradeço aos editores mencionados a seguir.

Ao *International Journal of Psychoanalysis* pela permissão de republicar os seguintes artigos:

Perelberg, R. J. (2009). Murdered Father and Dead Father, Revisinting the Oedipus Complex. *International Journal of Psychoanalysis, 90*, 713-732.

Perelberg, R. J. (2011). "A Father Is Being Beaten": Constructions in the Analysis of Male Patients. *International Journal of Psychoanalysis, 92*, 97-116.

Ao *Psychoanalytic Quarterly* pela permissão de republicar o seguinte artigo:

Perelberg, R. J. (2013). Paternal Function and Thirdness in Psychoanalysis and Legend: Has the Future Been Foretold? *Psychoanalytic Quarterly, 82*(3), 557-585. Copyright John Wiley & Sons Ltd.

À *Revue Française de Psychanalyse* pela permissão de traduzir e publicar o seguinte artigo:

Perelberg, R. J. (2013). L'inquiétante étrangerité; tiercéité et temporalité. *Revue Française de Psychanalyse, LXXVII*(5), 1551-1558, décembre.

A Nurith Aviv pela permissão de citar seu filme *From Language to Language (Misafa, lesafa)* (2004, Icarus Films, http://icarusfilms.com/new2005/fltl.html).

Prefácio

Desde seus primórdios, há mais de cem anos, tem havido grandes e sérios mal-entendidos relativos à natureza da psicanálise – alguns deles criados e promovidos pelos próprios psicanalistas. Freud, em uma carta a Fliess, declarou: ". . . na verdade não sou de forma alguma um homem da ciência, não sou um observador, nem um experimentador, nem um pensador. Sou, por temperamento, nada além . . . do que um aventureiro . . . com toda a curiosidade, ousadia e tenacidade características de um homem desse tipo" (1º de fevereiro de 1900). Quem nos dera as coisas fossem assim tão simples.

Freud queria que sua criação fosse aceita pela cultura; foi o primeiro responsável pelos equivocados ideais de cientificismo que contaminaram esta disciplina até os dias de hoje. Não há, porém, espaço para cientificismo nos escritos psicanalíticos de Rosine Perelberg. Para ela, a especificidade da psicanálise e as metas e ambição intelectual dos psicanalistas, seja trabalhando na clínica ou lidando com questões teóricas, claramente não pertencem ao campo da ciência, mas a outro lugar. A verdadeira força da psicanálise freudiana, como demonstra este livro, reside em seu comprometimento com a curiosa coerência de seu próprio discurso incomum. Embora seja precisamente essa a origem de muitas das críticas, continua sendo o princípio central dessa disciplina *extra*-ordinária.

Cornelius Castoriadis observou que os seres humanos não se caracterizam pela lógica e racionalidade, mas por uma "incontrolável imaginação" radical, que exerce um papel central em nossa psique, distinguindo-nos do resto do mundo animal (1991). Em outras palavras, os primatas podem ser capazes de sugar o polegar, mas por enquanto são incapazes de criar linguagem, música, literatura e arte. A psicanálise deve sua existência, e continua a se desenvolver, em função dessa imaginação irrefreável em um mundo de sua própria criação, *a outra cena* de um inconsciente que nenhuma outra disciplina foi capaz de identificar, reconhecer ou estudar.

A teoria psicanalítica ultrapassa os limites da moderação; sofre de uma exuberância de criatividade (Kohon, 1999, p. 149). Descreve a existência e persistência de desejos incestuosos, fala em termos extremos sobre vida e morte, lida com paixões incontroláveis e com a presença potencial de sentimentos assassinos dirigidos àqueles que amamos, tentativas de dar conta de fantasias inconscientes, demonstra que aquilo que às vezes aparentam ser "boas intenções" nada mais são que a expressão disfarçada da inveja destrutiva, demostrou a inevitável cisão do eu, a negação do que sabemos conscientemente, a existência de teorias sexuais infantis que continuam a influenciar nossa vida psíquica adulta – e muito mais.

Há mais de 25 anos Perelberg tem contribuído com excepcional clareza de pensamento para o desenvolvimento dessa teoria. Começando com seus artigos sobre violência e suicídio, a relação entre antropologia e psicanálise e a questão da experiência feminina, passou posteriormente a aprofundar nossa compreensão de conceitos como identificação e identidade, tempo e espaço no *setting* psicanalítico, a concepção moderna de narcisismo e a esclarecer questões relacionadas às "controvérsias Freud-Klein". E muito mais. Uma contribuição particularmente importante é a distinção entre o *après-coup* descritivo e o *après-coup* dinâmico, permitindo este último uma maior compreensão das diferentes noções de temporalidade presentes no inconsciente, dando mais sentido aos acontecimentos no *aqui e agora* da situação analítica. O conceito de *après-coup dinâmico*, estando conectado e inter-relacionado com muitos outros conceitos da teoria freudiana, ocupa lugar central em sua metapsicologia.

A psicanálise encontra sua justificativa no processo de uma cura, um processo que se dá na exclusividade do consultório, onde os analistas têm o privilégio de ganhar acesso ao inconsciente do outro em um encontro que se dá através da linguagem, marcado pela dinâmica da transferência e contratransferência. Os relatos clínicos que Perelberg nos oferece neste livro são exemplos brilhantes dessa inspiração e desse feito psicanalítico, demonstrando a influência mútua, a inter-relação entre teoria e clínica. Ao lidar com neuroses, psicoses e outras formas de doenças, os psicanalistas não as consideram coisas em si mesmas: elas sempre significam algo mais, algo *outro*. Nosso desafio, como profissionais engajados, é compreender *o que* essa outra coisa é. Por intermédio da intuição clínica de Perelberg e de seu considerável conhecimento teórico, viajamos confortavelmente entre a teoria das relações de objeto britânica e a psicanálise francesa, e Perelberg indica o caminho a seguir, oferecendo indicadores, conceitos e ideias, todos inspirados no seu trabalho com seus pacientes.

A distinção entre o pai assassinado e o pai morto, organizador conceitual que estrutura este livro, adquire maior profundidade e significância clínica à medida que o livro progride. Dentre os conceitos clínicos propostos, é notável a fantasia *um pai é espancado*, resultante do trabalho analítico com alguns pacientes do sexo masculino, elaborando a transformação progressiva de fantasias de castração dentro do contexto da cena primária. Como Perelberg argumenta, trata-se de "uma expressão da constituição de sua escolha sexual e identificação masculina"; trata-se de uma *construção*, um resultado das "vicissitudes da transferência" alcançadas por meio de interpretações do analista.

Marcos como esse, essas construções psicanalíticas, podem parecer, para muitos, não explicar muita coisa, ou não ter grande significância, podem não ser "descobertas" no sentido convencional. No entanto, para o psicanalista, essas construções ajudam a tornar *visível* aquilo que não é compreensível. Mais do que qualquer outra coisa, e de forma muito mais importante, desenvolvem condições pelas quais a teoria psicanalítica se organiza para que o inconsciente do outro, como se expressa na clínica, possa ser revelado.

A obstinada persistência dos psicanalistas só pode ser celebrada. A despeito dos ataques e críticas, são tantos os que continuam se esforçando para tratar casos difíceis, para sugerir novas ideias, bem como elaborar e expandir as antigas. Rosine Perelberg é uma das mais interessantes e criativas dentre esses pensadores.

Gregorio Kohon

Referências

Castoriadis, C. (1988). Logique, Imagination, Reflexion. Palestra apresentada no colóquio sobre "The Unconscious and Science" (5 e 6 mar. 1988, Université Paris X – Nanterre). Publicado em Roger Dorey (ed.), *L' inconscient et la science*. Paris: Dunod,

1991. Republicado em 1992 como Logic, imagination, reflection. *Am. Imago, 49*, 3-33 (trad. David Amis Curtis).

Freud, S. (1900). Letter from Freud to Fliess, February 1, 1900. *The Complete Letters of Sigmund Freud to Wilhem Fliess,* 1887-1904, pp. 397-398.

Kohon, G. (1999). *No lost certainties to be remembered.* London: Karnac.

Introdução

O tema do assassinato do pai permeia a obra de Freud. Ele oscilava entre tipos diferentes de interpretações, considerando-o, por um lado, um fato real ocorrido num passado distante e depois reprimido e, por outro lado, considerando esse "acontecimento" um mito (Godelier, 1996). Apresenta-se, então, um paradoxo: matar o pai é, do ponto de vista de Freud, um requisito para a criação da ordem social que, a partir daí, proíbe todos os assassinatos. No entanto, o pai só precisa ser assassinado metaforicamente: a exclusão real do pai encontra-se na origem de muitas psicopatologias, desde a violência até as psicoses e perversões.

O pai primordial, segundo Lacan, é o pai anterior ao tabu do incesto, anterior ao surgimento da lei, das estruturas sociais e da cultura (Lacan, 2005). Na literatura psicanalítica, encontram-se muitos conceitos para designar esse pai primordial. Rosolato (1969), por exemplo, sugere o termo *pai narcísico* ou *idealizado* para designar o pai mítico, pré-histórico, que é todo-poderoso, possui todas as mulheres e governa por intermédio da violência. É esse pai violento e incestuoso que é assassinado no mito fundante.

Já em 1897, Freud escrevera a Fliess, numa carta, sobre sua surpresa ao verificar que, em todos os seus casos (incluindo o seu próprio), o pai fosse acusado de perversão (Freud, 1897b). Entretanto, por meio da análise de seus próprios sonhos, Freud identificou a natureza inconsciente dos desejos universais e proibidos presentes nos seus relatos e nos de seus pacientes. Posteriormente, sugeriu que no inconsciente a ontogênese repete a filogênese. A história do assassinato do pai seria transmitida na vida inconsciente de cada indivíduo. Encontra-se na base da situação edípica.

Pai assassinado, pai morto

Totem e tabu (Freud, 1912-1913) nos conta a história de uma horda primeva de irmãos, governada pelo pai narcísico, tirânico, detentor de todas as mulheres. Um dia os irmãos se reúnem para assassinar esse pai a fim de ocupar seu lugar. Renunciam, porém, ao desejo de possuir todas as mulheres para si. Essa é a origem da sociedade e da cultura. Segundo Freud, o pai morto tornou-se mais poderoso do que jamais fora enquanto vivo. Assim, esse pai morto é visto como constituindo a ordem simbólica e deve ser distinguido da pessoa real do pai.

O complexo de Édipo foi descoberto gradualmente durante a segunda fase da obra de Freud, estabelecendo as diferenças entre os sexos e as gerações. No entanto, é apenas em seu último livro, *Moisés e o monoteísmo* (1939), que Freud introduz o termo "paternidade" (Stoloff, 2007). Nesse livro, Freud reúne algumas de suas ideias, as quais vinha progressivamente desenvolvendo, partindo da realidade da sedução pelo pai na primeira fase, passando pela fantasia de sedução na segunda, até a elaboração do conceito de complexo de Édipo, em sua assimetria entre as funções paterna e materna, que inclui ainda a complexidade do processo de *après-coup*. Em sua referência a um deus todo-poderoso que é também invisível e inacessível aos sentidos, *Moisés e o monoteísmo* estabelece uma ligação entre a função paterna e o monoteísmo. Isso então levanta a questão das ligações entre os dois: o deus invisível e o vínculo invisível que liga uma criança a seu pai e, em última instância, à função paterna, o que não deve ser confundido com a realidade biológica da mãe e do pai (Freud, 1939).

Esse livro sugere que a distinção entre o pai (narcísico) assassinado e o pai morto é central e paradigmática para a compreensão de configurações na prática clínica. É também relevante para a compreensão de obras literárias, histórias religiosas, ensaios antropológicos e acontecimentos históricos. Ilumina diferentes resultados nas diferentes psicopatologias, abrangendo desde pacientes que são de fato violentos com seus pais (ou substitutos) até pacientes perversos e *borderline*.

A noção do pai morto tem um papel em várias psicopatologias, instituindo diferentes configurações edípicas. Rosolato (1969) sugeriu que no caso da histeria, o sintoma encena por meio do corpo uma cena de violação e sedução. A histérica exibe o desejo não satisfeito. Uma parte da realidade é negada pela repressão; a outra é descarregada como sintoma. O mundo das representações é contornado, e o complexo do pai morto não se estabelece. Na dramatização da histérica, o pai é seduzido, e o complexo do pai morto é evitado.

Ao comentar pela primeira vez o caso Schreber, Freud relacionou sua psicose ao que sugeriu ser o "complexo paterno". Devemos ter em mente que o complexo de Édipo não havia ainda sido sugerido:

> *Portanto, também no caso Schreber nos achamos no familiar terreno do complexo paterno. Se a luta com*

> *Flechsig relevou-se, para o paciente, um conflito com Deus, temos de traduzi-lo num conflito infantil com o pai amado . . . A mais temida ameaça do pai, a castração, realmente proporcionou o material para a fantasia-desejo de transformação em mulher, primeiro combatida e depois aceita. (Freud, 1911, pp. 74-75)*

Perto do final de sua obra, Freud desenvolveu o conceito da cisão do eu, o que lhe permitiu aprofundar suas ideias sobre a psicose a partir do que havia desenvolvido no caso Schreber. O psicótico repudia a realidade e põe de lado o papel do pai morto simbólico. Lacan compreendeu a psicose como a forclusão do Nome do Pai.

Freud interpretou os ataques de Dostoiévski como expressão da elaboração de uma relação entre o eu e o supereu:

> *O sintoma dos "ataques que semelham a morte" que aparece já na infância, pode ser compreendido como uma identificação com o pai por parte do Eu, admitida pelo Super-eu como punição. "Você quis matar o pai, para se tornar o pai você mesmo. Agora é o pai, mas o pai morto" – o mecanismo habitual dos sintomas histéricos. E, além disso: "Agora é o pai que mata você". (Freud, 1928, p. 350)*[1]

Freud sugeriu que Dostoiévski nunca conseguiu se livrar dos sentimentos de culpa pela intenção de matar seu pai. Sugeriu ainda que três das maiores obras-primas da literatura universal – *Édipo Rei*, de Sófocles, *Hamlet*, de Shakespeare e *Os irmãos Karamazov*,

1 Esta citação foi extraída de: Freud, S. (1928). Dostoiévski e o parricídio. In S. Freud, *Obras Completas*, 12. Trad. Paulo César de Souza. São Paulo: Cia. das Letras, 2010 [N.T.].

de Dostoiévski – lidam todas com o mesmo tema, o parricídio. Em todas as três, ademais, o motivo do ato – rivalidade por uma mulher – é desnudado.

Quantas narrativas existem?

Foi para seu pai narcísico que Franz Kafka escreveu amedrontado: "Você é um verdadeiro Kafka, com força, saúde e apetites, uma voz alta, e uma língua loquaz; satisfeito consigo próprio e mundanamente sábio . . . [suas] faltas e fraquezas são fruto de seu temperamento; e às vezes de sua ira violenta" (1919, p. 5). Nessa carta, o pai de Kafka é retratado como uma figura aterrorizadora; sua tirania para com sua mulher e filhos indica seu fracasso como a expressão da lei do pai morto.

"Um pai é espancado"

A descoberta da função paterna é acompanhada pela compreensão da nuclearidade da configuração edípica e de seu corolário, o tabu do incesto e a fantasia de matar o pai.

A fantasia "um pai é espancado" (e suas transformações) surge para alguns pacientes masculinos como *resultado* da análise e torna-se uma apropriação potencial do pai (simbólico). O espancamento simbólico do pai se dá no limiar entre uma organização anal-sádica e a situação edípica. A fantasia "um pai é espancado" não significa necessariamente que é o pai que está explicitamente sendo espancado. É uma *construção* que deriva de associações livres e sonhos no encontro analítico, resultantes do trabalho de interpretação. Essa situação pode ser contraposta a outras configurações clínicas nas quais a fantasia "um pai é espancado" não foi alcançada. O traço comum em todas essas outras configurações é uma forclusão na relação com o pai e uma falta de internalização da função paterna como capacidade simbólica. *Essa ausência do pai em sua função simbólica* passa a ser erotizada numa fusão entre as pulsões de vida e de morte. Sugiro que essa distinção se torna relevante para a compreensão das perversões. A elaboração dessa fantasia na análise pode indicar a passagem de uma configuração de pai narcísico para o pai morto – isto é, a internalização da função paterna e a elaboração de uma identificação masculina.

Terceiridade e temporalidade

Na Parte II deste livro, considero a narrativa bíblica do Sacrifício de Isaac, o Akkedah, como inaugural da função paterna e da terceiridade. Essa história marca a passagem do pai narcísico para a lei do pai simbólico, instituindo um vínculo geracional. O tempo torna-se então um elemento essencial para o estabelecimento da terceiridade, um vínculo entre o "aqui e agora" e o "lá e então".

Comparo também alguns dos textos-chave da literatura psicanalítica sobre terceiridade: os trabalhos de Green e Britton, por um lado, e os de Ogden e Benjamin, por outro. O contraste entre esses pensadores pode ser capturado ao se examinar o modo como Caravaggio e Rembrandt representam, em suas telas, o Sacrifício de Isaac. Caravaggio retrata o medo e a dor de Isaac, enquanto Rembrandt humanizou a cena eliminando o elemento da violência. A noção de sacrifício, e mais especificamente a noção do sacrifício da sexualidade, é removida. Refiro-me aqui ao papel da violência nas relações humanas, violência esta que precisa ser reprimida, renunciada e sublimada para que a cultura possa existir. Ogden e Benjamin não consideram o tabu da sexualidade, a violência do início da vida e a centralidade da ideia de Freud de que qualquer indivíduo está, por definição, excluído da cena primária. Esta é a noção do sacrifício da sexualidade presente na fundação da psicanálise e da cultura.

O nascimento da humanidade no mito psicanalítico centra-se no assassínio cometido pelos filhos. Na vida comum, isso constitui o pano de fundo das fantasias reprimidas de violência, de ausência, de falta e de perda, que se encontram na fundação da cultura, cujos derivados adentram nossos consultórios.

A narrativa de Abraão aponta para o futuro em sua conexão com o passado e cria assim uma jornada. O processo analítico inclui uma dimensão histórica que liga dois momentos, a realização de um instante antecipado muito antes de acontecer (Winnicott, 1971c). A terceira dimensão é sempre marcada pela ausência, no presente ou no passado, bem como no futuro. Refere-se a uma temporalidade aberta, que, como sugeri, é uma dimensão importante da terceiridade.

O complexo de Édipo é universal?

A terceira parte do livro cresceu organicamente a partir dos meus pensamentos sobre as distinções entre o pai assassinado e o pai morto em relação ao complexo de Édipo. O diálogo entre psicanalistas e antropólogos suscitara questões importantes para ambas as disciplinas. Um relato do debate entre Malinowski e Ernest Jones é paradigmático das questões em jogo.

A antropologia delineou sua área de estudo "expelindo" o indivíduo de seu campo de análise, inaugurando, assim, dicotomias entre indivíduo e sociedade, natureza e cultura, direitos e sentimentos. Entretanto, como demonstro, os antropólogos sociais também se dedicaram às questões de como dar conta e explicar a diferença entre os sexos e entre as gerações, e como identificar o que é transmitido nas sociedades tradicionais pelas diferentes linhas, patrilinear ou matrilinear. As culturas propuseram mitos e rituais a fim de oferecer respostas para essas questões. A análise de Bateson da cerimônia Naven entre o povo iatmul, da Nova Guiné, ilustra a maneira como a sociedade lida com as contradições em suas formas de ver as diferenças entre os sexos por meio de um sistema de rituais nos quais os homens vestem-se como mulheres.

O debate entre Malinowski e Ernest Jones, considerado à luz de debates mais contemporâneos sobre a questão da "racionalidade" nas ciências sociais, permanece relevante e é ilustrativo das questões com as quais ainda se deparam tanto os antropólogos quanto os psicanalistas. A contribuição específica trazida pelos antropólogos para o debate está contida no próprio conceito de "função".

O assassinato do pai morto

A diferenciação entre o pai narcísico e o pai morto como a instituição da lei leva-me a algumas considerações sobre Auschwitz na Parte IV. A expressão de Nietzsche "Deus está morto" (1882) deve ser compreendida a partir da perspectiva aqui desenvolvida como o assassinato do pai morto.

A partir de 1920, Freud confrontou os limites da compreensão psicanalítica à medida que elaborava os conceitos de pulsão de morte, masoquismo primário e repúdio da feminilidade (Freud, 1920a, 1924b, 1937). Se o modelo topográfico da mente sugeria uma ligação entre as pulsões e suas representações, o modelo estrutural da mente e o conceito de pulsão de morte postularam uma pulsão que não correspondia a uma representação, mas expressava-se por intermédio da compulsão à repetição. O modelo topográfico da mente enfatizava um mundo psíquico *cheio de representações*, enquanto o modelo estrutural apontava a *heterogeneidade radical da vida psíquica* (Green, 1999, p. 83, 2002a).

Green argumenta que o modelo estrutural re-acessa a relevância do movimento e da força das pulsões, pois baseia-se na existência de estruturas mentais em que as representações desapareceram das descrições teóricas. A descoberta da compulsão à repetição mudou radicalmente o sistema freudiano.

No entanto, Freud referiu-se às manifestações clínicas do instinto de morte dirigidas ao *self* (com o fenômeno do masoquismo, a reação terapêutica negativa e o sentimento inconsciente de culpa) em vez de proporcionar uma análise do instinto de morte voltado para a realidade externa.

Green propôs que, quando desligada, a pulsão de morte leva à função desobjetalizante e possibilita a des-humanização do objeto. É essa destruição do humano, a criação do abjeto, o senso de interrupção de tudo sobre o que é possível pensar que encontramos no cerne de Auschwitz. Green cita Kafka: "Está colocado para nós compreender o negativo; o positivo já está dado" (Green, 2011, p. 180). Imre Kertész, ele próprio sobrevivente de um campo de concentração, fez várias referências à "dialética do negativo", de Adorno, em seu livro de 2009 *L'holocaust comme culture* (O holocausto como cultura). Green enfatiza a afirmação de Adorno de que "a mente vive no negativo" (2011, p. 180).

Pergunta Green:

> *Devemos pensar conceitualmente no negativo de duas formas distintas que apenas a homogeneidade pode unir, mas que envolvem duas significações radicalmente separadas: uma que opõe o negativo como a psicanálise permite-nos concebê-lo, e outra derivada do pensa-*

> *mento sociopolítico como a encontramos desenvolvida por Kertész? (2011, p. 181)*

Será que os conceitos de *instinto de morte* e de *negativo* oferecem ajuda para compreender Auschwitz? Como essas expressões extremas de destruição tomam forma na esfera sociopolítica? Wolfgang Sofsky sugere que o conceito de *habitus*, de Bourdieu, é fundamental na tentativa de compreender a maneira como um *maquinário de morte* pode se tornar institucionalizado e operado por indivíduos.

Kertész sugeriu que Auschwitz é o nome não apenas de um campo, mas sim de uma época. Representa uma *ruptura de contrato* que pensávamos ser o marcador da cultura ocidental. Nas palavras de Thomas Cooper no prefácio, Kertész identifica Auschwitz como "um momento de completa ruptura na cultura europeia, um momento depois do qual os modelos narrativos do passado não estão mais disponíveis" (Kertész, 2009, p. 2).

Seguindo algumas linhas de pensamento desenvolvidas neste livro, sugiro que a noção de Julia Kristeva de abjeto e minha própria formulação do assassinato do pai morto são constructos úteis para nos aproximarmos daquilo que se encontra nos limites da representabilidade.

Parte I

Função paterna: considerações teóricas e clínicas

1. Pai assassinado, pai morto: revisitando o complexo de Édipo[1]

Este livro recupera a ideia do sacrifício da sexualidade como o elemento central e trágico da estrutura edípica, uma noção que tem sido em grande medida abandonada pela literatura psicanalítica. Freud foi elaborando progressivamente o papel do pai em sua obra. Em *Estudos sobre a histeria* (Freud, 1893-1895), ele enfatizou a importância de uma sedução real por parte do pai nas pacientes do sexo feminino; em *A interpretação dos sonhos* (Freud, 1900), fantasias inconscientes são descobertas; em *Totem e tabu* (Freud, 1912-1913), ele introduziu a noção da distinção entre o pai assassinado e o pai morto; e em *Moisés e o monoteísmo* (Freud, 1939), lançou sua noção de uma função paterna mais abstrata. Este livro traça a

1 Este título foi inspirado no livro *Meurtre du père, sacrifice de la sexualité* (Pai morto: sacrifício da sexualidade), editado por Maurice Godelier e Jacques Hassoun (1996), embora meus pontos de vista divirjam dos deles, como será demonstrado neste capítulo. Este artigo foi apresentado pela primeira vez no simpósio sobre "O Pai Morto", organizado pela Association of Psychoanalitic Medicine, em Nova York, em abril de 2006. Agradeço o convite a Lila Kalinich e Stuart Taylor (ver Kalinich e Taylor, 2009). Uma versão mais curta deste capítulo foi publicada em Perelberg, 2009b.

linha de desenvolvimento dessas transformações teóricas e clínicas e sugere que elas nos permitem compreender de forma mais abrangente o complexo de Édipo proposto por Freud.

Lacan foi o primeiro psicanalista a conferir *status* conceitual ao termo *pai morto*, utilizado por Freud em *Totem e tabu*, estabelecendo a equação entre o pai simbólico e o pai morto.[2] Essa linha de pensamento foi posteriormente desenvolvida por Rosolato (1969) ao diferenciar o pai idealizado do pai morto. Stoloff (2007) traça o desenvolvimento progressivo na obra de Freud em direção a um delineamento da função paterna (ver também Green, 2009), mas foi Jacques Hassoun (1996) quem propôs a diferença conceitual entre o *pai assassinado* e o *pai morto* explorada neste capítulo. A passagem de um a outro inaugura a lei e a genealogia (Hassoun, 1996, p. 17). Se a *história* de Édipo representa o primeiro, a história do pai assassinado e do parricídio como uma fantasia infantil universal, o *complexo* de Édipo representa o segundo – a instituição do pai morto como o terceiro simbólico. A mudança do pai assassinado para o pai morto representa a tentativa de regulamentar o desejo e institui o sacrifício da sexualidade. Daí por diante, certos tipos de parentesco ficam excluídos do campo das trocas sexuais, fato que constitui um balizador crucial da origem da cultura.[3] Dentro do grupo humano, a sexualidade é social e também psíquica e

2 Lacan afirma: "As reflexões de Freud levaram-no a estabelecer uma ligação entre o surgimento do significante do Pai, como o autor da Lei, e a morte – na verdade, o assassínio do Pai – demonstrando, assim, que se esse assassinato constitui o momento fértil pelo qual o sujeito vincula-se eternamente à Lei; *o Pai simbólico*, na medida em que significa essa Lei, é verdadeiramente o *Pai morto*" (2006, p. 557).

3 Godelier (2004) desafiou as afirmações de Freud e Lévi-Strauss que vinculam incesto e exogamia. Jack Goody (2005) assinalou, no entanto, que o livro de Godelier não nega a afirmação de que o tabu do incesto é universal no aspecto de que em cada sociedade há uma categoria de pessoas excluídas do campo das trocas sexuais.

não pode nunca ser reduzida ao campo da biologia. A noção de *sacrifício* é central para a compreensão do complexo de Édipo; indico as conexões entre o pai morto, o sacrifício da sexualidade e o complexo de Édipo. Também examino como Freud discutiu a questão da transmissão da fantasia do pai morto no corpo de sua obra. Embora Freud tenha enfatizado a ideia de transmissão filogenética, ele também sugeriu a relevância do inconsciente do Outro na transmissão de fantasias e estruturas psíquicas.

Essas ideias estão ligadas, de forma fundamental, à progressiva centralidade do complexo de Édipo nas formulações freudianas. Segundo Green, o complexo de Édipo constitui a primeira estrutura simbólica, básica, e inclui uma rede de conceitos como o assassínio do pai, o estabelecimento do ideal do eu, identificação, supereu, perda, castração, de-sexualização e sublimação (Green, 1992, 2004; ver também Kohon, 2005b). O complexo de Édipo retraduz, retrospectivamente, experiências anteriores em termos de *après-coup* (Perelberg, 2006). Essas ideias contrastam com as formulações de Klein: é a mãe (ou sua perda) que está na origem da simbolização (Klein, 1945); o pai é um "apêndice" da mãe, e o pênis torna-se um substituto do seio (Kohon, 1999; Kristeva, 2001). Para Freud, o pai é indispensável como uma presença na mente da mãe, mas essencialmente como o terceiro elemento que institui a proibição do incesto na relação com a mãe (ver também Britton, 1989). Neste capítulo, mais adiante, discutirei dois exemplos clínicos. No primeiro, podemos identificar uma estrutura perversa na qual o pai foi "assassinado"; no segundo, verificamos a progressiva construção, no processo analítico, do pai morto como pai simbólico.

Seguindo o caminho do pensamento de Freud, podemos discernir alguns passos significativos em sua obra, da descoberta do relacionamento ambivalente com o pai ao estabelecimento do pai morto, simbólico.

A interpretação dos sonhos: *em direção ao complexo de Édipo*

Foi por meio da análise de seus próprios sonhos que Freud descobriu a natureza ambivalente dos sentimentos em relação aos pais: por um lado, os desejos incestuosos a eles dirigidos e, por outro, o desejo de matá-los. Na interpretação de seus sonhos, e também dos de seus pacientes, Freud descobriu os sentimentos assassinos que todo filho nutre por seu pai. O estudo dos mitos, da cultura e da antropologia conferiu *status* universal a essa descoberta. Ele cita, então, a mitologia grega como evidência da universalidade dos sentimentos hostis entre pais e filhos:

> *Todos éramos talvez predestinados a voltar nosso primeiro impulso sexual para a nossa mãe e nosso primeiro ódio e desejo violento contra o pai; nossos sonhos nos convencem disso. O Édipo rei, que matou seu pai, Laio, e se casou com sua mãe, Jocasta, é apenas a realização do desejo da nossa infância. Desde então, porém, contanto que não tenhamos nos tornado psiconeuróticos, temos sido mais felizes em desprender nossos impulsos sexuais da nossa mãe e em esquecer nosso ciúme do nosso pai. (Freud, 1900, pp. 303-304)*[4]

Esse relato violento é reencontrado na história pessoal (inconsciente) de cada indivíduo:

---

4 Quando há informação de página, a menos que haja indicação expressa do contrário, as citações referentes aos textos de Freud foram extraídas da coleção *Obras Completas* (Companhia das Letras, 2010), com tradução de Paulo César de Souza. Essa tradução serve também de base para a escolha dos termos da obra de Freud ao longo de todo o livro. As citações sem informação de página foram traduzidas por mim [N.T.].

> *Se o menino pode dormir ao lado da mãe quando o pai está viajando e, após seu retorno, precisa voltar para o quarto que ele compartilha com uma pessoa que lhe agrada muito menos, forma-se facilmente nele o desejo de que o pai se ausente para sempre, para que ele possa ficar com seu lugar ao lado da querida e linda mamãe, e, evidentemente, um meio de realizar esse sonho é a morte do pai, pois uma coisa a experiência lhe ensinou: Pessoas "mortas", como por exemplo, o avô, estão sempre ausentes, nunca mais voltam. (Freud, 1900, p. 299)*

Freud escreveu seu livro dos sonhos após a morte de seu próprio pai. No prefácio à segunda edição de *A interpretação dos sonhos*, ele mesmo indicou:

> *Para mim, este livro tem ainda outro significado subjetivo, que só pude compreender após terminá-lo. Ele se revelou como parte da minha autoanálise, como minha reação à morte de meu pai, ou seja, ao evento mais significativo, à perda mais pungente da vida de um homem. (Freud, 1900, p. 17)*

Se há a presença de um trabalho de luto na escrita do livro, este expressa também uma experiência de libertação, como Freud deixou implícito em suas próprias palavras: "Muitas vezes o médico observa que a dor causada pela perda do pai não consegue abafar no filho a satisfação de finalmente haver conquistado a liberdade" (Freud, 1900, p. 297).

Este livro é considerado o marco do nascimento da psicanálise e da descoberta do trabalho do inconsciente. Em sonhos como o da *monografia botânica* e o da *injeção de Irma,* o que se descobre é a natureza de nossos desejos inconscientes, proibidos. Anzieu dá especial atenção aos quatro sonhos de Freud sobre Roma, interpretados, no livro dos sonhos, como expressando a viagem de Freud rumo à descoberta do complexo de Édipo. Os sonhos de Roma caem em dois grupos: no primeiro, Roma é vista de longe: é tanto uma terra perigosa como prometida; no segundo, Freud sonha que está em Roma (Anzieu, 1986, p. 183). Anzieu sugere que os temas cruciais nesses sonhos são o desejo incestuoso de Freud pela mãe, o medo da punição e a "identificação heroica com aqueles que falham no momento do sucesso" (p. 205). Os sonhos de Roma também foram considerados por Anzieu (1986) e Conrad Stein (1967, 1968) como parte do trabalho de luto de Freud pela morte do pai (Anzieu, 1986, p. 210).

> *Quando alguém sonha com a morte do pai ou da mãe, do irmão ou da irmã, manifestando grande dor, jamais usarei esse sonho como prova de que deseja sua morte* agora. *A teoria dos sonhos não exige tanto; ela se contenta em deduzir que essa pessoa – em algum momento de sua infância – lhe desejou a morte. Temo, porém, que essa restrição não contribuirá muito para acalmar meus opositores; é provável que contestem com a mesma veemência a possibilidade de haverem pensado assim, tal como se sentem seguros de não nutrirem esse tipo de desejo no presente. Preciso, portanto, reconstruir parte da vida infantil com base nos testemunhos que o presente ainda nos oferece. (Freud, 1900, p. 289)*

Embora Freud não tivesse ainda desenvolvido completamente a noção de complexo de Édipo, ainda assim ele fala nesse texto de um "complexo paterno", marcado por sentimentos ambivalentes em direção ao pai e pelo desejo de possuir a mãe. Sonhos na vida adulta em torno de sentimentos ambivalentes em relação ao pai estão enraizados nos conflitos inconscientes da infância, como a seguinte passagem indica:

> *Enquanto cuidava do pai doente, o filho desejara repetidas vezes a morte do pai, isto é, tivera o pensamento piedoso de que a morte pusesse um fim àquele martírio. Durante o luto, esse desejo ditado pela compaixão se tornou uma recriminação inconsciente, como se tivesse contribuído para encurtar a vida do enfermo. O redespertar dos primeiros impulsos infantis contra o pai permitiu expressar essa recriminação na forma de um sonho. (Freud, 1900, p. 475)*

Em *A interpretação dos sonhos*, Freud estudou sua própria relação com o pai e seus sentimentos de rivalidade dirigidos a ele. Mas será em *Totem e tabu* que Freud irá construir um mito sobre a origem da cultura. Entre essas duas obras, opera-se uma passagem entre a elaboração do papel do pai real e o processo de internalizá-lo para a compreensão do papel do pai simbólico, visto agora como o "pai morto", constituído por meio da internalização do papel das gerações e representante da lei e da cultura.

Totem e tabu: *a noção de uma "pessoa completa"*

Em *Totem e tabu*, Freud descreveu o parricídio primordial cometido pela horda original que matou e devorou o pai, que possuía todas as mulheres e reinava pelo terror. Culpa e remorso seguiram-se a esse assassínio (uma vez que os filhos tanto amavam como odiavam o pai). Além do mais, embora todos os irmãos tivessem conseguido se unir para matar o pai, confrontaram-se, então, com uma situação em que cada um deles queria todas as mulheres para si. A fim de impedir sua própria destruição, instituíram a lei do incesto, negando a eles próprios o acesso sexual a suas mães e irmãs. Essa proibição inaugurou a exogamia e a reciprocidade e representa a origem da sociedade.

Matar o pai traz a percepção de que essa *renúncia e sacrifício* precisa acontecer em prol da sobrevivência da sociedade. Está na origem do contrato social: o núcleo inconsciente de todas as religiões torna-se o "complexo parental", com ênfase nos sentimentos ambivalentes de amor e ódio ao pai. Freud argumenta que esse é o início da sociedade, da cultura e da religião. Muitos anos depois, ao escrever sobre Moisés, Freud de fato viria a afirmar: "As religiões podem ter sido inventadas como antídotos aos desejos assassinos humanos" (1939).

O pai morto, agora constituído como um pai simbólico, no entanto, tornou-se mais poderoso do que havia sido quando vivo, e como aquele que possui o falo, é o representante do ideal do eu e da lei (proibição):

> *O morto tornou-se mais forte do que havia sido o vivo; tudo como ainda hoje vemos nos destinos humanos. Aquilo que antes ele impedira com sua existência eles proibiram então a si mesmos, na situação psíquica da "obediência* a posteriori*", tão conhecida nas psicanálises. Eles revogaram seu ato, declarando ser proibido o assassínio do substituto do pai, o totem, e renunciaram à consequência dele, privando-se das mulheres então liberadas. (Freud, 1912-1913, p. 219)*

Essa passagem vincula algumas das noções desenvolvidas neste capítulo: a ligação entre o pai morto, o falo e a lei; a noção de sacrifício (renúncia a determinada categoria de parentesco) e o ideal do eu na sua relação com a regulamentação da sexualidade. Isso será posteriormente discutido no Capítulo 6.

Essas ideias receberiam maior profundidade e suporte antropológico na obra de Claude Lévi-Strauss, que apontou a universalidade do tabu do incesto nas sociedades humanas. A proibição do incesto é encontrada em todos os grupos sociais, mesmo que de uma sociedade para outra varie a categoria de parentesco proibida. A obra de Lévi-Strauss separa, firmemente, a universalidade do tabu do incesto da biologia, especialmente quando explora a distinção que muitas sociedades fazem entre o casamento entre primos paralelos e o casamento entre primos cruzados – no primeiro caso trata-se do casamento de filhos de irmãos do mesmo gênero, o segundo entre a prole de irmãos de diferentes gêneros. Enquanto o primeiro caso é proibido em muitas sociedades, o segundo é muitas vezes favorecido, ainda que, de um ponto de vista ocidental, ambos os conjuntos de primos tenham a mesma distância biológica em relação ao indivíduo. Lévi-Strauss argumenta que o tabu do incesto é "o passo fundamental" pelo qual se dá a passagem da natureza para a cultura: "Ativa a formação de um tipo novo e mais complexo de estrutura . . . Provoca e é em si o advento de uma nova ordem" (Lévi-Strauss, 1967, p. 25).

Assim, matar o pai está ligado à noção de que os filhos irão, a partir daí, renunciar às mulheres de seu próprio grupo – suas mães e irmãs – e procurar casamento em outro grupo: essa é a origem da exogamia. Entretanto, ao instituir a lei – que é a lei do *pai morto* –, o pai torna-se, então, mais poderoso do que havia sido quando vivo.

Essas são ideias familiares aos antropólogos, que chamaram a atenção para o fato de que em muitas sociedades tradicionais, o indivíduo só se torna uma pessoa completa após morto e transformado em um ancestral (fálico). Entre os tallensi de Gana, por exemplo, a categoria de pessoa completa é restrita aos homens mortos. O totem de um indivíduo não significa uma pessoa completa. Esse é um *status* adquirido depois do período de vida – mais especificamente, somente depois da morte. A autoridade parental também se torna maior depois da morte do pai, por meio das práticas totêmicas. Entre os tallensi, por exemplo, o crocodilo é compreendido como a encarnação de um ancestral, e matar um crocodilo é considerado um crime especialmente hediondo (Fortes, 1949; ver também Fortes, 1973; Lévi-Strauss, 1973, 1977). Há uma equação entre o ancestral e o ideal do eu. O que se está discutindo aqui é a distinção entre o indivíduo biológico e a categoria socialmente definida da pessoa, tema que permeia a literatura antropológica desde o famoso artigo de Mauss sobre a noção da pessoa (Mauss, 1938; ver também Dos Santos & Deoscoredes, 1971; Mauss, 1921). A pessoa é uma categoria socialmente adquirida, o que em muitas sociedades requer a observância de rituais, como impedimentos totêmicos.[5]

5 Em outro lugar discuti a similaridade entre as noções dos tallensi sobre a pessoa e as ideias de Freud sobre ao descentramento do sujeito em termos de eu, supereu e id (Perelberg, 1980). A psicanálise tampouco considera o "eu" como expressão da pessoa completa, dado ao papel fundamental do id e do supereu. O totem pode ser compreendido como uma expressão vívida do ideal do eu.

O eu e o id: *movimento em direção à função paterna*

Vinte e três anos após *A interpretação dos sonhos*, em *O eu e o id* (1923a), Freud apresentou a ideia da identificação primária com o pai da pré-história, acrescentando, entretanto, que esse termo representa os pais tomados como um todo – nem o pai, nem a mãe, mas ambos. Há uma guinada em direção à função parental:[6] "... serão gerais e duradouros os efeitos das identificações iniciais, sucedidas na idade mais tenra. Isso nos leva de volta à origem do ideal do Eu, pois por trás dele se esconde a primeira e mais significativa identificação do indivíduo, aquela com o pai da pré-história". (Freud, 1923a, p. 38).

Embora a noção do ideal do eu pareça ser substituída pela de supereu, uma distinção entre os dois pode ainda ser mantida. O ideal do eu precede o investimento objetal. Por trás dele se esconde a primeira e mais importante identificação com o pai da pré-história. O ideal do eu torna-se o substituto do "anseio pelo pai", o que é diferente da função de proibição que será representada pelo supereu.

Opera-se uma mudança na obra de Freud entre *Totem e tabu* e esse texto. Enquanto o primeiro enfatizava o pai real, esse texto move-se no sentido de uma noção mais abstrata da função parental. A distinção entre identificação primária, que precede o objeto, e identificação secundária, vinculada à renúncia ao objeto, institui a diferença entre o *pai narcísico* (discutido por Freud como o pai da pré-história) e o *pai morto* (Stoloff, 2000, 2007).

6 "Talvez seja mais seguro dizer 'com os pais' porque antes da criança ter chegado ao conhecimento definitivo da diferença entre os sexos, a falta do pênis, ela não faz uma distinção valorativa entre seu pai e sua mãe" (Freud, 1923a, p. 31, nota de rodapé 1).

Moisés e o monoteísmo

Moisés e o monoteísmo (Freud, 1939) representa o apogeu da obra de Freud sobre o pai e articula suas concepções sobre o papel de Deus nas religiões monoteístas, especialmente no judaísmo e no catolicismo. Estabelece uma ligação entre a função paternal e o monoteísmo nos termos de um deus todo-poderoso que é também invisível e não acessível pelos sentidos. Coloca-se, então, uma questão sobre os vínculos entre os dois – o deus invisível e o vínculo invisível que liga uma criança a seu pai e, em última instância, à função paterna, que não pode ser confundida com a realidade biológica de mãe e pai (Freud, 1939; para uma discussão acadêmica deste processo, ver Stoloff, 2007).

> *Sob a influência de fatores externos que não precisamos examinar aqui, e que, em parte, também não são conhecidos suficientemente, ocorreu que a ordem matriarcal foi substituída pela patriarcal – ao que se ligou, naturalmente, uma grande reviravolta nas condições jurídicas existentes até então . . . Mas essa mudança da mãe para o pai caracteriza, além disso, uma vitória da espiritualidade sobre a "sensorialidade", ou seja, um avanço cultural, pois a maternidade é demonstrada pelo testemunho dos sentidos, enquanto a paternidade é uma suposição baseada numa inferência e numa premissa. Tomar partido dessa forma, pondo o processo de pensamento acima da percepção dos sentidos, mostrou-se um passo prenhe de consequências. (Freud, 1939, pp. 157-158)*

Nesse texto, Freud não considera que a função materna seja semelhante à função paterna, e não leva em conta o papel da mãe no processo de ajudar a criança a simbolizar. Entretanto, Freud considera essa função em outros textos, como discuti anteriormente (Perelberg, 1998a, 2007). Aqui, ele destaca a irredutibilidade do pai ao reino dos sentidos e enfatiza que o pai, como o deus monoteísta, é invisível e abscôndito. Ele é o mistério ao qual se ligam as ausências da mãe (ver Botella & Botella, 2001; Braunschweig & Fain, 1975; Stoloff, 2007). Além do mais, o monoteísmo também enfatiza a existência de uma lei que é universal e, assim, oposta ao universo narcísico. O que está em questão é a "invenção de um novo conceito de pai, que insiste em sua função legislativa" (Stoloff, 2007, p. 100). É o ponto mais alto do caminho de Freud na criação e na conceitualização do pai morto e sua função na criação e manutenção da lei. Rosolato considerou essa distinção em termos daquela entre o pai narcísico (o pai da pré-história de *Totem e tabu*) e o pai simbólico, apresentado de forma mais ampla em *Moisés e o monoteísmo*, este último possibilitando o estabelecimento da lei contra o incesto e a exogamia: "Todo indivíduo renunciou a seu ideal de ter para si a posição de seu pai e possuir sua mãe e irmãs" (Rosolato, 1969, pp. 36-58).

A distinção entre o pai narcísico (assassinado) e o pai morto (simbólico) está presente em muitos relatos sobre a fundação de sociedades (ver Capítulo 5).

Transmissão do pai morto

Se o assassínio do *pai narcísico* e a instituição do complexo do *pai morto* encontram-se na fundação da ordem social, como são transmitidos de geração a geração como uma proibição? No conjunto de sua obra, Freud alternou entre enfatizar explicações biológicas, filogenéticas e hereditárias, ressaltando, em contraste, a relevância do objeto em um processo de transmissão inconsciente.

René Käes (1993) sugeriu que o tema da transmissão é central na obra de Freud e que há um paradoxo no cerne da questão da necessidade do indivíduo de estar não apenas no centro de si próprio, mas, simultaneamente, ser um elo na cadeia entre as gerações (ver Perelberg, 1995b). A questão principal passa então a ser: como o elo entre as gerações pode se tornar presente na formação da psique e nas suas estruturas e processos fundamentais?

Käes propõe que alguns caminhos na obra de Freud iluminam essa transmissão. Essa questão está presente ao longo de toda a obra de Freud, desde *Estudos sobre a histeria* (Freud, 1893-1895), passando por "Análise terminável e interminável" (1937) e *Moisés e o monoteísmo* (1939). Essa linha de debate refere-se à etiologia das neuroses e sua transmissibilidade psíquica (1896). Um outro caminho, segundo Käes, inaugurou-se com *A interpretação dos sonhos* (1900), sempre ligado à histeria – a saber, transmissão inconsciente via identificação com o objeto ou a fantasia do desejo do Outro. *Totem e tabu* (1912-1913) indicou uma outra alternativa, o tabu, a culpa e a culpabilidade transmitidos de geração em geração. *Psicologia das massas e análise do eu* (1921) e *O eu e o id* (1923a) enfatizam a questão da identificação. O trabalho de Käes ilustra a rede de conceitos presentes na obra de Freud conectados com a questão da transmissão.

Mesmo em *Totem e tabu*, no qual a herança genética é enfatizada, Freud sugeriu uma outra dimensão de transmissão que pode ser compreendida nos termos daquilo que Green denominou de "*disposição a re-adquirir*". Fantasias primárias são re-atualizadas por meio da experiência individual (Green, 2002b). Considere, por exemplo, a seguinte passagem, na qual Freud inicia enfatizando a herança filogenética:

> *Então surgem duas novas questões: o quanto pode ser atribuído à continuidade psíquica na sequência de gerações, e de quais meios e caminhos serve-se uma geração para transmitir à geração seguinte os seus estados psíquicos. Não direi que tais problemas estejam suficientemente esclarecidos ou que a tradição e a comunicação direta, em que primeiramente se pensa, bastem para o exigido. Em geral, a etnopsicologia pouco se ocupa da maneira como se produz a requerida continuidade na vida psíquica das gerações que se sucedem. Uma parte da questão pode ser resolvida pela herança de disposições psíquicas. (Freud, 1912-1913, p. 240)*

Essa é uma das ideias controversas colocadas por Freud em alguns de seus trabalhos, como "História de uma neurose infantil" (1918), sobre sua análise do "Homem dos Lobos". No entanto, Freud acrescenta algo que abre caminho para uma nova perspectiva:

> *. . . de que caminhos e meios servem-se uma geração para transmitir à geração seguinte os seus estados psíquicos? Não direi que tais problemas estejam suficientemente esclarecidos ou que a tradição e a comunicação direta, em que primeiramente se pensa, bastem para o exigido. Em geral, a etnopsicologia pouco se ocupa da maneira como se produz a requerida continuidade na vida psíquica das gerações que se sucedem. Uma parte da questão pode ser resolvida pela herança de disposições psíquicas,* que, porém, necessitam de determinados ensejos na vida individual para se tornarem efetivas. *(Freud, 1912-1913, p. 240, grifos meus)*

Isso é reminiscente àquilo a que Bion posteriormente virá a se referir como *pressuposições esperando por realização* (Bion, 1963, p. 23). Nessa formulação, o papel do objeto torna-se fundamental. Freud acrescentou mais tarde:

> *Pois a psicanálise nos ensina que cada qual possui, em sua atividade mental inconsciente, um aparelho que lhe permite interpretar as reações de outra pessoa, isto é, desfazer as deformações que o outro realizou na expressão de seus sentimentos. Por essa via de compreensão inconsciente de todos os costumes, cerimônias e estatutos deixados pela relação original com o pai primevo, também as gerações posteriores podem ter assumido esta herança afetiva. (Freud, 1912-1913, p. 241)*

Isto está na base da abordagem psicanalítica da questão da transmissão inconsciente: aquilo que é transmitido do adulto para a criança, da mãe para o bebê, ocorre inconscientemente. Fantasias inconscientes, repressão primária e identificação primária (com ambos os pais, como a afirmação de Freud indica) sugerem que o bebê nasce numa estrutura triangular que o precede, e é no contexto dessa estrutura que formará suas identificações. O que se destaca é *o desejo inconsciente dos pais*. A intensidade da experiência de sedução depende da capacidade dos pais, especialmente da mãe, de modular seu desejo (Braunschweig & Fain, 1975). Essa perspectiva adquire força na literatura psicanalítica francesa e é pouco enfatizada na tradição psicanalítica britânica (ver Laplanche, 1997; Laplanche & Pontalis, 1968, 1985).

A transmissão das fantasias inconscientes dos pais põe a criança em uma relação com a estrutura inconsciente do "outro", o que inclui a repressão que já se operou. Isso sugere a importância de uma "repressão suficientemente boa" das fantasias assassinas (bem como incestuosas) presentes na mente da mãe.

A função da mãe no processo de simbolização foi assinalada por diversos autores, incluindo Winnicott (1971a, 1971b), Bion (1970), Braunschweig & Fain (1975), Aulagnier (1975) e Stoloff (2007). Os artigos de Käes, Faimberg, Enriquez e Baranes (1993) mostram as consequências quando essa repressão não ocorre na maternagem do futuro paciente psicótico. Nessa mesma coletânea de artigos, Faimberg (1993) introduz seu conceito de "telescopagem de gerações" (*telescoping of generations*) – um conceito clínico que indica um tipo especial de identificação inconsciente, alienante, que condensa três gerações e só se revela na transferência. Está ligado a uma configuração narcísica específica, na qual a noção histórica está ainda por ser introduzida no trabalho interpretativo. Ela salienta o fato de que a transmissão entre gerações é, com frequência, o objeto invisível na psicanálise (ver também Faimberg, 2005).

Freud enfatizou o papel da linguagem no processo inconsciente de transmissão, como na seguinte passagem de *Moisés e o monoteísmo:*

> *Este parece ser, então, um exemplo seguro de lembrança arcaica oriunda da época do desenvolvimento da linguagem, mas outra explicação ainda poderia ser buscada. Seria possível dizer que se trata de conexões de pensamento entre ideias, conexões que se estabeleceram durante o desenvolvimento histórico da linguagem e que têm que ser repetidas a cada vez que o indivíduo desenvolve a linguagem. Então seria um caso de herança de uma predisposição de pensamento, assim como há predisposição instintual, e novamente não repre-*

sentaria uma nova contribuição para nosso problema. (Freud, 1939, p. 139)

Não se abre aqui um espaço para o papel do inconsciente do outro na transmissão de fantasias? Essa transmissão está conectada com *Hilflosigkeit*, o estado de desamparo do bebê recém-nascido, e encontra-se na origem da experiência de ansiedade (Freud, 1926). Laplanche e Pontalis indicam algumas linhas de investigação no pensamento psicanalítico que se desdobraram a partir dessa noção (1985, p. 190). Primeiro, está intrinsecamente ligada ao papel fundamental da "experiência de satisfação, a satisfação alucinatória do desejo". Em segundo lugar, a total dependência da mãe é contrabalançada pela onipotência da mãe, o que ressalta a enorme importância que aquela outra pessoa tem para o bebê. Em terceiro lugar, na configuração da segunda teoria da angústia, o desamparo se torna o protótipo da "situação traumática": "O principal determinante da angústia automática é a ocorrência de uma situação traumática; e a essência desta é a experiência de desamparo por parte do Eu face ao acúmulo de excitação com a qual não pode lidar, seja de origem externa ou interna" (Freud, 1926, p. 81).[7] E: ". . . 'a situação atual me lembra uma das vivências traumáticas já sofridas. Por isso antecipo esse trauma, vou me comportar como se ele já tivesse chegado, enquanto ainda há tempo de afastá-lo' . . . Portanto, a angústia é, de um lado, expectativa do trauma, e, de outro, repetição atenuada do mesmo" (Freud, 1936, p. 116). Nessa segunda teoria, Freud sugeriu que o sinal de angústia está conectado ao medo da perda e da separação que o indivíduo não consegue suportar e que é sentido como devastador. A perda do objeto está na origem da dor, bem como da angústia e do desejo (Pontalis, 1977, p. 20).

---

7 Tradução minha [N.T.].

Portanto, a mãe é a fonte da experiência de prazer do bebê. Isso se dá na intimidade do contato com o corpo dela. É fundamental a intensidade "certa" de erotismo, que não seja excessivo, superexcitando a criança, ou muito escasso, sem um investimento erótico do bebê, tão importante para o relacionamento deste com seu próprio corpo. No entanto, inevitavelmente a mãe oscila entre "excesso de satisfação e excesso de frustração" (Green, 1986b, p. 246).

Veja, por exemplo, esta passagem, em que Freud escreve sobre Leonardo da Vinci:

> *O amor da mãe ao bebê de que cuida e amamenta é algo bem mais profundo que sua posterior afeição pela criança que cresce. É da natureza de uma relação amorosa plenamente satisfatória, que realiza não apenas todos os desejos psíquicos, mas também todas as exigências físicas, e, se representa uma das formas de felicidade alcançável pelo ser humano, isto se deve, e não em pequena medida, à possibilidade de satisfazer sem recriminações desejos há muito reprimidos e que devem ser denominados perversos. Ainda nos mais felizes matrimônios jovens o pai sente que o bebê, sobretudo o filho homem, tornou-se seu rival, e esse é o ponto de partida de um antagonismo profundamente enraizado no inconsciente. (Freud, 1910, p. 191)*

Essa dimensão erótica está na base daquilo a que Laplanche se referiu como a sedução da criança pelo adulto, por intermédio da enigmática mensagem enviada, unilateralmente, pelo adulto para a criança e que será encontrada no âmago das "fantasias primárias". O pai intervém como o terceiro elemento nessa dualidade, e não necessariamente como uma presença real, como muitos autores já assinalaram; ele é também o pai na mente da mãe. O fato de o terceiro não ser necessariamente o pai pode ser também verificado no título do famoso seminário de Lacan: "Des noms du père", no plural (Lacan, 2005). *Existem múltiplas terceiras dimensões que não podem ser reduzidas à presença empírica do "pai".*[8] Green já havia assinalado que a estrutura edípica constitui um triângulo aberto, em que o terceiro é passível de ser substituído (Green, 1992, p. 131, 2004).

A transmissão inconsciente na relação entre mãe, pai e criança está presente nas estruturas sociais e inclui as proibições fundamentais do incesto e do parricídio (Stoloff, 2007, p. 4). A descoberta do desejo de matar o pai é um dos escândalos da psicanálise, junto com a descoberta da sexualidade infantil.

Dois breves exemplos clínicos ilustram as distinções que tenho explorado neste capítulo. Em ambos, encontramos uma perturbação da função parental: no primeiro, uma negação do pai morto (um exemplo do pai assassinado); no segundo, o pai morto é constituído no processo analítico.

Karl: o pai assassinado

A principal informação que Karl[9] trouxe sobre si na primeira consulta foi sua relação especial com sua mãe. Karl está com 20 e poucos anos, o pai abandonara a mãe quando ela estava grávida dele. A mãe casou-se quando ele ainda era bebê, e esse homem adotou Karl como um filho. Embora o casal tenha tido uma filha três anos depois, Karl estava convencido de ser a pessoa mais importante da

8 Parece estranho este seminário ter sido ministrado na mesma noite em que Lacan recebeu a notícia de sua expulsão como analista didata da International Psychoanalytical Association (IPA), o que em si pode ser interpretado como um outro assassínio do pai (ou do filho).

9 Esse exemplo é discutido mais longamente em Perelberg, 1999a, 1999b.

família para a mãe. Ao mesmo tempo, sentia que a mãe era incapaz de tolerar sua sexualidade ou, menos ainda, o fato de ele ser um homem. A mãe costumava lhe dizer que gostaria que ele fosse gay, porque os gays nunca abandonam suas mães.

O padrasto foi violento com ele ao longo de toda a sua infância, e com frequência batia na sua cabeça. Ele se lembra de sentir medo. No final da adolescência, Karl resolveu estudar artes marciais, e sentia que o pai passou a ter medo dele e parou de bater nele.

Um ano depois de entrar na faculdade, Karl procurou ajuda no departamento de psicoterapia. Queixava-se de dificuldades de relacionamento com os colegas, que se envolvera em brigas com os tutores na universidade e voltara a morar com os pais. Somente após alguns meses de análise revelou-se toda a extensão de seu comportamento violento. No período em que veio para a análise, Karl estava envolvido com criminosos perigosos, dentre os quais alguns foram presos (um deles por assassinato), outros se feriram em brigas com faca, e dois se suicidaram.

Na análise, Karl tentava fugir de uma experiência de perder completamente a cabeça toda vez que conseguia ser compreendido por sua analista. Ele acreditava que deixaria de existir se não se retirasse. Quando a analista o compreendia, ele tinha de desaparecer não vindo às sessões por um tempo. No começo da análise, isso se expressava principalmente nos estados de sono nos quais Karl mergulhava, dos quais não conseguia acordar, fosse por vários despertadores ou pelos gritos da mãe. Podia desaparecer das sessões por uma semana, por exemplo, sem se dar conta de que esse tempo tinha passado desde a última sessão.

Karl foi gradualmente revelando como era difícil para ele manter contato com pessoas reais vivas, uma vez que isso envolvia certo grau de frustração, violência e terror simplesmente intoleráveis para ele. No entanto, à medida que crescia sua confiança na relação analítica, seus pensamentos e interações agressivas fora das sessões foram se tornando mais vivamente presentes nos relatos durante as sessões. Algumas vezes, ele me inundava com descrições de comportamentos de extrema violência.

Karl começou a me contar, também, sobre seus anseios e fugas de encontros com mulheres. Parecia-me que sua violência fantasiada e real dirigida aos homens protegia-o de seu terror das mulheres. Estes dois aspectos – a violência contra outros homens e sua dificuldade de se relacionar com mulheres – pareciam formar um par, e ele mesmo não podia deixar de perceber a simultaneidade desses relatos, já que eu a assinalava de forma consistente nas sessões. Naquela fase, sentia-me capaz apenas de dizer que sua violência parecia ser consequência de seu medo de minha intrusividade na transferência. Ele respondeu contando-me que tinha conseguiu uma arma e munição, que deixava em casa. Ao falar sobre isso, foi ficando cada vez mais claro que ele mantinha uma parte de si mesmo, e a mim, como reféns, aterrorizados por sua destrutividade potencial. Inevitavelmente minhas interpretações tinham sua raiz na angústia que eu sentia na contratransferência, o que me permitiu mostrar-lhe que ele precisava saber se conseguia me aterrorizar como uma forma de proteger a si mesmo do medo que sentia de mim. Minhas interpretações fizeram com que ele se livrasse da arma, mas isso o deixava sem o poder de me aterrorizar, fazendo com que se sentisse perdido, abandonado e profundamente deprimido. Para compensar sua depressão, intensificou os relatos de atividades criminosas. Ele reconheceu conscientemente, sem se dar conta inicialmente daquilo que estava me fazendo saber, que era mais fácil para ele vir às sessões depois de encontros criminosos perigosos. Suas atividades criminosas serviam, portanto, para distanciá-lo de mim, e embora tivessem muitos determinantes, um aspecto transferencial era seu desejo de evitar um relacionamento emocional significativo.

Numa sessão em que começara a falar mais sobre sua infância, Karl cometeu um ato falho e disse: "O problema do meu padrasto é que ele não consegue tolerar a ideia de que ele não estava presente quando fui concebido. Éramos *apenas minha mãe e eu, ele não estava lá*". Ele então parou, ele mesmo surpreso com o que tinha acabado de dizer. Karl expressava, assim, uma crença de estar presente em sua própria concepção, da qual o padrasto estava excluído. Essa crença fazia com que ele se sentisse como vivendo em um mundo onde apenas ele e a mãe existiam desde o início, um mundo onde ele se sentia tratado como uma extensão dos desejos da mãe. Nessa mesma sessão, Karl disse ter acabado de compreender algo que mudaria sua vida. Ele tinha razão, porque marcou um importante ponto de virada na sua análise, e, a partir daí, pôde vir às sessões com maior regularidade.

Alguns meses depois dessa sessão, relatou um sonho em que *procurava por seu pai, mas, mais uma vez, aparecia a mãe*. Sentia-se encerrado em um mundo criado pela mãe, no qual percebia que qualquer pergunta relacionada ao pai era bloqueada. Karl afirmou que aquele era um pensamento muito poderoso, e também estranho, mas que ele jamais pensara em si mesmo como tendo um pai biológico. A violência de Karl era uma forma de lutar contra o desejo de sua mãe num sistema em que não havia a experiência de um pai. Foi no curso de sua análise que Karl conseguiu ter o que chamou de "sua primeira relação com penetração" na vida.

Green assinala: "O pai está inscrito [na situação triangular] como um elemento de falta. Esse fator essencial na estruturação da relação mãe-criança deriva do lugar ocupado pelo pai na mente da mãe. Depende, mais precisamente, de como ela o situa em relação às fantasias edípicas de sua própria infância" (Green, 1992, p. 134).

O *setting* analítico, com suas estruturas e regras, permitiu que ele acessasse, de forma progressiva, uma experiência de proibição que pôde internalizar. Esse processo possibilitou o aparecimento de seu pai, primeiro por intermédio de um ato falho, que depois permitiu que ele tivesse um sonho. A partir daí foi possível vir às sessões com regularidade, protegido pela experiência das normas do *setting*. É importante observar que, após alguns anos de análise, Karl pôde encontrar seu pai biológico pela primeira vez na vida, viajando, para tanto, ao país onde ele então vivia. Karl permaneceu em análise por dez anos. Na nossa última sessão, ele me disse que tinha certeza de que teria de fato se tornado um assassino se não tivesse vindo para a análise.

Patrick: a construção do pai morto

No segundo ano de sua análise, Patrick[10] falou sobre um sonho: *estava numa casa, escondendo-se de um leão que já não estava em sua melhor forma. Estava também hesitante e temeroso de ir para o quarto de Peril* [seu irmão, mas também sua analista]. Nessa sessão surgiu, de forma muito hesitante, um relato de uma cena sexual entre os irmãos. Nas sessões que se seguiram a essa, o pai, que morrera quando Patrick era muito pequeno, apareceu na transferência com mais força. Era a experiência da ausência de um pai que levou ao sentimento de não ter sido possível ser detectado pelo leão/pai que permitiu que a relação sexual entre os irmãos acontecesse. Essa experiência introduziu o pai de forma mais significativa e pré-consciente na situação de transferência.

Na sessão de segunda-feira, dois anos após a sessão relatada anteriormente, fez uma referência a Tiger Woods, cujo pai falecera recentemente. O tema do conflito desdobrou-se ao longo de toda a semana, com referência ao irmão e a um colega de trabalho de

10 Discuto esse exemplo mais longamente em Perelberg (2007).

Patrick com o qual vinha entrando em conflito. Ciúmes, raiva e desejo foram temas que emergiram progressivamente.

Segue-se um apanhado do material de uma semana em torno do quarto ano de sua análise:

> Um sonho que Patrick trouxe para a sessão de segunda-feira permitiu-me assinalar uma dupla camada na sua relação comigo: havia afeição e agressão em seu desejo de manter-se ligado a mim de forma amorosa, não me deixar ir, mas ele também estava cheio de ódio. Houve, na sessão, uma outra associação ligada ao seu anseio pelo pai.
>
> No dia seguinte trouxe um sonho em que uma colega do trabalho distraiu-se com uma ligação telefônica do marido durante o expediente, o que o enfureceu. Dirigiu-se ao seu chefe (o diretor do departamento), e entre eles surgiu um sentimento sexual. Também me contou sobre uma discussão com um colega do trabalho [Robert], que em seguida sofreu um acidente de carro. Patrick sentiu raiva e medo frente à ideia de que poderia ter exercido tamanho impacto sobre o colega. Essa experiência foi relacionada à situação analítica e à sua vivência de exposição e perigo no momento em que se aproximava a interrupção de férias na análise. Estava aterrorizado com o que poderíamos fazer um ao outro. Estava bravo com sua analista autocentrada que tirava férias, provavelmente com seu marido, bem no transcorrer do trabalho. Havia muitos fios nessa sessão, mas o central eram as duas versões de si próprio: o chefe do departamento e o homem ferido. Será que o único modo de lidar com o ciúmes heterossexual é voltar-se para a homossexualidade? Poderia dar

conta de seus sentimentos assassinos direcionados a mim, a meu marido, à ligação telefônica/interrupção de férias, ou havia o perigo de que esse ódio levasse à violência ou a um acidente? Subjacente a tudo isso estava o medo da identificação com um pai violento, e a equação entre potência e violência.

Patrick continuou expressando sua raiva contra seu colega na sessão de quinta-feira. Contou-me então sobre o jogo de tênis muito disputado com seu irmão no dia anterior, e como se exauriram. (A alusão era tanto a algo erótico quanto a uma batalha.) Ficou quieto por um momento, e ambos ficamos imersos nesse silêncio, sentido como pleno de trepidação. Contou-me, então, como muitas vezes sentira raiva do irmão no passado.

Na sessão de sexta-feira, Patrick trouxe um sonho no qual um homem estava sendo espancado, talvez assassinado. Nas suas associações tornou-se claro que esse homem estava ligado a seu pai, e meu comentário foi: "um pai está sendo espancado até a morte". Esse tipo de interpretação "aberta" sugeria, em vez de estabelecer, os vínculos entre o pai interno, o pai externo e eu mesma no *après-coup* da transferência.[11] Seguiu-se um longo silêncio, no qual senti que muito estava sendo processado. Ele então disse: "Acho que esse é um processo extraordinário... Perceber como eu ficava com raiva de Peril [o irmão] em casa, a confusão entre Robert, Peril e você nesta semana... E agora meu pai!

11 A distinção que faço entre interpretações "abertas" e "fechadas" (Perelberg, 2003, 2008) encontra um paralelo na distinção de Parsons entre aquelas que ele sugere estarem na ponta mais "próxima" ou mais "distante" do espectro (Parsons, 2000, p. 194).

> Fiquei surpreso por ter usado a palavra "agourento" [*ominous*, em inglês] para me referir a meu relacionamento com Peril, como você assinalou. É como se eu estivesse dizendo que algo no passado armazenou problemas para o futuro...".

Revisitando o complexo de Édipo

Pode ser apropriado aqui revisitar o trabalho de Godelier (1996) que inspirou o título deste capítulo. Godelier percebe a separação entre desejo e reprodução no desenvolvimento da sexualidade humana como consequência da perda do cio na mulher, o que, por sua vez, tornou a relação sexual independente da reprodução (pp. 27-28). Desejo e potencial para trocas sexuais generalizadas, que a partir daí passaram a ser possíveis, representavam uma ameaça à sociedade e à reprodução das relações sociais. Havia, assim, uma contradição entre sociedade e sexualidade. Godelier sugere que o *sacrifício da sexualidade* que se instalou então é o sacrifício do potencial para a troca sexual generalizada e resulta da repressão do aspecto associal da própria sexualidade. Godelier enfatiza um tipo de explicação sociológica para o sacrifício da sexualidade: a sociedade submete o desejo à ordem social e coloca a sexualidade reprodutiva sob o controle da sociedade.

Se quero manter a noção de Godelier de sacrifício, preciso, ao mesmo tempo, relacioná-la à noção de que é o sacrifício dos desejos incestuosos que Freud coloca no centro de seu pensamento. Não é necessário postular uma contradição entre essas duas posições. Geertz afirmou há muitos anos que os homens são um produto da cultura: "A cultura, em vez de ser, por assim dizer, acrescentada a um animal pronto, ou virtualmente pronto, foi ingrediente, e um ingrediente central, na produção desse animal" (1973, p. 47). No entanto, camadas diferentes estão sendo enfatizadas.

Ao longo deste capítulo, segui o caminho de Freud em sua formulação do papel do pai na constituição da cultura. De sua hipótese sobre o papel do pai real nos sintomas histéricos até a noção do papel do pai no inconsciente, passando pela análise dos sonhos e pelo mito fundante sobre as origens da cultura e o estabelecimento da lei do pai morto em *Totem e tabu*, a obra de Freud é prova de sua preocupação com o papel do pai e do complexo de Édipo. As noções de sacrifício (aos desejos incestuosos inconscientes no tabu do incesto), de desejo (pelo objeto primário que, por definição, não pode ser satisfeito)[12] e de identificação (com ambos os pais) foram progressivamente construídas na obra de Freud.

Se revisitarmos agora o complexo de Édipo à luz do que foi comentado neste capítulo, verificamos estar presente, de forma crucial, na configuração edípica a noção de *sacrifício, intrinsicamente ligada tanto a lei como a desejo.* Os três elementos do triângulo edípico são a *lei* (do pai morto), o *desejo* (pelo objeto perdido) e a *identificação* (com o pai e a mãe). É o desequilíbrio fundamental entre os três pontos do triângulo que dá origem à tragédia da configuração edípica. A lei é a lei do pai morto, que, por definição, ultrapassa os indivíduos biológicos em questão. O desejo é, na sua origem, uma representação daquela relação fundamental, erótica, "sensual" (para usar a terminologia final de *Moisés e o monoteísmo*) com a mãe inatingível. A identificação é o que insere a criança na cadeia cultural. Esta contém a ameaça da castração, a falta simbólica de um objeto imaginário. Meninos e meninas são também inscritos de forma diferente nesse polo. Isso se expressa claramente na história bíblica do sacrifício de Isaac por Abraão, e também no

12 *Guérir du mal d'aimer* (*Curar do mal de amor*) é o título evocativo do livro de Jean-Claude Rolland (1998).

ritual da circuncisão, no qual uma parte da sexualidade do filho é excluída para sempre do campo das inter-relações humanas (ver Capítulo 3 deste volume).[13] Segundo Freud, as origens da sociedade enfatizam o controle que o ser humano precisa exercer sobre sua sexualidade e desejo, excluindo a força e a violência.

O desenvolvimento do complexo de Édipo (em nossos pacientes e modelos teóricos) e o abandono das fantasias incestuosas exigem que o indivíduo se confronte com o desejo (dele ou dela) de matar o pai, ou "espancar o pai", como no sonho de Patrick. Inicia-se então o processo de luto. O objeto deve ser perdido para que possa ser representado, como ilustrado por Freud na análise do jogo *fort-da* (1920a). Como Winnicott sugeriu, "a destruição de um objeto que sobrevive, que não reage ou desaparece, leva ao uso" (1969, p. 245).

O processo analítico recapitula a narrativa do complexo do pai morto. De formas diferentes, as análises de Karl e de Patrick mostram a luta de cada um deles para construir uma estrutura em que há um lugar para o pai morto. Karl habitava um mundo onde ele se vivenciava como à mercê do desejo da mãe e no qual não havia sequer o delineamento de um lugar para o pai. A violência era a tentativa de Karl de colocar um obstáculo no caminho da mãe e criar separação. A configuração de Patrick era diferente, e sua análise levou ao aparecimento de seu desejo de espancar o pai até a morte.

O complexo do pai morto é uma condição inerente a toda análise, e não apenas está presente na abstinência (sacrifício) tanto do analista como do paciente, como encontra sua expressão final no término da análise, quando ambos, analista e paciente, precisam

---

13 Já no longínquo século XII o filósofo judeu Maimônides apontou as restrições sexuais impostas aos homens judeus por intermédio do ritual da circuncisão (Maimônides, 1963). Ela expressa a inserção da sexualidade no domínio da cultura.

renunciar ao desejo imaginário de seu relacionamento para que a cadeia simbólica (identificação) possa se perpetuar.

Outras considerações

Um exemplo de uma aplicação apropriada dessa diferenciação entre o *pai narcísico (assassinado)* e o *pai morto* pode ser encontrado em minha interpretação do artigo de Francis Grier sobre *La Traviata* (2014). A ópera baseia-se na história de *A dama das camélias*, de Alexandre Dumas. No coração da ópera está a história de um amor verdadeiro frustrado pela interdição do pai (Giorgio Germont): Alfredo apaixona-se por Violetta, uma cortesã de alto nível.

Violetta vem a corresponder ao amor de Alfredo, e o casal vive junto na periferia de Paris. Um dia, Violetta recebe a visita inesperada do pai de Alfredo, Germont. Ele quer que ela rompa o relacionamento com seu filho, por causa de seu passado.

Grier identifica uma transformação que se opera em Germont ao encontrar Violetta: "Tudo muda dramaticamente quando Giorgio Germont inesperadamente entra e confronta Violetta com as consequências mais amplas do prolongado caso amoroso entre ela e seu filho: seu *status de prostituta* significa que o filho dele não conseguirá se casar" (Grier, 2014, p. 2, grifos meus). Grier cita Kerman (2006, p. 30), que sugere que em uma ópera a música transforma a trama. A música mostra que a atitude de Giorgio com Violetta passa de uma quase crueldade para a ternura, e essa ternura permite *a ele aceitá-la como sua filha*. Grier comenta que Giorgio "sai do encontro como um personagem diferente" (Grier, 2014, p. 3). Ele descreve de forma bela o significado dessa transformação, transmitida principalmente pela música mais do que pelo texto. À luz dos conceitos desenvolvidos neste livro, podemos compreender essa mudança como expressão da passagem da estrutura do pai narcísico, o pai que deseja ter todas as mulheres para si (todas as prostitutas), para o potencial pai morto (simbólico), o pai que é capaz de aceitar que o filho possa escolher sua mulher, que institui a genealogia e a filiação. Giorgio Germont passa a ter sentimentos paternais por Violetta, o que torna possível aceitá-la como mulher de seu filho.

Darth Vader: Star Wars

Podemos considerar que o imenso sucesso da série *Star Wars* está ligado ao fato de que os filmes contêm em si a estrutura de fantasias universais inconscientes. Vale lembrar ao leitor a trama principal, não apenas em virtude da principal fantasia – a do pai todo-poderoso, narcísico, que precisa ser derrotado –, mas também do movimento entre presente e passado, bem como da retradução do passado em termos de *après-coup* à qual nós, como público, somos expostos na sequência dos filmes.

Luke Skywalker e seus amigos querem matar e destruir Darth Vader. Ele é o mal e, além disso – o que é desconhecido por Luke e por nós também –, é pai de Luke. O fato de ele ser pai de Luke só foi revelado alguns anos depois, em uma sequência que divulga essa informação. Mesmo assim, fica em aberto certa ambiguidade quanto à sua veracidade; e será somente vinte anos depois do lançamento de *Star Wars*, quando o diretor começa a lançar uma segunda trilogia com a história anterior à trilogia original, que saberemos, *après-coup,* os fatos sobre a origem de Luke.

Essa segunda trilogia mostra a educação de Anakin Skywalker, que acreditava ser "O Escolhido", anunciado pela profecia Jedi para trazer equilíbrio à Força. O restante da segunda trilogia narra a queda de Anakin para o lado negro. Anakin e Padmé apaixonam-se, e ela fica grávida. Logo Anakin sucumbe ao ódio, tornando-se Sith Lord Darth Vader. Vader participa do extermínio da Ordem Jedi, que culmina no duelo de sabre de luz com Obi-Wan. Após derrotar seu antigo aprendiz, Obi-Wan deixa Darth Vader à beira da morte – mas ele é salvo logo em seguida e colocado numa armadura preta que o mantém vivo.

A trilogia original começa dezenove anos depois desses acontecimentos, quando Vader se aproxima do término da construção da imensa estação espacial Death Star, que lhe permitirá reprimir a rebelião que se formou contra o império do mal. Obi-Wan começa a treinar Luke contra a Força, porém morre em confronto com Vader durante o resgate de Leia, irmã de Luke.

Luke descobre que terá que enfrentar o pai antes de poder se tornar um Jedi, e confronta Vader. O filho derrota o pai em um duelo de sabre de luz e é capaz de convencê-lo de que ainda existe algum bem nele. Vader sucumbe aos ferimentos, e a liberdade é restaurada na galáxia. Matar o pai liberta o filho.

Como apontou Stuart Taylor (2009), o filme evoca o mito do pai morto. Também pode ser visto como ilustração da fantasia do "pai assassinado". O pai narcísico precisa morrer para que o menino possa crescer e encontrar seu lugar na cadeia de gerações.[14]

É interessante notar que um dos principais elementos de *Star Wars* é a "Força", uma forma onipresente de energia que pode ser explorada pelos possuidores de habilidades especiais. No primeiro filme, é descrita como "um campo de energia criado por todas as coisas vivas que nos cerca, penetra e une a galáxia". A Força permite aos que a usam realizar uma variedade de tarefas sobrenaturais, e pode também amplificar certos traços físicos, como velocidade e

14 No Capítulo 2, um sonho de um de meus pacientes leva a associações com essa série de filmes.

reflexos: essas capacidades podem ser aumentadas por treinamento. Embora a Força possa ser usada para o bem, ela tem um lado negro que expressa ódio, agressão e malevolência. A Força pode ser compreendida como expressão da presença das pulsões no aparato psíquico, que de fato podem ser usadas a serviço da vida ou da morte.[15]

---

15 A ideia de "força" como componente das pulsões pode ser encontrada ao longo de toda a obra de Freud. Para dar dois exemplos: "Vamos ser claros sobre este ponto. Retraçar um sintoma histérico de volta à cena traumática ajuda nossa compreensão apenas se a cena contemplar duas condições: se possui a relevante *aptidão para servir como um determinante* e se reconhecidamente possui a *força traumática* necessária" (Freud, 1893, grifos meus). "Mas não é o sucesso terapêutico que buscamos em primeiro lugar; queremos, isto sim, pôr o paciente em condição de apreender seus desejos inconscientes. E obtemos isso apresentando à sua consciência, *com nossas palavras,* o complexo inconsciente, a partir dos indícios que ele nos traz e com a ajuda de nossa arte interpretativa. O quê de semelhança entre aquilo que ele ouviu e aquilo que ele procura, que, apesar de todas as resistências, quer chegar à consciência, põe-no em condição de achar o inconsciente" (Freud, 1909a, p. 255).

2. Um pai é espancado[1]

No Capítulo 1, discuti a distinção entre o *pai assassinado* e *o pai morto*. A passagem do pai assassinado para o pai morto representa a tentativa de regulamentar o desejo e institui o tabu do incesto. Todo indivíduo do sexo masculino tem de se confrontar com o desejo de matar seu pai.

Neste capítulo, sugiro que a fantasia "*um pai* é *espancado*" vem a ser uma importante aquisição na análise de alguns homens, como expressão da construção de sua escolha sexual e identificação masculina. É por intermédio da construção dessa fantasia nas vicissitudes da transferência que esses pacientes se tornam capazes de elaborar simbolicamente a agressão dirigida a seus pais e encontram seu próprio sentido de tempo na cadeia das gerações.

A fantasia "um pai é espancado" pode, com frequência, aparecer na análise de alguns pacientes homens no momento da transição entre estas duas configurações – isto é, do pai assassinado para

1 Uma versão anterior deste capítulo foi apresentada no Karl Abraham Memorial Lecture, em Berlim, em 10 de maio de 2009. Ele foi originalmente publicado no *International Journal of Psychoanalysis* (Perelberg, 2011a).

o pai morto. A primeira – o pai assassinado – está presente dentro de uma estrutura anal-sádica, perversa, como descrito por Abraham (1924) e Chasseguet-Smirgel (1985), na qual o pai não tem um lugar simbólico; a segunda – o pai morto – indica a constituição do pai simbólico. Nas configurações "pai assassinado", os pacientes acham difícil, se não impossível, conferir um sentido ao papel do pai na cena primária. Exemplos dessa configuração são pacientes que cometem atos de violência contra homens numa tentativa real de eliminá-los (ver Perelberg, 1995a). Entretanto, existem pacientes que não são ativamente violentos, mas estão encerrados em devaneios com fantasias de espancamento. Essas fantasias tendem a ter uma forma masoquista fixa e expressam a posição de desamparo desses pacientes frente aos pais, incapazes de mobilizar sua própria agressão. Neste capítulo são descritas algumas configurações perversas que expressam uma forclusão na relação com o pai e tendem a expressar uma negação das diferenças entre os sexos. Nesses pacientes, é muito pequena, se é que há alguma, a capacidade de mobilizar agressão e internalizar a função paterna. Este é um desafio para suas análises. Sugiro que, em contraste, alguns pacientes são capazes de alcançar a fantasia "um pai é espancado" ao longo de suas análises, e isso se torna uma apropriação simbólica de seu pai e da função parental (Perelberg, 2007).

Buscando na literatura clássica alguma referência a essa fantasia, encontrei um exemplo, descrito por Karl Abraham (1924), no qual um sonho repetitivo na infância lembrado no transcorrer da análise pode ser interpretado como contendo tal fantasia. Enquanto em meu principal exemplo neste capítulo – o da análise de Mauro – há uma passagem em direção a uma elaboração simbólica do papel do pai, o paciente de Abraham parece apresentar uma configuração anal-sádica perversa, bem como outros pacientes que discuto brevemente neste capítulo. Nesses exemplos o pai é excluído das fantasias do paciente sobre a cena primária.

Nos artigos metapsicológicos, Freud introduziu o conceito de fantasias primárias (*Urphantasien*), presentes desde o início, mas que só podem ser "reativadas", por assim dizer, na vida de cada indivíduo em termos de *après-coup* (ver Freud, 1916-1917, 1918; Laplanche & Pontalis, 1968; Perelberg, 2005, 2006; Perron, 2001; Steiner, 2003). Laplanche e Pontalis consideram essas fantasias primárias como uma experiência estruturante. Green (2002b) sugere a noção da *disposição para reaquisição* – uma expressão derivada do texto do Homem dos Lobos (ver Perelberg, 2005), no qual as fantasias primárias são re-atualizadas pela experiência individual. Quais são essas fantasias primárias? Freud sugere que elas sejam castração, sedução e cena primária. Pode-se incluir posteriormente o complexo de Édipo, que inclui o filicídio, o parricídio e o incesto. Sugiro que a fantasia "um pai é espancado" é uma transformação das fantasias primárias.

Essa fantasia e suas transformações emergem para certos pacientes homens como *resultado* do trabalho de análise; desdobram-se no decorrer da transferência e tornam-se uma potencial apropriação do pai (simbólico). A fantasia não significa, necessariamente, que o pai é que é explicitamente espancado. É uma *construção*, derivada de associações livres e sonhos no contexto da transferência, alcançada por meio do trabalho de interpretação.

Mauro

Informações gerais

Mauro tinha 30 e poucos anos quando começou sua análise, casado, dois filhos. Era o diretor de departamento de uma escola secundária; já estava há algum tempo em análise quando se inscreveu e conseguiu o posto de diretor. Permaneceu muitos anos numa análise de cinco vezes por semana.

A família de Mauro veio para o Reino Unido quando ele ainda era bebê. O pai deixou a mãe quando Mauro era bem pequeno. A mãe criou os dois filhos sozinha e abriu um pequeno negócio de *catering*. Parece ter sido uma mulher admirável, dedicada aos dois filhos, e Mauro trazia lembranças de ter sido muito ligado a ela quando criança. Depois que o pai os deixou, os filhos nunca mais o viram. A mãe contava que ele fora violento com ela, e o irmão mais velho lembrava-se dessas cenas.

Nos primeiros anos da análise de Mauro, uma poderosa transferência erótica maternal estava presente, ao passo que havia apenas uma leve representação do pai. Em torno do terceiro ou quarto ano da análise, começou a surgir, na transferência, uma mudança de uma posição predominantemente passiva, masoquista, para uma posição mais ativa, sádica. É nesse movimento que a fantasia "um pai é espancado" é identificada.

As seguintes sessões ocorreram nesse período, no quinto ano de análise.

Sessão 1: quarta-feira

Mauro sofrera um acidente de carro na semana anterior. Não se machucou, mas o carro teve perda total. A companhia de seguro pagaria um carro novo. Na análise trabalhamos um pouco sobre o significado desse acidente. Nos dias anteriores ao acidente, eu o percebera desinteressado das coisas em geral. Isso incluía certa apatia em relação ao trabalho e ao que ele teria que enfrentar no próximo termo como novo diretor. Na contratransferência, eu sentira também uma leve falta de interesse. Eu abordara isso fazendo uma referência às férias de verão que se aproximavam e seu sentimento de precariedade relacionado a isso. Na sessão anterior, depois do acidente, eu havia formulado uma interpretação sobre seu anseio por um pai/analista protetor. Nesse momento, me veio à mente o trabalho de Don Campbell (1995) sobre o papel do pai em um estado pré-suicídio, e pensei sobre a relação entre a apatia de Mauro, meu recuo momentâneo em relação a ele e o acidente.

No começo da sessão de quarta-feira, Mauro trouxe o seguinte sonho:

> *Estávamos em um carro. Eu era um dos passageiros e estava com minha família, minha mãe e meu irmão. Éramos adolescentes e estávamos passeando. Chegamos então a uma rua com uma feira. Havia fantasias dos personagens de "Star Wars", uniformes de guardas e máscaras. Estavam alinhados de alguma forma, mas em cada um deles faltava um pedaço. Em um deles não havia botas... Paramos para sair. Então percebi que estávamos todos usando longos* trench coats. (Quando eu era criança costumávamos ir a uma feira no vilarejo próximo, onde eu comprava roupas. Eu adorava fuçar nas coisas, era incrível a quantidade de tralhas que se podia comprar ali. Mas coisas muito legais também. Eu costumava comprar esses casacos compridos, que eram muito quentes e práticos para o inverno. Eu adorava esses casacos.)
>
> No sonho, *estávamos usando esses casacos.* Então, na terceira parte do sonho (a primeira era no carro, a segunda na feira), na terceira parte, *as pessoas caminhavam a esmo, e eu queria ir ao banheiro. Fui e abri a porta. Tinha um velho, que estava com o pênis para*

fora. Passei direto por ele, e parece que ele despertou e saiu. Não havia excitação, mas sim um sentimento de repugnância. [Silêncio.]

Mauro, então, prosseguiu com suas associações ao sonho:

Paciente: A parte sobre *Star Wars* me lembra de alguém que começou a dar aulas na escola nesses últimos meses. Chiara recentemente comprou um boneco desse personagem Darth Vader para seu filho. Ela veio à minha sala ontem. O prédio da escola está passando por uma reforma, e alguns andaimes agora chegam até a janela do nosso escritório. Quando cheguei à escola, vi um jovem pedreiro aproximando-se do andaime, e pensei que ele era muito atraente... [Pausa]. Darth Vader revela-se o pai de um dos personagens do filme. Ele é a autoridade, mas também é do mal. Esses guardas são clones desse personagem. Todos se vestem como ele. Na minha cabeça eram bastante inumanos, esses personagens com máscaras. No sonho havia essas carcaças, esses uniformes vazios...

Analista: Vocês estão todos vestidos com esses longos *trench coats*, como quando você era criança... Como Darth Vader, e também faltam pedaços; os uniformes estão vazios por dentro...

Paciente: Me lembro de que quando era criança queria entrar para alguma instituição uniformizada, como a polícia ou o corpo de bombeiros. [Ele próprio faz a relação.] Como o cara de quem estou comprando o carro, a polícia. [Silêncio.] Estava pensando na situação da Carla [outra colega do trabalho.] Ela teve

> mesmo um colapso e teve de parar de trabalhar. Imagino como ela deve estar se sentindo agora, já que tudo foi tão público, tão exposto... A diretora não lidou bem com a situação, não percebeu o que estava acontecendo antes, quando Carla pediu uma licença médica. Ela poderia tê-la protegido...
>
> *Analista:* Talvez você sinta que também está procurando um pai/analista que possa ser um protetor e que não represente as forças escuras, ou que seja nojento. Que não permitiria que você se sentisse envergonhado ou exposto, como o homem no banheiro; ou como a diretora que deixa Carla tão exposta na frente dos colegas... [Pausa.]
>
> *Paciente:* Isso me lembra meu pai, que nunca procura seus filhos [ou olha para seus filhos: penso na máscara à qual ele se referira, e a falta de um rosto para olhar...] [Silêncio.]

Mauro então pensa numa cena que observou no dia anterior entre sua cunhada, Hélène, e seu bebê:

> *Paciente:* A mãe e o bebê estavam brincando com dois carros que estavam engatados. O bebê segurava um carro e gritava, balançando-o com excitação. Hélène segurava o outro carro e o puxava gentilmente em sua direção. Ele soltava o carro, depois o segurava de novo e o puxava para si. [Silêncio.] Falando de uma forma metafórica, é como se o jogo expressasse a ligação entre eles, o vínculo, o desejo apaixonado entre eles... [Silêncio].

[Penso na sua excitação no começo da sessão ao me contar o sonho.]

Analista: Talvez seja isso que você sente quando me traz um sonho. [Mauro sorri.]

Nosso tempo acabou. [Passou-me um pensamento, que o mundo do jogo entre mãe e bebê pode ser vivenciado como um refúgio/regressão do mundo das forças escuras e perversas atribuídas ao pai. Entretanto, parece ser, ao mesmo tempo, sentido como o lugar a partir de onde as coisas podem ser exploradas.]

Comentários

No começo da sessão, o sonho traz consigo a expressão de diferentes temporalidades: como criança/adolescente com a mãe e o irmão. O que se segue passa a dar uma indicação da busca por um pai, um pai protetor, e, no entanto, o que ele encontra é um pai vazio castrador/castrado. É interessante notar que o pai aparece na terceira parte do sonho, de forma que o elemento da terceiridade se expressa potencialmente dessa forma, quase em antecipação.

Mauro me conta então que ao crescer queria se ligar a algo que tivesse uniforme. No sonho, aparecem referências a uniformes do exército e máscaras sem rostos. Havia uma sinalização repetitiva de algo faltando em cada um dos uniformes. Sentimentos de vazio e perda são relacionados à ausência de seu pai na sua vida, minha ausência na situação do acidente de carro, uma ausência vivenciada e expressa na impotência que Mauro apresentava no começo de sua análise. É um pai que não está ali para olhar seus filhos, como testemunha do relacionamento com a mãe. Para mim, os uniformes vazios transmitem um sentimento de um negativo do pai – um "não pai". Parece-me ser um pai que continua não tendo um espaço na mente de Mauro, numa posição de terceiridade. Esse pai ausente é substituído por um pai perverso: *o pai ausente é erotizado.*

A referência é ao passado da infância e também ao passado da análise, seu começo, tudo evocado no aqui e agora da análise. A imagem do pai que emerge nas associações de Mauro é a de Darth Vader e *Star Wars*. Há referência a trincheiras[2] e guerra. O pai mau, que é perverso e que expõe seu poder no banheiro, é também um pai pelo qual anseia. A repugnância experimentada no sonho parece também ser uma reação ao seu anseio pelo pai.

Na sessão apareceu uma referência a um jovem pedreiro atraente, numa evocação a um anseio erótico homossexual, a respeito do qual trabalhamos muito ao longo da análise. A atração homossexual é uma solução potencial para a vivência de sentimentos conflitantes dirigidos ao pai ausente. Uma interpretação que aborda esses anseios coloca Mauro em contato com a decepção com seu próprio pai e o atrai regressivamente para uma cena entre mãe e bebê que é excitante e que exclui o pai.

Na sessão de quinta-feira, Mauro me contou sobre o jogo entre sua cunhada e o bebê dela que o excitara.

Sessão 2: quinta-feira

> *P:* Quando você é criança pode simplesmente jogar seus brinquedos para fora do carrinho se você não quiser brincar... Ontem, depois da sessão, fiquei pensando que a Hélène tinha colocado esses dois brinquedos atrás dela; Roberto [o bebê] ficava puxando sua blusa. Ele não conseguiu encontrá-los, então ela o perdeu. Ele

2 Trincheira, em inglês, é *trench*, como nos "*trench coats*" aos quais se refere Mauro [N.T.].

foi embora. Como eu, no passado, desistindo antes de tentar com mais afinco...

A: Esconder os brinquedos de plástico evoca o que parece ser tão difícil no momento das férias. O bebê perde a excitação e a curiosidade, e vai embora – como você sentiu ter perdido o interesse nas sessões, ou que eu tenha perdido o interesse em você.

Sessão 3: sexta-feira

Mauro chega e se deita no divã:

P: Tive um sonho na noite passada: *havia um grupo de homens, e parece que um deles tinha feito alguma coisa: infringido a lei, ou algo assim. Os outros se viraram para ele e começaram a bater nele, deixando-o inconsciente. Então apareceu uma mulher. Ela estava com esse homem que foi espancado. Ela não foi imediatamente na direção dele. Ela tentou argumentar com o líder. Ela estava se insinuando para ele, prometendo algo. Seu companheiro continuava no chão. Não estava muito claro se ela o abandonava ou se estava se insinuando para ajudá-lo. O líder se retira, ela vai com ele. Eu vou embora, e no meu caminho há uma* pâtisserie *turca com esse doce com espinafre e queijo feta. A comida nesse lugar era ótima. Passo por ela e penso que quando estiver fora à noite agora sei onde ir para comer alguma coisa. Estava pensando no grupo de homens. Em geral você não é atirado ao chão por ter descumprido a lei. Eles faziam parte de algum tipo de sociedade primitiva e sem lei, onde opera uma justiça brutal. Quando essa mulher tenta se insinuar, há algo de sexual. Isso realmente me incomodou.*

Quando acordei não conseguia me lembrar o que o homem no sonho tinha feito de errado. Eu achava que sabia. Estou contente com esse sonho, pois trabalhei duro para me lembrar dele. Primeiro me lembrei da *pâtisserie*, e depois do resto do sonho. Foi meu caminho para o sonho. Ontem tive que lidar com duas questões importantes. Ambas envolviam encontros com os diretores de departamento de duas escolas pequenas que estão interessadas em se juntar com a nossa. Uma delas foi fundada no ano em que eu nasci. Encontrei-me com a diretora do departamento de Inglês de uma delas, Marie. Íamos tomar um café. Quando eu estava quase chegando, ela me ligou e disse que estava atrasada e mudou o lugar do encontro. Depois disso ficou parecendo uma história de detetive. Ela continuou ligando e mudando o lugar. O objetivo do encontro era nos conhecermos um pouco antes de começarmos as negociações. Ela me envolveu nessa caçada de cão e gato. No final ela me fez ir até um parque e finalmente apareceu. Ela é muito inteligente, mas um pouco maluca. Fiquei ouvindo-a falar por algumas horas na chuva. Foi um encontro agitado.

Depois me encontrei com o outro chefe de departamento de outra escola... [Pausa] O cara que ia me vender o carro decidiu vendê-lo para outra pessoa. Estou realmente decepcionado. Estou procurando outro. É um carro excelente. Quando Christine [mulher de Mauro] chegou em casa ontem à noite, eu disse que estava vendo filmes pornô na internet. São tão bonitos, esses carros. Fiquei me repreendendo [*kicking myself*] por não ter arrumado um tempo para ir ver o carro... Ele realmente me deu o cano.

A: Me ocorre que talvez o homem do sonho estava sendo chutado [*kicked*] por ter dado o cano em você...

P: Eu realmente me senti chutado ontem por essas duas pessoas, eu não posso me permitir perder tempo dessa maneira. Pensei em como estou com raiva... A imagem que me vem à cabeça é da *Montanha mágica*, de Thomas Mann. Esse é um grupo de pessoas civilizadas! Ele foi chutado até ficar inconsciente. A selvageria do inconsciente; o que pode explicar minha raiva?

A: [Eu estava pensando sobre a alusão a uma atmosfera perversa, sedutora/destrutiva, atemporal no aqui e agora, algo como assistir pornô.] Um homem está sendo espancado... [Pausa.] Talvez a mulher que assiste seja eu também. Você se sente vulnerável, à mercê dessa mulher maluca e desse homem sádico. Essa mulher ou assiste passivamente a cena ou está tentando seduzi-lo para não ficar com raiva e violento. Me faz lembrar do acidente de carro semana passada, em que você se sentiu tão vulnerável, mas também com raiva, sentindo no final das contas que eu deixei que isso acontecesse com você.

P: Eu realmente me senti completamente humilhado deitado lá depois do acidente... [Há um barulho vindo da rua.] Isso é tão irritante. Deitado aqui, estou impotente. Não posso me levantar e fechar a janela. Sinto-me vulnerável.

A: Como as escolas menores que estão sendo absorvidas pela escola maior. Ao mesmo tempo, também sente raiva pelo seu desejo de se unir, e submeter-se, a essa mulher volátil que o leva a uma caçada de cão e gato (como eu, com a interrupção de férias) ou ao homem espancando o outro...

P: Uma forma de se conhecer as pessoas é verificar o que elas fazem com você, para você ficar disponível. Marie fez com que eu andasse por todas aquelas ruas, eu estava à mercê dela... [Silêncio por um tempo.] Eu cheguei cedo em casa; Christine e eu tivemos algum tempo juntos, o que foi bom. Comemos um macarrão ao pesto. Estava realmente bom, como na *pâtisserie*...

A: Talvez esse seja o outro lado da sua experiência aqui. Também é como estar na *pâtisserie*. [Silêncio].

P: Estou pensando que Christine teve um namorado antes que poderia ter realmente proporcionado a ela uma vida luxuosa. Ela o conheceu na Turquia, e eles ficaram juntos por alguns anos... [Silêncio.]

A: Terminamos.

Comentários

A sessão de sexta-feira começa com o relato de uma cena na qual um homem está sendo espancado. Algumas configurações estão simultaneamente presentes. Mauro parece experimentar minhas interpretações como sadicamente "espancando-o até ficar inconsciente" ou como uma forma de seduzi-lo para não ficar com raiva de mim. Ao tentar seduzi-lo, eu estaria ignorando a violência do espancamento que continha ambas as identificações, a sádica e a masoquista. Mauro identifica-se com diferentes posições ao mesmo tempo: ele é o homem violento que espanca, bem como o homem que, de forma masoquista, submete-se ao espancamento. O grupo de homens responsável pelo espancamento acentua a multiplicidade da imagem. O paciente é também o observador da cena que se condensa em "um homem é espancado". As associações da semana estabelecem uma ligação entre o homem que espanca, ou é espancado, e o pai, Darth Vader. Na posição passiva, a cena é homossexual, com a mãe como espectadora. Isso foi sentido por mim como uma transformação da cena do acidente de carro. Entretanto, a principal transformação presente nessa cena, em conexão com a posição anterior predominante passiva, é a posição ativa que se torna possível para Mauro. É inédita em sua análise.

Chamou minha atenção o uso da palavra francesa "*pâtisserie*", apontada por ele como a "porta de entrada" para a lembrança do sonho. No passado, ele havia associado a língua francesa a mim, por causa dos livros em francês que tinha visto no consultório. Parecia expressar a forma pela qual é a experiência no processo analítico que dá acesso – é o "portal", por assim dizer – ao inconsciente. O que me fez lembrar do final da sessão de quarta-feira e da descrição do jogo erótico entre a mãe e o bebê. Entendi isso como expressão da sua experiência do aqui e agora na análise. É por intermédio da experiência do jogo e do prazer, que certamente contém ambivalência também, que outras áreas da experiência, outras fontes de angústia, podem ser exploradas. Estas ganham representação no sonho. Winnicott sugere que a progressiva experiência de desilusão na relação com a mãe leva às atividades de lembrar, reviver, fantasiar e sonhar e à "integração de passado, presente e futuro" (Winnicott, 1971c, p. 12).

É possível começar o relato dessas sessões em qualquer ponto, pois não se trata apenas de uma descrição linear, mas também de uma estrutura que pode ser compreendida. Na sessão de quarta-feira, na primeira parte do sonho, os adolescentes estão no carro com a mãe. Na segunda parte, chegam a uma feira, e uma busca está ocorrendo. A terceira parte do sonho envolve uma figura masculina e seu pênis. Na sequência das associações, e retrospectivamente, é possível compreender que a busca é por um pai. A referência à idade pode apontar para o ciclo da vida, o surgimento da sexualidade e o anseio por um objeto masculino de identificação. Há uma referência a um "não pai" nos uniformes vazios, referindo-se a uma ausência que de fato existe na vida de Mauro. O pai que Mauro encontra no banheiro é exibicionista e perverso. Supostamente ele tem o falo, "a Força" (*Star Wars*),[3] mas sua excitação provoca repugnância, que é também uma contraparte do desejo, do anseio erótico homossexual por ele, como um precursor do desejo de identificar-se com ele.

Faltava o pai na vida de Mauro, presente apenas como um aspecto do desejo da mãe. A ausência do pai também estava ligada com a violência dele contra a mãe, o que tornava difícil mobilizar em Mauro tanto sua agressão como seu desejo. Se o pai não é o terceiro que traz um senso de fronteira ao relacionamento entre mãe e filho, a experiência pode ser de a mãe e o filho, analista e paciente, estarem presos num abraço do qual não há saída.

Mauro fez uma associação com a *Montanha mágica*, de Thomas Mann (1924). Um dos personagens principais é, afinal de contas, Claudia Chauchat, que representa a tentação erótica, a luxúria e o amor, todos numa forma degenerada, mórbida. Ela é uma das principais razões para Castorp estender sua permanência na montanha mágica. Ela é a promessa de prazer sensual como obstáculo para a ação masculina. Chauchat é também possuidora de características felinas: seu sobrenome deriva-se do francês "*chaud chat*"

3 Ver Introdução.

[gato quente], e seu primeiro nome inclui a palavra inglesa "*claw*", "garra". Ela parece ser a mulher no sonho de Mauro.

No aqui e agora da análise, a analista representa tanto o pai, como uma expressão das forças do mal, alternando com a mãe, provedora do mundo do jogo, do desejo e da sedução. Isso pode ser vivido como demasiada excitação e desejos proibidos, levando a sentimentos de culpa e à cena do espancamento da sessão de sexta-feira. Aqui, a mãe aparece mais claramente também como uma sedutora sádica. Pode-se identificar, na sequência das sessões, as fantasias de castração, sedução e cena primária. Elas são representações dadas a várias cenas nos sonhos, que, por sua vez, refletem as experiências inconscientes do próprio processo analítico.

A fantasia: "um pai é espancado"

"Uma criança é espancada: uma contribuição para a gênese da perversão sexual" foi publicado em 1919, num período de transição dos modelos da mente de Freud (Freud, 1919a). Como assinala Catherine Chabert (2005), a intenção do texto era considerar a fantasia "*uma criança é espancada*" como uma das fantasias de sedução e, além disso, descrever os desenvolvimentos paradigmáticos envolvidos na produção dessa fantasia. Ao mesmo tempo, o texto apresenta representações "infantis" do masoquismo, antecipando trabalhos que estariam por vir antes da publicação de *Além do princípio de prazer* (Freud, 1920a) e de "O problema econômico do masoquismo" (Freud, 1924b), que estabelecem a ligação entre amor e punição, excitação e dor. Segundo Chabert, uma alteração entre as cenas da fantasia de espancamento é um movimento fundamental na análise – "uma forma de abrir posições de identificação em movimento" (2005, p. 226) entre atividade e passividade, sadismo e masoquismo, representações e ações.

"Uma criança é espancada" é central para o desenvolvimento teórico de Freud e sugere uma ligação entre masoquismo, feminilidade e os sentimentos de culpa engendrados pelos desejos incestuosos dirigidos ao pai – desejos reprimidos e reconstruídos no processo analítico. Nesse artigo seminal de Freud, a cena é essencialmente masoquista, uma reconstrução de uma fantasia infantil que se dá por meio da análise de pacientes adultos. Ao comparar as fantasias de espancamento em meninos e meninas, Freud sugere que o menino mantém uma atitude passiva feminina em todas as fases da fantasia.

Uma transformação da cena "uma criança é espancada" é a de "um pai é espancado até a morte", como proposto por Kristeva (2008); ela oferece uma nova leitura de *Totem e tabu* (Freud, 1912-1913) sob a lente de uma interpretação de "Uma criança é espancada". Kristeva sugere que a fantasia "um pai é espancado até a morte" encontra-se na fundação da fé cristã, levando a uma re-sexualização do pai ideal. À luz da experiência clínica, *cheguei à conclusão de que é uma elaboração fundamental na análise de pacientes do sexo masculino.* Talvez seja mais importante quando o pai externo não tenha estado suficientemente presente para ser simbolicamente assassinado ou espancado até a morte. O sonho do espancamento do pai irá se tornar uma aquisição da análise, como expressão da realização dos sentimentos ambivalentes dirigidos ao pai.

A aquisição da análise de Mauro é o fato de ele ser agora capaz de adotar também a posição ativa: *o pai também é espancado*, e Mauro não se encontra mais aprisionado numa posição passiva. Estou sugerindo que a *alternância* entre submissão masoquista e espancamento sádico é crucial para um homem por permitir a ele apossar-se dos atributos paternos, em seu caminho de identificação com o pai.[4]

---

4 Grunberger (1956) assinalou que uma posição masoquista em relação ao pai

Comparando exemplos clínicos

A configuração que Mauro alcançou em sua análise oferece uma comparação importante com muitos outros exemplos que encontrei na análise de homens, nas quais não foi possível chegar à fantasia "um pai é espancado". Esses exemplos vão desde situações em que a violência é de fato cometida contra o pai (Perelberg, 1995a, 1999a) até configurações mais estruturadas, perversas, nas quais predomina a *submissão* masoquista. O traço comum em todas essas outras configurações é uma forclusão na relação com o pai e a falta de internalização de uma função paterna como capacidade simbólica. Sugiro que *essa ausência do pai em sua função simbólica* é então erotizada, numa fusão dos instintos de vida e morte.

> O sr. A[5] é um exemplo de um paciente fixado em uma posição de submissão masoquista, tendo passado sua vida imerso em devaneios. Esses devaneios tinham uma sequência e estrutura fixas, em lutas reiteradas ele terminava sendo espancado, à mercê de outros homens. Por muitos anos esses devaneios permaneceram praticamente intocáveis na análise; a capacidade do sr. A de engajar-se numa exploração emocional de seu mundo interno era extremamente limitada. Essa repetição, desprovida de afeto, desses devaneios fixos me lembra alguns casos descritos por Novick de devaneios repetitivos em algumas crianças com distúrbios graves, em que "*o sujeito estava sempre no papel passivo e o agressor era invariavelmente uma*

é necessária para o estabelecimento de uma identificação paterna. Sugiro aqui que o movimento entre as duas posições na cena do espancamento é fundamental nesse processo.

5 Todos os exemplos que se seguem são de pacientes acompanhados em análises de cinco vezes por semana.

pessoa que existia na vida real da criança" (Novick & Novick, 1972, p. 240, grifos meus). Isso me permite concordar com a distinção de Winnicott entre sonhar e fantasiar (Winnicott, 1971a). Enquanto o primeiro é uma indicação de que está havendo um trabalho psíquico, o segundo está mais para a forclusão, de difícil penetração pelo trabalho analítico. Por muitos anos, o sr. A expressou sua incapacidade de mobilizar sentimentos de agressão que poderiam ser utilizados a serviço de seu desenvolvimento. Na repetição estática de seus devaneios, o tempo e o princípio de realidade eram abolidos. O pai do sr. A esteve ausente de sua vida, tendo abandonado sua mãe quando ele era criança. Como filho único, teve um relacionamento muito próximo da mãe, com quem continuava morando no começo da análise, aos 28 anos.

Outro paciente, o sr. B, passava boa parte de seu dia na internet, explorando sites pornográficos. Na análise, sua atitude em relação à analista era dócil, concordava com suas interpretações, e nesse processo ele podia paradoxalmente criar a ilusão de que estava no controle da análise e da analista. Toda interpretação era logo incorporada nessa configuração sadomasoquista. Ele não conseguia mobilizar sentimentos genuínos de desamparo, os quais ele vivenciara como criança diante da violência a ele infligida pelo pai, e sua incompreensão e frustração com sua mãe por não o ter protegido. De fato, a mãe era vivida como tendo seduzido-o a acreditar que ele era o objeto de seu desejo, e que ele podia simplesmente descartar o pai como um competidor. O sr. B dormiu na cama da mãe por grande parte de sua infância. Sua docilidade com a analista era

> parte da defesa que construiu para si mesmo ao longo de toda a vida, por meio da qual nada do que estivesse acontecendo de verdade tinha importância para ele. Ele estava no comando de um "outro mundo", outra realidade[6] com uma qualidade mecânica, que era o que importava para ele.

A qualidade de sua interação com sua analista lembra-me do que Dermen (2010) descreveu como "coisificação" – isto é, "a transformação de uma experiência viva em algo morto". Essa repetitividade aponta também para uma configuração anal, como descrita por Chasseguet-Smirgel (1985). Nessa configuração, tanto o papel do pai como a realidade são questionados: ambos são desqualificados. O tempo também é negado, uma vez que existe um sentimento de reiteração mecânica. Foram necessários muitos anos de análise para que um senso de realidade viesse a estar minimamente presente na qualidade das interações com a analista, por meio de uma capacidade nascente no sr. B de experimentar, na transferência, o medo da perda. Este, por sua vez, foi acompanhado de uma experiência de desamparo frente à analista, que está na origem da estruturação das diferenças.

> O sr. C, meu próximo exemplo clínico, envolvia-se repetidamente em brigas verbais no trânsito, colocando-se em situações potencialmente perigosas, nas quais vivia experiências de intensa frustração e violência. Na vida real, era passivo, incapaz de encontrar emprego ou de se sentir potente na relação com a esposa. O sr. C lembra-se de uma infância com muitas privações emocionais, a violência do pai e a depressão da mãe. Ele

6 *Second Life* era como se chamava o jogo na internet que jogava durante horas a fio.

e seus três irmãos, dos quais é próximo, foram todos mandados para um internato no nordeste da Inglaterra quando eram muito pequenos. Sua experiência no internato foi de desolação, e ele não atingiu seu potencial.

Em seus devaneios, sr. C tinha fantasias de ser uma mulher vestida com tecidos macios, e essa fantasia lhe conferia o sentimento de viver num mundo onde não havia conflitos. Ele mesmo tornava-se uma mulher, que nos faz lembrar da fantasia de Schreber, ligada à sua identificação feminina: "A mais temida ameaça do pai, a castração, realmente proporcionou o material para a fantasia-desejo de transformação em mulher, primeiro combatida, depois aceita" (Freud, 1911, p. 75).

O sr. C sentia-se continuamente torturado por imagens de sua mulher tendo casos com outros homens. Em seus devaneios, no entanto, ele mesmo se tornava mulher, numa tentativa de recriar uma união feliz com seu objeto primário. Se não podia ter sua mulher/mãe/analista, ele se tornaria ela e desapareceria em sua *lingerie* e roupas. O risco potencial de suicídio expresso nesse desaparecimento espreitava no pano de fundo, como expressam as situações vulneráveis a que se expunha no trânsito. Foram precisos muitos anos de análise para que o sr. C pudesse mobilizar sentimentos de raiva dirigidos ao pai/analista. Nesse momento, foi capaz de *produzir um sonho em que pôde expressar a violência dirigida a outro homem de uma forma mais simbólica.* Esse sonho surgiu num momento crucial em sua análise, antes das férias de verão, quando pôde entrar em contato com seus sentimentos de raiva pela analista por deixá-lo e frustrá-lo, por impor a ele as regras

> do *setting*. Paradoxalmente, esse sonho, que indicava o aparecimento da fantasia "um pai é espancado", trouxe com ele uma esperança no futuro devido à elaboração simbólica, possibilitando a passagem da posição passiva para a ativa. Isso se deu justamente quando, pela primeira vez em muitos anos, conseguiu encontrar um emprego compatível com suas capacidades.

Todos esses homens – sr. A, sr. B, sr. C – tinham vida sexual limitada ou praticamente inexistente com suas parceiras, por serem incapazes de mobilizar seus sentimentos de agressão como uma força de vida. Os muitos exemplos acumulados ao longo dos anos, do meu trabalho e de meus supervisionados, permitiram-me ir vagarosamente formando a ideia de que a fantasia "um pai é espancado" e sua transformação ao longo do trabalho analítico é uma aquisição fundamental na análise de alguns pacientes homens, como expressão de uma apropriação no nível simbólico de seus sentimentos conflitivos e fantasias dirigidos ao pai. *O espancamento do pai tem lugar antes que o assassínio simbólico possa se dar numa elaboração verdadeira da estrutura edípica.* Implica uma re-sexualização do pai, uma expressão do desejo pelo pai no complexo de Édipo negativo, antes que possa ocorrer um processo de sublimação. Se o tabu do incesto é a lei que separa natureza e cultura, o desejo de cometer incesto é fundamental em cada indivíduo. No entanto, a ordem simbólica só pode emergir quando ocorre o luto. Não se pode, porém, viver o luto daquilo que não se teve.

Podemos identificar nas análises desses pacientes uma outra dimensão, que parece indicar uma estrutura mais perversa se comparada com a experiência na análise de Mauro. *O paciente perverso luta com um núcleo melancólico que não pode ser elaborado.* O núcleo da melancolia é o assassínio do objeto primordial perdido para sempre, porém de certa forma nunca é inteiramente perdido porque o sujeito estará sempre ocupado em encontrá-lo novamente. É esse objeto, o qual nunca tiveram, que os pacientes perversos tentam recuperar no seu sadismo e crueldade dirigidos a seus objetos.

Freud afirma que: "Se o amor ao objeto – a que não se pode renunciar, quando se tem de renunciar ao objeto mesmo – refugia-se na identificação narcísica, o ódio atua em relação a esse objeto substitutivo, insultando-o, rebaixando-o, fazendo-o sofrer e obtendo satisfação sádica com esse sofrimento" (Freud, 1917 [1915], pp. 183-184).

A fantasia "um pai é espancado" é uma tentativa de recuperar o objeto nunca obtido, como exemplificado na análise de Mauro. Isso é belamente ilustrado na progressão do material da semana, do acidente de carro até as máscaras vazias no sonho de quarta-feira. Esse sonho é compreendido como a busca por um pai, e, no entanto, o que Mauro encontra são uniformes vazios, máscaras vazias. O pai que é encontrado, na sequência do sonho, é um pai perverso. Esse pai perverso ocupa o lugar do vazio num processo de *erotização da ausência*. No caso de Mauro, há uma elaboração simbólica do processo por meio da transferência e da interpretação de seus sonhos, que lhe possibilitam ter o sonho "um pai é espancado". Fiz uma comparação entre este e outros exemplos clínicos de análises de estruturas perversas, predominantemente masoquistas, nos quais o pai parece ter estado ausente de uma forma mais radical.

Jano de uma só face

Para ilustrar melhor essa ideia de um núcleo melancólico erotizado, utilizarei uma sessão do sr. D, um rapaz que na infância sofreu consistentemente abusos sexuais por um amigo da família. Ele teve um pai ausente e uma mãe negligente, e nesse momento de sua análise vive com um companheiro, um homem homossexual HIV positivo.[7]

> No início da análise, o elemento presente na transferência com a analista era sadomasoquista, na qual apenas duas posições eram possíveis – abusador ou abusado. Progressivamente, o paciente foi podendo se referir a "sentimentos sem nome". Numa sessão durante essa fase, a analista percebeu que o sr. D fazia referências a imagens partidas ao meio: na sua mala tinha um frasco de água de colônia, metade do conteúdo vazou; fez referência a um terno, mas só comprara a metade (o paletó, e não a calça); também faz referência a um "semiconhecimento de alguma coisa que ele precisava saber". Isso foi salientado pela analista.
>
> Mais tarde na sessão, o sr. D fez uma referência ao homem que tinha abusado sexualmente dele quando criança. A analista estabeleceu uma relação entre essas associações e *comentou sobre a experiência dele de ter seu desenvolvimento interrompido.* À medida que minha supervisionanda lia a sessão para mim, me veio à mente a imagem de Jano com apenas uma face, a outra metade foi retirada, a que olhava para o futuro.[8] [Tam-

---

7 Esse exemplo é do trabalho de uma supervisionanda.

8 Jano era o deus romano dos começos, portais e transições. Foi associado ao começo do dia e ao primeiro mês do ano, chamado janeiro por causa dele. Como um portal pelo qual se pode entrar pelos dois lados, Jano era geralmente representado com duas faces, uma voltada para o passado, outra para o futuro. De acordo com a lenda, ele recebeu do deus Saturno, como presente pela hospitalidade oferecida, a dádiva de ver o passado e o futuro. O templo de Jano no Fórum

bém pensei nas máscaras vazias no sonho de Mauro, e que a isso se seguira o encontro no banheiro com o homem perverso.[9]]

A resposta do paciente foi se referir a uma fantasia sexual que tivera no dia anterior e que ele mesmo considerou ultrajante: ele pensou em dizer para uma mulher num bar alguma coisa de natureza sexual que a teria chocado. Isso era uma referência à transferência e uma resposta à interpretação anterior da analista, numa tentativa de chocá-la com um material sexual que tomaria o lugar daquilo que ela acabara de lhe dizer sobre perda. *Essa erotização tinha a função de preencher o lugar da outra metade que não estava lá.* Tratava-se da última semana antes das férias, e o paciente, no contexto da transferência, tinha cortado a semana pela metade, uma vez que não viria à outra metade da semana.

As análises do sr. A., do sr. B e do sr. C, bem como a do sr. D, permitem-nos identificar certos traços presentes na estrutura psíquica de alguns pacientes perversos que apresentam dificuldade em alcançar a fantasia "um pai é espancado", bem como configurações em um destes polos: violência real contra outros homens, de um lado, ou submissão masoquista, de outro:

1. a qualidade estática, repetitiva da interação deles com os outros;

Romano tinha dois conjuntos de portas, voltados para o leste e para o oeste. As portas eram abertas no período de guerra e fechadas nos tempos de paz.

9 Hassoun (1995) sugeriu que a adição a drogas está relacionada a uma perda que não pode ser nomeada: ela se torna um substituto para essa perda. Essa formulação me foi inspiradora para pensar sobre alguns dos casos de perversão que encontrei na minha prática clínica.

2. empobrecimento simbólico (Kohon, 2000);
3. abolição do tempo e do *après-coup* (Perelberg, 2006)
4. abolição do princípio de realidade e predominância do princípio de prazer (Chasseguet-Smirgel, 1985; McDougall, 1990);
5. construção de uma pseudorrealidade que se torna um substituto da vida (devaneios, ou *Second Life*, Wood, 2007);
6. evitação de contato íntimo com outras pessoas, que são desumanizadas (Stoller, 1968);
7. fixação em uma configuração sadomasoquista (Campbell, 2014; Glasser, 1979);
8. coisificção (Dermen, 2010);
9. evitação de sentimentos de desamparo e passivação (Green, 1986a; Kohon, 2005a);
10. dúvida persistente quanto à veracidade do que o paciente está transmitindo ao analista (Campbell, 2014);
11. abolição do pai morto e ascensão do pai assassinado (Perelberg, 2009b);
12. uma incapacidade para o luto e o predomínio de uma estrutura melancólica na qual a ausência, a perda e os sentimentos sem nome são erotizados (Perelberg, 2011a, como descrito neste capítulo).

As ideias de Freud apresentam um paradoxo no sentido de que o assassínio do pai é requisito para a criação da ordem social e psíquica; o pai, contudo, deve ser apenas metaforicamente assassinado, como desfecho do complexo de Édipo e origem do supereu. Isso dá início ao processo de luto. A fantasia "um pai é espancado" torna-se uma aquisição importante na análise de alguns pacientes do sexo masculino. No caso de Mauro, abriu o caminho para uma identificação masculina mais forte, para a mobilização de sentimentos de raiva e violência, bem como para uma potencial capacidade de usar a agressão de forma mais criativa. Loewald sugeriu que "ao desenvolvermos nossa própria autonomia, nosso próprio supereu, ao nos engajarmos em relações de objeto não incestuosas, estamos matando nossos pais" (1979, p. 757). Vem à lembrança o Homem dos Ratos, que, ao ter a primeira experiência de prazer numa relação sexual, diz: "Isso é glorioso! Vale matar o pai por isso!" (Freud, 1909b).

Um exemplo de uma cena de espancamento retirada da literatura psicanalítica clássica: Karl Abraham

Em seu artigo de 1924 "Breve estudo do desenvolvimento da libido, visto à luz das perturbações mentais", Abraham discute as ligações entre fantasias de espancamento e o papel do pai. Abraham relata um sonho repetitivo da infância de um de seus pacientes. Esse sonho, de quando o paciente tinha cerca de 5 anos, foi evocado por um outro sonho que o paciente tivera na noite anterior. Nesse último sonho ele tinha sido de alguma forma envolvido num roubo de livros. Abraham interpretou esse sonho mais recente em termos de material edípico (roubar da mãe e castrar o pai). Esse sonho recente, no entanto, evocou no paciente sentimentos ligados a um sonho da infância, cujo relato se segue:

> *Estava parado na frente da casa de meus pais, onde nasci. Uma fila de carros subia a rua, que, a não ser por isso, se achava inteiramente quieta e deserta. Cada*

> *carro tinha dois cavalos à sua frente. Um cocheiro caminhava ao lado dos cavalos e batia neles com o chicote. O carro tinha lados altos, de maneira que eu não podia ver o que se encontrava dentro. Havia algo de misterioso nisso. Debaixo dele estava pendurado um homem, todo amarrado e arrastado por uma corda. Havia uma corda em volta de seu pescoço, e ele só conseguia respirar com grande dificuldade e a longos intervalos. A visão desse homem que não podia nem continuar vivendo, nem morrer, afetou-me muito. Então, para meu horror, vi que dois outros carros seguiam o primeiro, e cada um deles apresentava o mesmo espetáculo. (Abraham, 1924, pp. 125-126)*

O paciente associa o cocheiro com seu pai, e Abraham compreende o uso do chicote como representando o pai no coito com a mãe ("batendo/espancando"). Entretanto, depois revela-se que o homem amarrado estava relacionado com alguém sendo esmagado na cópula (sua dificuldade de respirar), invertendo, assim, segundo Abraham, a posição do homem como observado pela criança (p. 128).

Abraham também sugere que o sonhador estava representado em pelo menos três figuras diferentes: o observador, o cavalo e o homem amarrado (p. 126).

Considerando esse sonho à luz das discussões desenvolvidas neste capítulo, a cena na qual o homem é arrastado pela corda e "não podia continuar nem vivendo, nem morrer" pode ser também interpretada como expressão da fantasia "um pai é espancado" por seu filho. No nível consciente, conta-nos Abraham, o espancamento dos cavalos referia-se aos frequentes castigos físicos que seu pai lhe havia infligido. Na fantasia de espancar o pai há, sugiro, uma reversão da cena, e, no sonho, um deslocamento para os cavalos. A multiplicação de carroças que se enfileiram significa a multiplicidade da presença dessa fantasia no inconsciente. A multiplicidade pode também ser vista como apontando o medo da falta e a ameaça de castração, como as muitas serpentes da Medusa que representam o horror da castração das mulheres (Freud, 1922).

As associações subsequentes ao sonho parecem confirmar essa hipótese e incluem o seguinte sonho:

> *Vi uma parte do corpo nu de E., apenas a parte do meio. Seus seios e órgãos genitais estavam cobertos. Essa parte do corpo formava uma superfície plana e não apresentava umbigo. Onde o umbigo deveria estar, cresceu repentinamente algo semelhante a um órgão genital masculino, então o toquei e perguntei a E. se era sensível. Então aquilo começou a inchar um pouco, eu fiquei assustado e acordei. (Abraham, 1924, p. 126)*

Abraham apresenta sua compreensão desse sonho em termos de o corpo inteiro estar representado como um seio, e o intenso anseio do melancólico pelo estado de felicidade quando ainda estava no seio da mãe. Entretanto, esse sonho pode também ser visto em termos das dificuldades do paciente em aceitar a diferença entre os gêneros e como expressando sua angústia de castração. Isso pode então ser conectado à angústia ligada ao sonho do espancamento vivido como uma "cena no inferno" (p. 126) e as dificuldades de aceitar seus sentimentos assassinos dirigidos ao pai. Depois do sonho, o próprio paciente disse a Abraham que se sentia "como um menino de 5 anos que de algum modo perdera o caminho" (p. 127). Alguns dias depois de relatar esse sonho, o paciente teve uma fantasia de querer empurrar um homem que associou a seu pai "para dentro de algum desvão escuro e estrangulá-lo com as mãos" (p.128), o que Abraham interpreta como representando o ato edípico.

Abraham distingue duas tendências na fase anal-sádica: uma mais primitiva de expulsar o objeto e destruí-lo (evacuação) e uma posterior de reter e controlar o objeto. Eu sugeriria que a *fantasia de espancamento pode ser considerada uma parte da tarefa de desenvolvimento de todo indivíduo do sexo masculino, no limiar entre a organização anal-sádica e a configuração edípica.* A internalização dos impulsos sádicos dirigidos ao pai e sua elaboração constituem tarefas importantes para o desenvolvimento do paciente do sexo masculino. É necessário que essas fantasias ocorram no contexto de uma experiência relativamente segura na relação inicial com a mãe, como foi o caso do meu paciente Mauro. Isso contrasta com o paciente de Abraham, para quem a multiplicidade das carroças no sonho repetitivo da infância parece indicar uma forclusão na relação com o pai e a falta de elaboração da diferença entre os sexos. O sonho subsequente do corpo nu de uma mulher com um pênis parece apontar para uma estrutura perversa e para uma falta de diferenciação entre os sexos.

Conclusão

A fantasia "um pai é espancado" pode ser considerada parte da tarefa de desenvolvimento de todo indivíduo do sexo masculino, no limiar entre a organização anal-sádica e o movimento em direção a uma configuração edípica. No caso de Mauro, uma elaboração progressiva do material inconsciente relacionado à ausência do pai na sua vida levou a um sonho, interpretado dentro do contexto das vicissitudes da relação analítica. Na fantasia "um pai é espancado", expressa no sonho, a posição ativa passa a ser possível para

Mauro. A *alternância* simbólica entre submissão masoquista e espancamento sádico é de grande importância para um homem, no sentido em que lhe permite apossar-se dos atributos paternos, em seu caminho de identificação com o pai. O material de Mauro contrasta com o dos outros pacientes, que apresentavam traços perversos que constituem uma forclusão no desenvolvimento de uma relação interna com o pai, uma incapacidade para o luto e uma erotização dos estados melancólicos da mente. Esses outros exemplos assemelham-se mais a um exemplo clássico da literatura – o do paciente de Abraham, no qual o sonho repetitivo da infância e sua ligação com um sonho atual na análise indicam uma configuração perversa e a falta de diferenciação entre os sexos.

A elaboração do complexo de Édipo e o abandono da satisfação das fantasias incestuosas coloca o indivíduo numa trajetória simbólica e temporal. O objeto precisa ser obtido para ser perdido e então representado, como indica Freud na análise do jogo *fort-da* (1920a). Para isso é necessário encarar o desejo de matar o pai, ou "espancar o pai", como foi possível para Mauro em sua análise. Isso implica uma reelaboração do passado e um movimento em direção ao futuro, bem como a substituição do princípio de prazer pelo princípio de realidade, uma capacidade para o luto e para simbolizar.

Parte II

Terceiridade e temporalidade

3. Função paterna e terceiridade na psicanálise e no mito: o futuro terá sido previsto?[1]

O que chamamos de nosso futuro é a sombra que nosso passado projeta na nossa frente.

Proust, 1918

Neste capítulo examino o Akkedah, a narrativa bíblica do Sacrifício de Isaac, e sugiro que essa história pode ser interpretada como tendo inaugurado a função paterna e a terceiridade. Se os conceitos psicanalíticos me ajudaram a examinar esse episódio bíblico de um novo ângulo, a narrativa, por sua vez, lança nova luz sobre nossos conceitos de função paterna e terceiridade. Essa história marca a passagem do pai narcísico para a lei do pai morto, simbólico, inaugurando um elo geracional que envolve ao menos três gerações: Deus, Abraão e Isaac. Possibilita que Isaac tenha seus próprios filhos e é a origem da Shlosha Avot: Abraão, Isaac e Jacó, os três

1 Uma versão anterior deste capítulo foi originalmente apresentada como Professorial Fellowship Lecture no Birkbeck College em janeiro de 2012 e publicada no *Psychoanalytic Quarterly* (Perelberg, 2013b).

pais/patriarcas presentes em tantas orações e bênçãos do judaísmo. Como assinalo, o número três acompanha Abraão em sua jornada.

É essa temporalidade aberta, *intergeracional, que inaugura a terceiridade*, na medida em que estabelece um vínculo com *outro tempo e outro espaço* que não os do *aqui e agora*.

A função paterna tem sido amplamente ignorada na teoria britânica contemporânea das relações de objeto, que tende a colocar o foco na relação mãe-bebê. Contrasta com isso a multiplicidade de artigos sobre a função paterna na tradição francesa.[2] Meu próprio pensamento alterna, por um lado, entre o pré-edípico e o maternal, enfatizando a noção de uma temporalidade primitiva, arcaica, baseada em experiências corporais rítmicas e perceptivas ligadas às fantasias sobre o corpo da mãe e, por outro, a apreensão do paterno, derivada de tentativas de compreensão de aspectos da sexualidade masculina, bem como do paciente *borderline* e violento. O movimento entre esses paradigmas é pendular – "*como um coração batendo, sacudindo e balançando*"[3] [para citar o filósofo Epstein no filme *From Language to Language*, de Nurith Aviv (2004), ao se referir à maneira como ele se move entre o francês e o hebraico].

Neste capítulo, utilizo múltiplas narrativas (o relato mítico da fundação da cultura de Freud, uma história bíblica e um relato

---

2 O Congrès des Psychanalystes de Langue Française (CPLF) foi dedicado à função paterna, com as *memoirs* de Deloürmel (2013) e Villa (2013) e artigos de Beetschen (2013), Roussillon (2013), Diatkine (2013), Richard (2013), Hirsch (2013), Stoloff (2013), Khan (2013), Chervet (2013), Baldacci (2013), Canestri (2013), Kristeva (2013) e de minha autoria (Perelberg, 2013a), entre outros. Ver também Aisenstein, 2009, 2012. Dentre os psicanalistas de língua inglesa que escreveram sobre a função paterna, ver Burgner (1985), Campbell (1995), Fonagy e Target (1995), Glasser (1979, 1985) e Limentani (1989), bem como meu próprio trabalho (Perelberg, 1995a, 1999a, 1999b, 1999c, 2007, 2009b, 2011a, 2013b).

3 No original, "*like a beating heart, bobbing and tossing*" [N.T.].

clínico) para desenvolver minhas ideias sobre aquilo que cria a função paterna e a terceiridade. São transformações da história mítica, fundamental, do assassínio do pai narcísico.[4,5] Faço também uma breve revisão da literatura psicanalítica sobre a terceiridade e indico como me posiciono em relação aos vários autores.

Akkedah Yitzhak: o Sacrifício de Isaac

A história do Sacrifício de Isaac tem sido objeto de volumosos comentários de estudiosos judeus e da literatura mundial em geral. Para mencionar apenas uma fonte, a PEP-WEB (que compreende toda a literatura psicanalítica publicada em língua inglesa desde

---

4 Refiro-me aqui à *imago* do pai narcísico anterior à proibição dos assassinatos. Laplanche e Pontalis definem a palavra *imago* como usada por Freud da seguinte forma: "Figura prototípica inconsciente que orienta a maneira como o sujeito apreende os outros" (1988). Para o conceito de imago, ver também Kohon, 2010.

5 A relação entre psicossexualidade e o relato de acontecimentos históricos e ideias políticas é complexa: às vezes, o psicanalista pode parecer antiquado. Nesta era pós-moderna, na qual as realidades são consideradas plurais e relativas, como pode haver uma tal disjunção entre novas formas de estruturas políticas, familiares, de sexualidades e filiações, por um lado, e a estabilidade de fantasias inconscientes universais, por outro? Se existem novas formas sociais que desafiam as representações tradicionais da sexualidade, do casal, da ordem sexual e dos sistemas de parentesco, como é possível que o inconsciente não se transforme? A crítica a Freud por ter negligenciado o papel da mulher no seu relato mítico em *Totem e tabu* é enganosa. Freud está reunindo mitos da fundação do mundo ocidental, usando como evidência obras literárias, mitos de diferentes culturas e os relatos de seus pacientes de seus mitos pessoais. Como Juliet Mitchell afirmou há mais de quatro décadas: "A psicanálise não é uma recomendação *para* uma sociedade patriarcal, mas uma análise *de* uma" (1974, p. xv). O psicanalista, no seu consultório, ouve o que seus pacientes apresentam. Os relatos de nossos pacientes não indicam uma relação direta com as realidades políticas e históricas nas quais estão inseridos, como demonstra meu material clínico.

1920) lista 62 títulos sobre o assunto. Dentro dessas múltiplas referências, obviamente encontramos muitas ênfases diferentes.[6] A principal característica das histórias da Torah – os cinco livros de Moisés – é sua abertura, uma vez que as questões levantadas podem ser respondidas de múltiplas formas. Pode-se dizer que constituem, de fato, o primeiro documento pós-moderno.

Yael Feldman sugeriu que as "leituras" de Rembrandt e Caravaggio do quase sacrifício de Isaac "representam duas apreciações potenciais do sacrifício humano" (Feldman, 2000, p. 4). A diferença entre ambas centra-se na questão da violência: Caravaggio mostrou uma imagem da dor e do medo de Isaac, enquanto Rembrandt suavizou e humanizou a cena. Feldman sugere que essas duas versões são paradigmáticas das maneiras como essa narrativa tem sido compreendida ao longo do tempo. Embora nenhum sacrifício humano tenha acontecido, a tradição judaica enfatiza a disposição de Abraão de sacrificar o que lhe era mais precioso. Em seu estudo brilhante, Feldman analisa como a narrativa do Sacrifício de Isaac direcionou a literatura hebraica ao longo de muitos séculos. A questão fundamental com a qual nos debatemos é: "Por que, e como, a faca de Abraão parou, flutuando no ar?".

A análise de Zornberg (2009) do Akkedah chama nossa atenção para a questão da repetição na história de Abraão e Isaac. Ela pesquisa as raízes do passado do próprio Abraão e relembra a história da fornalha em chamas na qual Abraão fora atirado quando

---

6 Dentre alguns dos principais textos que consultei, destaco Delaney (1998), Ginzberg (1909), Kierkegaard (1843), Levenson (1993), Spiegel (1993), Stoloff (2007, 2009), Wellisch (1954), Yerushalmi (1991) e Zornberg (2009). Rosolato (1969, 1987) oferece uma interpretação complexa dos sacrifícios inaugurais das três principais religiões monoteístas. Ele sugere uma ligação intrínseca entre o desenvolvimento do monoteísmo, o sacrifício e o desenvolvimento triádico das gerações masculinas.

criança, que aparece em várias fontes midráxicas[7] (p. 188). Zornberg sugere que o fato de estar ausente de muitos textos bíblicos escritos indica que se trata de uma narrativa impensável – até mesmo insuportável –, banida da memória de Abraão. Rashi[8] comenta a misteriosa morte do irmão de Abraão, Harã: "Harã morreu durante a vida de seu pai, Terá, na terra onde nasceu, Ur dos caldeus" (Ge. 11:28; Metsudah Chumas/Rashi, 2006, p. 112). Segundo Rashi, isso significa que o pai causou a morte de Harã: "Pois Terá reclamou de seu filho Abraão para Nimrod, o mais poderoso líder na época, por ter quebrado seus ídolos, por conseguinte ele [Nimrod] o atirou [Abraão] em uma fornalha em chamas" (p. 112). Algumas fontes afirmam que Abraão ficou nas chamas *três dias e três noites* antes de emergir, intacto.

Quando Abraão foi salvo, Harã foi jogado no fogo em seu lugar, e queimou até morrer (Zornberg, 2009, p. 112). Assim, o irmão de Abraão foi morto pelo pai, cuja intenção original era matar Abraão. O passado de Abraão é marcado por um ato de filicídio, no qual seu pai Terá quase o matou, e acabou matando seu irmão. Esse ato violento marca o início de sua jornada. É esse acontecimento traumático que Zornberg enfatiza em seu texto como o "sabido não pensado" do passado de Abraão.

No entanto, outras fontes afirmam que essa foi na verdade a *segunda vez* que Nimrod tentou matar Abraão. Os astrólogos

---

7 No *Midrax*, os estudiosos judeus interpretam as histórias bíblicas de uma forma que vai além da simples destilação de ensinamentos religiosos, legais e morais. Ele preenche muitas das brechas deixadas pela narrativa bíblica com relação a acontecimentos e personalidades que são apenas sugeridos.

8 Rashi (rabino Shlomo Yitzakhi, 1040-1105) foi um rabino medieval francês famoso por seu comentário erudito do Talmude e da Bíblia. É considerado o "pai" de todos os comentadores, tendo escrito o primeiro comentário completo do Talmude – um texto central do judaísmo conservador, que tem a forma de um registro das discussões rabínicas relativas à lei, à ética, à filosofia, à história e aos costumes judaicos.

haviam prevenido Nimrod do iminente nascimento de Abraão, que colocaria um fim ao seu poder, de modo que ele manda matar todos os bebês do sexo masculino recém-nascidos. A história conta como a mãe de Abraão consegue escapar para os campos, onde dá à luz secretamente numa caverna, na qual esconde o filho (Ginzberg, 1909).

Alguns estudiosos assinalaram a qualidade fractal presente nas histórias da Torah. Um fractal é uma estrutura geométrica complexa, na qual cada imagem contém uma cópia em menor escala dela própria, numa sequência que se repete infinitamente. Cada repetição reflete a estrutura maior. A repetição nessas histórias da tentativa de filicídio reverbera com a história do Sacrifício de Isaac, embora nessa narrativa seja introduzida uma diferença. O fractal está também presente na repetição do número três, como explico a seguir. A importância da noção de fractal é sua conexão com a noção freudiana de compulsão à repetição e *après-coup* (Perelberg, 2009a).

Quando Abraão tinha 75 anos e estava ainda em Harã, Deus disse para ele: "Sai da tua casa, e da casa do seu pai, [e vai] para a terra que te mostrarei; e farei de ti uma grande nação e te abençoarei, e hei de engrandecer teu nome; e torna-te uma benção" (Gênesis, 12:1-2).[9]

Muitos comentadores judeus descrevem este comando – deixar sua casa e viajar para um lugar desconhecido – como o *terceiro teste* de Abraão. Rashi afirma que Abraão será abençoado com filhos, mas apenas *lá*, em Canaã, mas não *aqui*, em Harã. Eu também assinalo que Deus oferece *três bênçãos* a Abraão nesse momento.

---

9 Nesta edição, todas as citações da Bíblia foram extraídas de: *Tradução do Novo Mundo das Escrituras Sagradas*. Edição brasileira em língua portuguesa (1967) [N.T.].

Na narrativa do Sacrifício de Isaac, quando Abraão já conta 137 anos, Deus diz para Abraão: "Toma, por favor, teu único filho, a quem tanto amas – Isaac – e faz uma viagem à terra de Moriá e oferece-o ali como oferta queimada num dos montes que te designarei" (Gênesis, 22:1-2).

Depois de Abraão ter amarrado Isaac num altar, no alto da lenha, um anjo o chamou: "'*Abraão, Abraão!' Ao que ele responde: 'Eis-me aqui'. Ele* [Deus] *disse*: '*Não estendas sua mão contra o rapaz, e não lhe faças nada* [que possa feri-lo]'" (Gênesis, 22:11-12).

Dentre os inúmeros comentários sobre essa passagem bíblica, o que considero mais impressionante, para o propósito deste capítulo, afirma que o carneiro que Abraão encontrou é o símbolo daquilo que todo homem *deve sacrificar para que seu filho possa ser libertado. O que está sendo sacrificado é a parte egoísta do relacionamento do pai com seu filho.* Na terminologia deste capítulo, o pai narcísico abre mão do seu poder tirânico e absoluto de matar seus filhos. O momento em que a faca para no ar é o momento da passagem do pai narcísico para o pai morto, simbólico.[10]

10 Quando submeti o artigo original deste capítulo ao *Psychoanalytic Quarterly*, estava bastante interessada na maneira como Jay Greenberg e outros comentadores anônimos perguntavam-se quem, no meu relato, era o pai da passagem do pai narcísico para o pai morto, simbólico – Abraão ou Deus? Embora eu achasse que estava explicitamente me referindo a Deus como o pai, ao reler meu texto, penso que talvez inconscientemente eu também tivesse em mente a ideia que permeia toda a literatura psicanalítica de Freud a Rosolato: o sacrifício do filho (ou sua suspensão) acontece no lugar do sacrifício do pai (ver Jones, 1913; Money-Kyrle, 1929). Isso encontra uma clara expressão no mito de Édipo, que começa com uma tentativa de filicídio por causa da profecia do parricídio. Há uma impressionante semelhança entre essa história e a história bíblica de Nimrod – o rei todo-poderoso que mandou matar todos os meninos recém-nascidos, por representarem uma ameaça a seu reino, como mencionei. Na história bíblica do Sacrifício de Isaac, Deus é misericordioso e poupa o filho de Abraão (embora algumas fontes sugiram que Abraão tenha compreendido mal as palavras de Deus). Essa transformação do comando

Tanto Zornberg como Frosh assinalaram que o Deus que ordenou a Abraão sacrificar Isaac é chamado Elohim, aquele que estabelece a lei e julga; o anjo que salva Isaac vem de YHWH (o tetragrama), que porta atributos misericordiosos. Sugerem que as "duas facetas de Deus estão em luta entre si" (Zornberg, 2009, pp. 197, 199; ver também Frosh, 2010, p. 437).

Minha leitura particular desses vários textos é a de que, quando a mão para no ar, há um afastamento radical da experiência do filicídio, o pai que é capaz de matar o filho. É uma repetição, mas uma repetição com uma diferença. Esse momento marca a passagem do pai narcísico, assassino, tirânico - Deus, que tem o poder da vida e da morte sobre seu filho - para o pai morto, simbólico, o pai da lei, que proíbe todos os assassinatos. Muitos estudiosos perguntaram por que Deus pediu a Abraão que sacrificasse seu filho. Mas o mais importante, talvez, seja o fato de que nesse momento Deus disse "não" ao sacrifício.

Segundo o rabino Joseph H. Hertz,[11] o sacrifício de crianças era de fato "abundante entre os povos semitas" (Hertz, 1978, p. 201), bem como entre outras populações naquele tempo. Ele sugere que "naquela época, é surpreendente que o Deus de Abraão tenha se interposto para *evitar* o sacrifício, não que ele o tenha ordenado" (p. 201).

---

para o sacrifício em dizer *não* ao sacrifício muda todo o paradigma da relação entre pais e filhos, abrindo uma ligação geracional. Tradicionalmente, Abraão é visto como o paradigma de *Chesed:* bondade amorosa. Entretanto, devemos ter em mente que, ao aceitar o comando de Deus para sacrificar seu filho Isaac, Abraão tinha, em sua mente inconsciente, a experiência de seu próprio pai ter tentado matá-lo *duas vezes*, por ordem de Nimrod. A catástrofe já ocorrera (Winnicott, 1963).

11 Principal rabino do Império Britânico entre 1913 e 1943.

A narrativa faz sentido a partir da perspectiva da história toda, *après-coup*. Marca o começo de uma proibição e a inauguração de uma cadeia geracional. Um carneiro é sacrificado em vez de Isaac.

Reik (1931) sugeriu que o *shofar* (chifre do carneiro) que é entoado no Yom Kippur, o Dia Judaico do Perdão, é uma recordação daquele carneiro e da voz de Deus.[12] É feita a identificação fálica com o pai, então divinizado via o animal totêmico. Sugiro que essa é uma expressão de *Totem e tabu*; o carneiro é o significante da filiação a Deus (Freud, 1912-1913).

Penso na jornada de três dias de Abraão com Isaac, seguindo as instruções de Deus. Parece-me que representa um tempo e um espaço importantes nos quais pode ter ocorrido uma transformação *no próprio Abraão.*

Zornberg baseia-se nos comentários do *Zohar* sobre o comando para Abraão deixar a casa paterna: "A fim de se transformar, crie-se novamente". Na sua forma mais simples, *lekh lekha* pode ser traduzido por: "Viaje – *para si mesmo*". Ao longo de seu texto, Zornberg faz uma bela descrição da transformação que se opera no interior de Abraão. Ela faz a ligação entre Abraão e Deus na seguinte passagem:

> *Quando Deus chama Abraão –* Lekh lekha *– seria esse o pensamento do próprio Abraão? Por que, então, Deus fala com ele, ou não seria esse seu próprio pensamen-*

12 Reik sugere que, se o carneiro é um substituto para Isaac, é também um substituto para o pai no inconsciente: é um deslocamento do desejo inconsciente de matar o pai. Ele acompanha as ideias de Freud de que todos os mitos do sacrifício são expressões disfarçadas do desejo de matar o pai. Deve-se notar que nos seus casos clínicos, Freud sugeriu que na fobia infantil de animais, o animal representa o pai – como nos casos do Pequeno Hans (1909a), o Homem dos Ratos (1909b) e o Homem dos Lobos (1918).

> *to? Como isso pode beneficiá-lo? Mas o pensamento não é dele, nem não dele, propriamente. Representa seu* self *futuro, inatingível mas passível de ser atingido. (Zornberg, 2009, p. 168)*

Há indícios de que Abraão se debate internamente: "Externamente, ele floresce; mas internamente está preocupado com possíveis interpretações da sua vida" (p. 173). Em uma das fontes midráxicas citadas por Zornberg, Abraão estivera aflito com a possibilidade de ter matado um homem inocente numa batalha (p. 174). A própria Zornberg sugere: "Deus agora faz pedidos que colocam Abraão no papel paterno. Agora irá se confrontar com o que estava encerrado dentro dele; uma crise original será revivida com uma diferença" (p. 197).

Talvez os três dias tornem-se simbólicos da viagem em direção a uma *mudança interna* partindo de uma configuração de pai narcísico, de um pai que nutre pelo filho sentimentos assassinos, para a do pai morto, simbólico.

Posso agora, retrospectivamente, compreender minha referência ao próprio Abraão como o pai naquele momento de sua viagem para o monte Moriá e seus desejos assassinos (inconscientes) dirigidos ao filho como uma repetição potencial de seu passado. Não pude encontrar nem na própria Bíblia, nem em nenhum dos estudiosos tradicionais do judaísmo, qualquer referência a desejos assassinos inconscientes de Abraão dirigidos ao filho. Esta é somente uma interpretação psicanalítica.

O número três repete-se no decorrer da história: os três dias no fogo, as três bênçãos oferecidas por Deus a Abraão antes de sua partida, os três dias de viagem, os três dias que se diz que Isaac ficou desaparecido nas montanhas. A ênfase no número três pode indicar a inauguração da função paterna – a Shlosha Avot, ou os três pais/patriarcas (Abraão, Isaac e Jacó). A história de Abraão e seus filhos é ela própria a terceira no livro da criação, sendo a primeira a história dos filhos de Adão e a segunda a dos filhos de Noé. A história de Abraão tem três subnarrativas: as histórias dos três patriarcas. Será a repetição do número três uma indicação do espaço triangular que se abre no livro do Gênesis, a fundação da história de um povo e a ênfase na sequência posterior de gerações por meio da inauguração de um senso de passado, presente e futuro? Uma viagem que começou *então e lá* (Ur) está sendo transformada no *aqui e agora*, abrindo o futuro. De fato, o primeiro pensamento de Abraão depois do Akkedah é: "Se meu filho tivesse sido sacrificado, morreria sem filhos" (Gênesis, 22:20).

Rosolato (1969) sugere que o Sacrifício de Isaac reúne retrospectivamente os vários estágios da aliança com Deus iniciada no passado e adquire, agora, retrospectivamente, um novo significado. Os vários estágios constituíram a mudança do nome de Abram para Abraão, a circuncisão à qual o próprio Abraão se submeteu, e a promessa de Deus de que Abraão e Sara teriam um filho apesar da idade de ambos (p. 65). Esses são os diferentes indicadores na aliança com Deus. O Sacrifício de Isaac sela a aliança (Gênesis, 22), inaugurando a sucessão das gerações.

O Akkedah e o ideal do eu: reflexões sobre a terceiridade

Lévinas estabelece uma relação entre paternidade e tempo. É a paternidade que engendra o tempo: "Esse futuro além de meu próprio ser, essa dimensão constitutiva do tempo, adquire um conteúdo concreto na paternidade" (1969, p. 70; ver também Lévinas, 1982).

Gostaria de retornar ao texto bíblico para refletir mais sobre as questões do tempo e do espaço na sua relação com a terceiridade.

"E Deus disse para Abraão: 'Sai da tua casa, e da casa do teu pai, [e vai] para a terra que te mostrarei; e farei de ti uma grande nação e te abençoarei, e hei de engrandecer teu nome; e torna-te uma benção'" (Gênesis, 12:1-2).

Segundo Stoloff, essa passagem mostra que "a Aliança (entre Deus e Abraão) está indissoluvelmente ligada a um ideal que só pode ser atingido em algum outro lugar no futuro" (2009, p. 80) – isto é, *em outro espaço e em outro tempo.* Isso ainda é desconhecido para o sujeito, mas é essa abertura que inaugura sua história. Não se sabe aonde essa viagem irá levar. Ele cita de Lévinas: "Gostaríamos de opor ao mito do retorno para casa de Ulisses a história de Abraão, na qual ele deixa sua terra natal para sempre, rumo a uma terra desconhecida, e proíbe seu servo até mesmo de trazer seu filho para o lugar de onde partiram" (Lévinas, 1949, p. 267; Stoloff, 2009, p. 80).[13]

Há aqui um eco com a psicanálise como *uma viagem rumo ao desconhecido* que, por definição, sempre inclui algo que é deixado de fora, que não é interpretado (sendo que o modelo é o do umbigo do sonho, "o ponto onde [este] alcança o desconhecido"; Freud, 1900). Há um forte elo entre a empreitada de Freud e Lévinas: a abertura para o conhecido-desconhecido, o *Unheimlich,* o "estranho que perturba aquele que está em casa" (Lévinas, 1969, p. 128).[14] A substituição do inconsciente pelo id transfere a ênfase da

13 A Torá começa, como seria de se esperar, no tempo passado. Mas logo a seguir adota o gerúndio. A seguir, em todos os capítulos do Humash (Pentateuco), é escrita no tempo futuro.

14 Esse "estranho" aponta também, por definição, para a função paterna (a não mãe), como discutido nos Capítulos 4 e 5.

representação para o movimento dos impulsos e para a centralidade da compulsão à repetição.

No processo de análise em si, isso se expressa na *transferência* que aponta para a ausência de um objeto original. O *setting* tenta capturar todos esses elementos, ligando espaço e tempo à invisibilidade do analista atrás do divã. As ideias de M. Klein (1952) sobre a situação total na e da posição depressiva referem-se também à ausência do objeto. O "aqui e agora" paradoxalmente se refere sempre ao "ali e então", da mesma forma como manifestações conscientes contêm um *traço* do inconsciente. A viagem psicanalítica já se dá no *après-coup*, na compulsão à repetição (Perelberg, 2009a). O desafio para o paciente e o analista é introduzir uma diferença na compulsão à repetição e ter um papel transformador (Bollas, 1987).

A referência a uma jornada reitera as ideias de Winnicott sobre o objeto transicional em sua relação com o tempo. Winnicott afirma que o termo "objeto transicional" se refere ao simbolismo *no tempo*. Descreve a jornada da criança do puramente subjetivo para a objetividade (Winnicott, 1971c). Green (2004) sugere que o objeto transicional é aquilo que vemos dessa *jornada de progresso rumo a vivenciar*.

A jornada expressa a qualidade dinâmica da experiência, implicando um movimento no espaço ligado ao tempo. O espaço transicional não é apenas "o intermediário": é um espaço no qual o futuro sujeito está *em trânsito*, um trânsito no qual toma posse de um objeto criado na vizinhança de um objeto real externo, antes de alcançá-lo.

Terceiridade e modelos psicanalíticos

Esta seção pode parecer uma digressão do meu tema principal, mas acredito que seja fundamental para esclarecer meu argumento sobre o terceiro analítico em relação aos modelos psicanalíticos existentes.

Um número do *Psychoanalytic Quarterly* publicado em 2004 reuniu uma série de artigos sobre as abordagens contemporâneas da terceiridade. Na minha opinião, os diversos pontos de vista expressos pelos autores referem-se a diferentes níveis de abstração conceitual, indo do fenomenológico a níveis mais altos de abstração. Os artigos de Benjamin e Ogden desse número figuram entre os artigos psicanalíticos mais citados na PEP-WEB.

Não deveria surpreender que um ponto de vista que enfatize a mutualidade, a reciprocidade e a harmonia no processo psicanalítico seja preferido aos que enfatizem uma profunda dissimetria, trauma e violência inerentes à situação analítica. É inerente, pois se trata da matéria das fantasias inconscientes.

Benjamin sugere que a teoria edípica privilegia a lei, a proibição e a separação, perdendo, assim, o aspecto da simetria ou da harmonia presente na legalidade. Benjamin formula o conceito do *terceiro energético*. Sua definição de terceiridade é: "qualquer coisa mantida na mente que crie um outro ponto de referência fora da díade. O terceiro é aquilo a que nos rendemos . . . a capacidade de absorver o ponto de vista ou realidade do outro. O único terceiro útil é, por definição, aquele que é compartilhado" (Benjamin, 2004, p. 7).

Benjamin assinala que em muitos artigos psicanalíticos a interpretação é considerada como o pai simbólico com o qual a mãe analista está em coito. Isso pode levar a privilegiar a autoridade do analista como aquele que detém o saber, bem como a uma ênfase excessiva no conteúdo edípico do terceiro (p. 12). Ela assinala que a concepção de Lacan do Édipo equacionava o terceiro ao pai. Penso que Benjamin parece, às vezes, estar falando de um pai literal, não de uma estrutura, como pode ser observado na seguinte passagem: "*a não ser que a terceira pessoa esteja relacionada à criança na díade, não pode funcionar como um terceiro verdadeiro*" (p. 12, grifos meus). Parece-me que sua descrição obscurece a distinção entre modelos conceituais e os domínios da experiência.

Vou citá-la mais longamente:

> *Mais uma vez, este aspecto da legalidade não foi captado pela teoria edípica, que privilegia a lei como limite, proibição e separação, muitas vezes deixando de lado, assim, o elemento da simetria ou da harmonia na legalidade. Tal teorização falha em compreender as origens do terceiro na experiência primordial ou nascente que foi chamada de unicidade, união, ressonância. Podemos pensar neste último conceito como* o terceiro energético. *Pesquisas realizadas com jogos da dupla mãe-bebê cara a cara (Beebe & Lachmann, 1984) demonstram como o adulto e o bebê alinham-se com um terceiro, estabelecendo um ritmo cocriado que não se reduz a um modelo de ação-reação, em que um é ativo e o outro passivo, ou em que um conduz e o outro segue. Ação-reação caracteriza nossa experiência de dualidade complementar, a direção de mão única; em contraste, um* terceiro compartilhado *é vivenciado como um esforço cooperativo. (Benjamin, 2007, p. 17)*

O terceiro é criado por meio da experiência. Voltarei a esta ideia mais à frente.

Estou em sintonia com as advertências de Benjamin sobre os perigos do analista colocar-se numa posição de onipotência, como "aquele que sabe": "Num mundo onde não há terceiros compartilhados, sem um espaço de colaboração e compartilhamento, tudo é ou meu ou seu, incluindo a percepção da realidade. Apenas uma pessoa pode comer, apenas uma pessoa pode ter razão" (Benjamin, 2004, p. 22).

No entanto, por definição, o terceiro está fora da área da posse. Vem à mente o exemplo do Homem dos Ratos, quando ele pede a Freud para poupá-lo de lembranças perturbadoras. Freud responde da seguinte forma:

> *Aqui ele se interrompe, levanta-se e me pede para dispensá-lo da descrição dos detalhes. Eu lhe asseguro que não tenho inclinação alguma para a crueldade, que certamente não desejo atormentá-lo, mas que, naturalmente, não posso conceder-lhe algo que não está em meu poder. Seria, por exemplo, como se ele me pedisse que lhe presenteasse um cometa. (Freud, 1909b, p. 26)*

A resposta de Freud indica que ambos, o paciente e ele, estão sujeitos às regras de um *setting* que não pertence a nenhum dos dois.

Benjamin apega-se a uma "ideia democrática ou igualitária do processo psicanalítico" (2004, p. 34). Esse ponto de vista deixa de lado algumas ideias psicanalíticas centrais. A situação analítica testemunha a perturbação provocada no indivíduo pelo reiterado confronto com o enigma do outro (Laplanche, 1989, 1997). A dimensão original da relação com o "estrangeiro" em nós e no outro volta a emergir, por definição, numa relação que é necessariamente assimétrica e não complementar.

Ogden também considera o empreendimento analítico como envolvendo fundamentalmente um esforço por parte do analista em seguir o movimento dialético entre a subjetividade individual (do analista e analisando) e a intersubjetividade (a vida inconsciente criada conjuntamente pelo par analítico – *o terceiro analítico*). É a criação, dentro e por meio da intersubjetividade analítica inconsciente, de uma experiência que não existia previamente na forma que ela agora toma. A experiência analítica acontece no vértice de passado e presente e envolve a recriação de um passado (para ambos, analista e analisando) por intermédio de uma experiência gerada entre eles (isto é, dentro do terceiro analítico). Para Ogden, o terceiro analítico também situa-se no *domínio da experiência* (Ogden, 2004, p. 185), ainda que, diferentemente de Benjamin, Ogden não o considere um processo democrático.

Ao analisar a terceiridade implícita no conceito de identificação projetiva, Ogden sugere tratar-se de um processo patológico que pode ser *re-apropriado:*

> *No* setting *analítico, a identificação projetiva envolve um tipo de colapso parcial do movimento dialético entre a subjetividade e a intersubjetividade, resultando na subordinação (das subjetividades individuais do analista e do analisando) ao terceiro analítico. O processo analítico, se bem-sucedido, envolve a re-apropriação das subjetividades individuais do analista e do analisando, que se transformaram por meio da experiência de ambos (dentro) do terceiro analítico recém-criado (o "sujeito da identificação projetiva"). (Ogden, 2004, p. 189)*

E:

> *Um processo analítico bem-sucedido envolve substituir o terceiro analítico inconsciente e a re-apropriação das subjetividades (transformadas) pelos participantes como indivíduos separados (ainda que interdependentes). Isso é alcançado por intermédio de um ato de mútuo reconhecimento muitas vezes mediado pela interpretação do analista da transferência-contratransferência e por um uso psicologicamente genuíno das interpretações do analista por parte do analisando. (Ogden, 2004, pp. 193-194)*

Estará Ogden sugerindo que esse elemento da terceiridade é passível de ser "re-apropriado" pelo reconhecimento mútuo?

Ambas as abordagens, de Benjamin e Ogden, enfatizam a noção de um terceiro criado conjuntamente que emerge da experiência da dupla. Hanly (2004), em sua breve história da noção do terceiro na filosofia, sugere que, *de uma perspectiva filosófica, um terceiro requer uma ideia*. De outra forma, o funcionamento do autoconhecimento fica limitado à autoexperiência. O terceiro pode ser a ideia de algo que existe independentemente da experiência desse algo por observadores humanos (Cavell, 1998). Um tal terceiro, sugere Hanly, será encontrado no trabalho de filósofos tão díspares como Descartes e Locke.

A noção do terceiro é um constructo teórico ligado a uma estrutura. Essa ideia é sintônica com a interpretação de Althusser do modelo de estrutura social de Karl Marx: "O conhecimento de um objeto real não é alcançado pelo contato imediato com o 'concreto', mas pela produção do *conceito* daquele objeto (no sentido de objeto do conhecimento) como condição absoluta de sua possibilidade *teórica*" (Althusser, 1968, p. 184).

O conhecimento de um objeto do conhecimento não é alcançado apenas pela observação desse objeto, mas é mediado pela construção de um conceito sobre esse objeto (Canguilhem, 1979, p. 184). Assim, se tomarmos um modelo da mente como o de Freud ou Klein, estamos nos referindo a um constructo teórico que não pode ser reduzido a observações. O *fato psicanalítico* em si é construído pelo psicanalista. O terceiro é parte de uma estrutura – e, eu diria, é a própria condição dessa estrutura.

Fantasias inconscientes, repressão primária e identificação primária (com ambos os pais, como indicam as afirmações de Freud) sugerem que o bebê nasce dentro de uma estrutura triangular que o precede, e é no contexto dessa estrutura que ele forma suas identificações.

Hanly contrapõe, de um lado, as abordagens de Benjamin, Gerson, Minolli e Tricoli e Ogden (que podem ser vistas como compartilhando uma abordagem intersubjetiva) e, de outro, Green, Britton, Widlöcher e Zwiebel (todas no volume 73 do *Psychoanalytic Quarterly*, 2004).

Britton (1989, 1999, 2004) concebeu o terceiro nos termos da relação edípica entre os pais. Indica que o paciente tem dificuldade de tolerar o terceiro como uma postura de observação tomada pelo analista porque a teoria representa, na mente do analista, o pai. O pai, com quem o/a analista conversa mentalmente (na verdade, está em coito), interfere numa já abalada díade mãe-criança. De fato, um paciente gritou para Britton: "Pare com essa porra de pensamento![15] (1989, p. 88). A sexualidade está no cerne do seu

---

15 No original, "*Stop that fucking thinking!*". *To fuck* significa ter relações sexuais [N.T.].

modelo (embora talvez esquecida em muitas das citações subsequentes do artigo de Britton).

Green (2004) propõe a fundamental importância do terceiro na teoria psicanalítica. Não se trata apenas do triângulo edípico que é evocado aqui, mas de ir além do aqui e agora por meio da referência sempre implícita à terceira dimensão (*ailleurs* e *autrefois*), sempre marcada pela ausência, seja presente ou passada, bem como futura: "A relação composta por três é a matriz da mente" (p. 132). Ele considera o complexo de Édipo como uma *estrutura* simbólica básica e sugere que o Édipo histórico e estrutural é um *modelo do qual temos apenas aproximações*. O complexo de Édipo em toda sua magnitude, com suas dimensões de incesto, parricídio e a geração de filhos incestuosos, só pode ser alcançado na realidade em uma dimensão, nunca em todas elas. O triângulo dessa estrutura é aberto, e não fechado. Inclui também a mãe, uma vez que a função-alfa da mãe expressa essa terceiridade presente na relação. É a "função paterna" da mãe que está aqui incluída (p. 118). Isso se expressa na literatura francesa com a noção de "*la censure de l'amante*", a censura da mãe como amante, que é capaz de separar a mãe do dia da amante da noite (ver também Perelberg, 2013c). Green introduz a teoria do Édipo como uma teoria de triangulação generalizada em que o terceiro é substituível, na noção do "outro do objeto" (1992, p. 142), com a intenção de tornar o esquema triangular original mais preciso e complexo. São incluídos no modelo os elementos da ausência e da perda, apontando para algo que é, por definição, inatingível.

A diferença entre Green e Britton, por um lado, e Benjamin e Ogden, por outro, evoca para mim as diferenças entre as duas representações do Sacrifício de Isaac a que me referi no começo deste capítulo. Recapitulando, o quadro de Caravaggio representa o medo e a dor de Isaac, enquanto Rembrandt humaniza a cena, eliminando o elemento da violência. A noção de sacrifício – e mais especificamente o sacrifício da sexualidade – é removida.

O que está em questão é o reconhecimento do papel da violência nas interações humanas, uma violência que precisa ser reprimida, renunciada e sublimada para que a cultura possa existir. Ogden e Benjamin não levam em conta o tabu da sexualidade, a violência das origens do indivíduo e a centralidade da ideia de Freud de que todo indivíduo está, por definição, excluído da cena primária. Essa é a noção de sacrifício da sexualidade presente na fundação da psicanálise e da cultura.

No mito psicanalítico, as origens da humanidade centram-se em um assassinato explícito cometido por Édipo. Na vida comum, isso constitui o pano de fundo das fantasias inconscientes de violência reprimidas que se encontram na fundação da cultura, cujos derivados encontram seu caminho rumo a nossos consultórios.

A narrativa de Abraão aponta para o futuro na sua conexão com o passado; é esse tempo aberto que inaugura sua história. A ideia de Winnicott de processo psicanalítico inclui uma dimensão histórica que vincula dois momentos: a realização de um instante que havia sido antecipado muito antes de acontecer (1971c). Trata-se de uma referência à temporalidade, a qual incluo como uma dimensão crucial da terceiridade.

Uma breve vinheta clínica

O sr. E me procura para uma consulta. Ele é inteligente, bonito, bem-sucedido. Seus olhos fixam-se no meu rosto ansiosamente, e sinto-me pressionada a sustentar esse olhar. Entretanto, simultaneamente sou invadida por um profundo sentimento de ausência nele e em mim que torna muito difícil para mim escutar o conteúdo do que ele me relata.

O sr. E me conta sobre sua família de origem. Durante toda sua infância, a mãe foi promíscua, expondo seus filhos a uma sequência de homens os quais o sr. E encontrava com frequência em restaurantes ou parques. O pai parecia ter conhecimento dos amantes da mãe, mas nunca intervinha. É retratado como um homem fraco e impotente, bem-sucedido no mundo exterior, mas sem ter uma presença real em casa, e não demonstrava interesse profundo pelos filhos. O sr. E, o caçula numa numerosa família de irmãos bem mais velhos, experimentou um sentimento de liberdade ao crescer: sentia-se apoiado em tudo que queria fazer. Destacou-se tanto academicamente quanto nos esportes. Ainda assim, vivenciava a mãe como errática e louca; os filhos frequentemente tinham medo dela.

O sr. E me procura devido a seus ataques de pânico. Começaram recentemente, e ele não os compreende. Na noite anterior ao nosso encontro, teve um pesadelo: *ele se olha no espelho, e o rosto que retorna seu olhar não tem os globos oculares, só as partes brancas. Perto dessa imagem está uma mulher vestida de amarelo e preto, que o faz pensar numa abelha – ele é alérgico a abelhas, explica. Ali perto tem alguma coisa como um demônio. Acorda.*

Isso explica minha reação inicial a ele: sou a pessoa que o encara com meus olhos brancos e vazios, que não podem ver. Sinto-me agora acordada e sintonizada com a situação. Ele também expressa angústia quanto ao que eu poderia ver nele e pensar sobre ele. Na melhor das hipóteses, eu também me ausentarei; na pior, posso ter pensamentos eróticos loucos ou picá-lo com minhas interpretações. Também me dei conta de que, embora ele tenha me dito logo no início que é casado e tem três filhos, não me contou mais nada sobre eles. Meu primeiro comentário para ele foi este: *que ele não tinha falado muito sobre seus filhos.* Ele reconhece que não consegue pensar em si mesmo como pai. As crianças estão ali, vivem todos juntos, ele faz muitas coisas com eles, mas sente-se muito distante deles.

Lentamente, tudo vai se juntando em minha mente. O casal que o deixa ansioso é composto por uma mãe abelha que causa danos, sexualmente sedutora e louca, e um pai fraco, ausente, que não consegue olhar para o que está acontecendo. Os pais não exercem uma função paterna.

Poderíamos pensar que o demônio no sonho é um substituto do pai, uma representação de seus próprios sentimentos agressivos dirigidos ao pai que falhou com ele?

Digo-lhe que, embora ele tenha procurado minha ajuda, tem medo de se sentir numa armadilha caso eu seja capaz de ver ou pensar adequadamente sobre o que ele esteve me dizendo. Como resposta, ele se lembra de que em algum momento da semana sonhou *que estava preso num elevador louco que ia para todas as direções, mas do qual não conseguia sair.* Essa foi uma associação ao que eu havia acabado de lhe dizer. Ele compreende minha interpretação que assinala que ele está encurralado: embora precise de ajuda, tem medo de se sentir preso à mente de uma analista louca, sexualmente

> provocante. Ele também não consegue se tornar um pai, uma vez que isso significaria submissão a uma mãe/analista castradora/sexualmente desvinculada. Isso faz com que se sinta sem alternativas. Mais adiante nessa consulta, o sr. E me contou estar lutando com períodos nos quais se sentiu sexualmente impotente.
>
> Minha compreensão da condição do sr. E leva em conta muitas camadas: o "aqui e agora" tem reverberações com muitas outras temporalidades na sua vida que se reúnem na minha experiência da contratransferência, e no meu entendimento da linguagem inconsciente dos sonhos dele.

Essa primeira consulta demonstra a fundamental importância da função paterna para a compreensão da condição do sr. E. Outros conceitos tradicionais incluem a angústia de castração, complexo de Édipo (em sua fluidez entre as identificações masculina e feminina), temor das mulheres (Winnicott – ver Abram, 1996) e o complexo nuclear (Glasser, 1979). O sr. E apresenta uma angústia ligada a ser um prisioneiro na mente da mãe/elevador/falta de reflexo no espelho, o que o impossibilita de utilizar seus muitos recursos. A angústia aparece no momento do retorno do reprimido (Freud, 1919b). Está ligada a uma repetição. Minha experiência na contratransferência ajudou-me a relacionar o "lá e então" ao *après-coup* "aqui e agora", criando um elemento de terceiridade. O material da sessão que levou à formulação da minha interpretação é heterogêneo, derivado de muitos tempos e espaços compreendidos da perspectiva do *après-coup*.

Quando o analista formula interpretações – seja de que tipo forem –, ele ou ela está *inaugurando* algo para o paciente, independentemente do conteúdo da interpretação. Nesse processo o analista está, por definição, criando a função paterna (Perelberg, 1998b, p. 73; ver também Green, 2009, p. 38).

Do Unheimlich *de Freud a Hoffmann*

Freud discutiu o *Unheimlich* em relação ao corpo da mãe:

> *. . . e quando, num sonho, pensamos num local ou paisagem: "conheço esse lugar, já estive aqui", a interpretação pode substituí-lo pelo genital ou ventre da mãe. O inquietante [*Unheimlich*] é, também nesse caso, o que foi outrora familiar [*heimisch*], velho conhecido. O sufixo* un, *nessa palavra, é a marca da repressão. (Freud, 1919b, p. 365)*

Gostaria de assinalar, além disso, que a exploração de Freud do inquietante – "o perpétuo retorno do mesmo" (Freud, 1919b, 1920a) – centra-se na história do Homem de Areia (Hoffmann, 1817). Na primeira parte desse conto, Nathaniel, o personagem principal, lembra-se do terror infantil que sentia do Homem de Areia, que, dizia-se, roubava os olhos das crianças que se recusavam a ir para a cama e os dava de comer a seus próprios filhos, que moravam na lua. Nathaniel chegou a acreditar que o Homem de Areia era o misterioso visitante noturno, Coppelius, que seu pai recebia para fazerem experimentos de alquimia.

Uma noite, Nathaniel se esconde no quarto do pai para ver o Homem de Areia. Coppelius chega, e Nathaniel vê que ele tira coisas do fogo e com um martelo lhes dá o formato de faces sem olhos. Quando Nathaniel grita, Coppelius o vê e o atira no forno. Um ano depois, uma outra noite de experimentos provoca a morte do pai de Nathaniel na presença de Coppelius, que então desaparece sem deixar traço. Nathaniel jura vingança.

Nessa história, o Homem de Areia é uma representação *dos sentimentos e fantasias agressivos de Nathaniel dirigidos ao pai.* Estes encontram-se na base do supereu, derivado da agressividade do próprio indivíduo voltada para a autoridade, reproduzida agora na relação entre o eu e o supereu (Freud, 1930). Tanto o paterno quanto o materno são retratados na análise de Freud do inquietante. A "recorrência perpétua do mesmo" (Freud, 1919b; 1920a) é a matéria-prima da análise.

Encontramos aqui uma pronunciada diferença entre o *pai do dia,* descrito como "meigo e honesto", e sua imagem do *pai da noite,*[16] cujas feições são distorcidas numa máscara repulsiva e diabólica por alguma dor horrível e convulsiva (Hoffmann, 1817, p. 91). O pai da noite pode ser compreendido como o pai sexual/diabólico que se iguala a Coppelius – a contraparte da *mãe da noite,* de Braunschweig e Fain (1975). O conceito de *censura da mãe como amante* (a mãe da noite) reforça a impossibilidade de um acesso direto à mãe sem a intervenção da Lei do Pai. Os poderes demoníacos atribuídos ao pai da noite, sexual, Homem de Areia/Coppelius, derivam-se da compulsão à repetição.[17]

Tempo e função paterna

A narrativa do assassinato do pai em *Totem e tabu* é paradigmática de muitas outras narrativas universais. É também um "requisito" para a fundação da cultura e da história de cada indivíduo:

---

16 É de minha autoria a ideia do contraste entre o *pai do dia* e o *pai da noite.*

17 Para interpretações adicionais desse texto, ver, por exemplo, Cixous (1976) e Todd (1986).

inaugura a terceiridade, o tempo aberto e a genealogia. É o pai narcísico que precisa ser assassinado para que o pai morto possa ser criado.

Utilizei diversas narrativas para desenvolver minhas ideias sobre o que promove a terceiridade e a função paterna. São transformações da história mítica, fundamental, do assassinato do pai.

No monte Moriá, uma transformação se dá quando Deus proíbe o assassínio do filho, e o próprio Abraão é capaz de "parar a faca no ar". Isso marca a inauguração da proibição do filicídio (e do parricídio, se seguirmos as interpretações psicanalíticas que equacionam os dois).

A terceira dimensão é marcada pela ausência. O Deus do Akkedah é invisível. Já foi sugerido que o anjo que vem falar com Abraão poderia ser uma representação do feminino: a mãe, mas também o feminino em Deus. É a "função paterna" da mãe que é incluída aqui; nessa narrativa ela tem uma função na passagem do pai narcísico para o pai simbólico, separando a criança do pai.

Pode-se perceber uma estrutura na história bíblica do Sacrifício de Isaac que contém alguns ingredientes. Ilustra a passagem do pai narcísico para a lei do pai simbólico, morto, que a partir daí proíbe todos os sacrifícios. Estão também presentes na narrativa duas dimensões de tempo, o "*aqui e agora*" na sua conexão com o "*lá e então*", que na sua articulação apontam para a inauguração da genealogia e para o futuro. É aqui que repousa minha interpretação da terceiridade como constructo teórico. Liga-se a uma estrutura que inclui tempo e espaço, o pai morto como expressão da dimensão simbólica, *por definição ausente e invisível, e um elo genealógico*.

No exemplo clínico oferecido, sugeri que os ataques de pânico do sr. E representavam seu encarceramento em um espaço: a mente da mãe, com a promiscuidade desta evocando constantemente a cena primária dos pais. A mãe é absorvente, incestuosa e sexual. A função paterna precisa incluir a capacidade da mãe de *rêverie* (ver Birksted-Breen, 2009) e de separar sua sexualidade como amante, por um lado, e os cuidados com seus filhos, por outro. O fato de o terceiro não ser necessariamente o pai pode ser observado no título do famoso seminário de Lacan, *Des noms-du-pére*, no plural (2005). *Existem múltiplas dimensões de terceiridade que não podem ser reduzidas à presença empírica do "pai"*. A estrutura edípica constitui um triângulo aberto, no qual o terceiro pode ser substituído (Green, 1992, p. 131).

Para o sr. E, o olhar do outro torna-se potencial fonte de aprisionamento e perseguição (o que acredito estar também presente no Homem de Areia). Isso se expressou na sequência da consulta: da angústia por ser visto expressa por ele no começo da sessão, seguida pela sequência dos dois sonhos, de não ser visto e sentir-se aprisionado no elevador. O aprisionamento impediu que o sr. E acessasse sua própria temporalidade e história. Também bloqueou seu caminho no sentido de se experimentar como pai e abrir-se para a transmissão paterna. É fundamental aqui lembrar-se de que o sr. E tem três filhos, no entanto não se sente pai. Isso é expressão da descontinuidade entre realidade externa e realidade psíquica, uma distinção que se encontrava na base da descoberta revolucionária de Freud da psicanálise.

O *complexo do pai morto* é um requisito inerente a toda análise. Está presente na construção do *setting* analítico que requer a invisibilidade e o silêncio do analista, a *abstinência* (sacrifício) de ambos, analista e paciente. O *setting* estabelece uma ligação com o passado, não apenas o dos nossos pacientes, mas também das teorias que compõem o repertório do analista e seu *setting* interno.

4. O inquietante: terceiridade e temporalidade[1]

O vínculo intrínseco entre a noção de terceiridade e as diferentes dimensões do tempo – um vínculo que encontra sua expressão na noção do inquietante – pode ser visto em uma sequência clínica apresentada por Christian Delourmel no Congrès de Langue Française em Paris em 2012. Além do mais, essa sequência clínica permite-me sugerir que um novo paradigma está sendo construído na teoria psicanalítica na França.

O exemplo clínico apresentado por Delourmel foi o da análise de uma mulher. Farei um relato resumido desse material clínico complexo, uma vez que quero me concentrar um apenas um aspecto dele. É importante ressaltar que essa análise se deu em francês.

No começo da análise, foi difícil para o analista obter um relato claro da história e da infância da paciente. O quadro que surgia era o de uma mãe que rejeitava a filha e de um pai alcoólatra,

1 Este capítulo foi originalmente apresentado ao Congrès des Psychanalystes de Langue Française em Paris, em 3 de maio de 2012. Ele foi traduzido do francês pela autora. Sou grata a Christian Delourmel por permitir que eu citasse seu material clínico.

incestuoso e pedófilo, que molestou sexualmente a paciente e seus irmãos. Na análise, a paciente desenvolveu uma transferência apaixonada por seu analista, embora ele sentisse que ela era acessível a suas interpretações. A paciente já tivera duas análises anteriores, e Delourmel nos informa que ele usou a ressonância dos nomes dos analistas anteriores em suas interpretações. Por exemplo, ele sugeria o vínculo homofônico entre o nome de seu primeiro analista, Cassin, e a maneira como ela relatou a interrupção do tratamento, no final do segundo ano de análise: "Eu me quebrei" (*je me suis cassée*),[2] bem como a idealização do segundo analista, associando seu nome, Tréhot, com "muito alto" (*très haut*).

Delourmel utilizou também aspectos do seu próprio nome, e veremos mais sobre isso a seguir. Ele afirma que a paciente aceitava esses tipos de interpretações associativas, mas não conseguia aguentar interpretações que se referissem à camada edípica - por exemplo, referentes à sua rivalidade com outros pacientes e mesmo com o analista.

O analista nos conta que as interpretações do primeiro tipo se davam numa área transicional, na qual ele fazia uso de associações e reverberações trazidas pelas palavras e sons; enquanto um segundo tipo de intervenção referia-se mais ao aqui e agora do processo analítico. A paciente tinha uma tendência a atuar[3] e a sexualizar as interações com o analista - uma repetição do que aparecera nas análises anteriores. Recordamos que, para Freud, as pulsões encontram-se na raiz da atividade psíquica. Isso implica basicamente que há algo *em excesso*, uma sobrecarga na mente, que pode criar uma experiência de "demais" na mente do analista (Perelberg, 2003). Esse nível de atuação me faz lembrar também da afirmação de Freud em *Totem e tabu* de que "no começo era o Ato"

2 *Casser*, em francês, é "quebrar" [N.T.].

3 *Act out*, no original [N.T.].

(1912-1913). Esse ato fundante é, como vimos nos capítulos anteriores, incestuoso e envolve o parricídio: uma dimensão importante é o desejo de matar o pai narcísico. Sugiro que, nesse material clínico, a própria intensidade das atuações é uma comunicação dos impulsos assassinos dirigidos ao *setting* e ao analista.

Em seu artigo, Delourmel dá a impressão de que ele está em contato com sua paciente, e, no entanto, ao mesmo tempo, é repetidamente convidado a participar de atuações. Por exemplo, relata uma sessão no terceiro ano da análise na qual a paciente de repente se levanta do divã para deixar a sessão. O analista faz um gesto com um dos braços apontando o divã, de certa forma mandando a paciente voltar para o divã. Delourmel compreende seu gesto como uma resistência contratransferencial narcísica à transferência.

Em algum momento no quinto ano da análise, a paciente traz um sonho no qual *há uma explosão atômica, todo mundo morre, mas ela sobrevive, num estado "loqueteaux"* [esfarrapado]. Seguem-se algumas sessões nas quais expressa uma fantasia sadomasoquista relacionada a um livro que vinha lendo, intitulado *Doce agonia*, que ela associou à paixão de Cristo – um nome também associado ao primeiro nome do analista (Christian) e a seu próprio nome (Marie Christine). Nas sessões subsequentes, a paciente se referiu de forma mais explícita às violações sexuais do pai, expressando o ódio que sentia dele quando criança. O analista compreende o sonho e as associações que se seguem como a experiência de *breakdown.* Talvez esse sonho possa também ser compreendido como expressão tanto da excitação como dos sentimentos assassinos dirigidos ao pai narcísico, que é também o analista na situação transferencial.

Algumas semanas depois, após o analista ter cancelado duas sessões, a paciente mencionou ter telefonado para o analista, mas, como não conseguira falar com ele, foi se encontrar com seu "substituto" – um homem com o qual acabara de iniciar um relacionamento.

Algumas sessões depois, contou um sonho no qual *estava acariciando carinhosamente os cabelos de uma mulher, cujas pernas estavam enlaçadas nas dela, como um macaco com a mãe* (a palavra francesa que ela utiliza é "*emmêle*", também evocativa de Delour*mel*). Depois ela comenta sobre sua experiência de ter sentido algo na sessão como "pesado, pesado" repetindo duas vezes a palavra (*de lourd, de lourd*). O analista responde de forma interrogativa: "pesado, pesado, duas vezes pesado?" (*de lourd, de lourd, deux fois lourd?*). A própria paciente responde: "Você está pensando no seu nome?" (Delourmel).

O analista tinha suas próprias associações internas para a palavra "*delour*" – diminutivo do seu nome usado por seus colegas de escola. Era uma lembrança dolorosa, evocativa da forma como os colegas gozavam dele por ser gordo e ter mamas: *delourmel-lourdes-mamelles*. O analista também pensou no telefonema recente da paciente para ouvir a sua voz. Nesse movimento regressivo de sua atenção flutuante, Delourmel assinalou que se encontrava mais sensível ao som da voz dela na sessão, evocativa da deformação feminina (*delourmel:* seios pesados) no nome dele. A paciente fizera também referência ao relacionamento recente com um homem. Disse: "Conversamos como duas amigas; com esse homem descobri meu lado feminino. Para mim é uma revelação. É meigo, doce como a Virgem Maria, a garantia do amor eterno".

É um momento inquietante da análise, quando as associações da paciente reverberam com as memórias do analista de sua própria infância.

O movimento de contratransferência aqui é incomum. Na literatura, alguns conceitos foram elaborados para dar conta do ocorrido. Sandler, por exemplo, sugeriu a noção de *função de receptividade.* A resposta irracional que pode aparecer para expressar um ponto cego no analista "pode às vezes ser considerada, de forma útil, como uma formação de compromisso entre suas próprias tendências e *sua aceitação reflexiva do papel que o paciente está forçando nele*" (1976, p. 45, grifos do original). Green e Donnet (1973) sugeriram o termo "ex-corporação", distinguindo-o da projeção, para caracterizar um mecanismo que identificaram no psicótico. Quando a metabolização psíquica se torna impossível, a psique tenta se livrar de estados extremos de angústia não apenas da mente, mas também do corpo. Sugerem que mecanismos diferentes operam em pacientes neuróticos e psicóticos. Nos primeiros, "representações que se movem do inconsciente através do pré-consciente para o consciente são, então, expressas pela verbalização" (Green, 1998, p. 654); enquanto nos últimos, "as mensagens são diretamente evacuadas do inconsciente e projetadas no objeto externo, contornando o trabalho de elaboração que as transforma em pré-conscientes antes da verbalização" (Green, 1998, p. 654).

Na formulação de Bion, os elementos-alfa:

> *são suscetíveis de se armazenarem e de corresponderem aos requisitos de pensamentos oníricos. Se a função-alfa se perturba e, por conseguinte, não atua, as impressões sensoriais que o paciente percebe, e as emoções que experimenta, permanecem inalteradas. Darei a elas o nome de elementos-beta. Ao contrário dos elementos-alfa, os elementos-beta não se sentem como fenômenos, mas como coisas em si. (Bion, 1962b, p. 12)*[4]

Os elementos-beta correspondem ao impensável, e são o domínio dos pensamentos sem pensador (Bion, 1992; ver também Bion, 1962a). O processo de se ter pensamentos com um pensador

---

4 Esta citação foi extraída de: Bion, W. R. (1962). *O aprender com a experiência*. Trad. Paulo Dias Corrêa. Rio de Janeiro: Imago, 1991 [N.T.].

implica um processo de transformação de elementos-beta em elementos-alfa. Bion sugere que isso se torna possível na relação entre a mãe e o bebê quando a identificação projetiva normal é possível e precede o desenvolvimento da função-alfa e, consequentemente, uma diferenciação de elementos entre consciente e inconsciente. Ele afirma:

> *Dá-se um desenvolvimento normal se a relação entre o bebê e a mãe permitir que o bebê projete, na mãe, a sensação, digamos, de ele estar morrendo; e que o bebê reintrojete essa sensação, após a permanência no seio ter feito com que a mesma se torne suportável para a psique. Se a projeção não for aceita pela mãe, o bebê sente que se retirou da sensação dele, de estar morrendo, o significado que esta possui. Consequentemente, reintrojeta não um medo de morrer, agora tolerável, mas um pavor indefinível, sem nome. (Bion, 1984, pp. 106-107)*[5]

Em suas reflexões sobre o que se passou nessa sessão, Christian Delourmel (2013) compartilha conosco aquilo que, segundo sua experiência pessoal, pode tê-lo ajudado a ser receptivo à transferência homossexual, feminina, para dentro dele – algo que foi mais difícil para Freud aceitar em sua análise da homossexualidade (Baldacci, 2011). Delourmel compreende a tentativa da paciente de reestabelecer urgentemente com ele a transferência maternal que ela sentira como tendo sido interrompida. O desafio para o analista do sexo masculino foi elaborar sua própria recusa da feminilidade, uma recusa que, em relação a Freud, testava sua contratransferência.

---

5 Esta citação foi extraída de: Bion, W. R. (1994). *Estudos psicanalíticos revisados*. Trad. Wellington M. de Melo Dantas. 3ª ed. Rio de Janeiro: Imago [N.T.].

Há, no entanto, mais do que isso acontecendo. O relato de Delourmel evoca a experiência do inquietante: o leitor é convidado a participar de uma cena em que o analista é capaz de ser receptivo ao feminino na paciente.

Eu sugeriria que essa não é uma contratransferência comum. Deu-se um processo no analista, que está em contato com seu diálogo interno. Isso não é apenas resultado das projeções da paciente. O analista está em contato com uma cena que lhe é tanto familiar, de sua própria história, como nova. Isso provoca um sentimento de incerteza, de se encontrar em um limiar, ligado à experiência de repetição, do retorno do reprimido, da compulsão à repetição. O que acontece evoca no analista algo que já havia acontecido com ele. Trata-se de um "*dejà vu*" que acontece no aqui e agora pela primeira vez, conforme é elaborado. Nesse processo, o trabalho interno do analista funciona como um Outro, um representante do sexual e do transgeracional.

A paciente tenta evitar a separação, a ausência e a passagem do tempo, e estabelecer uma cena primária que está sempre presente da qual ela pode participar continuamente. Em contraste, o analista é transposto, em suas próprias associações internas, para um outro tempo e espaço. E a experiência do *lá e então* (em sua própria vida) é fundamental para esse processo. Poderíamos sugerir que no curso desse processo, o analista é capaz de ajudar a paciente a marcar uma passagem de sentimentos assassinos dirigidos ao pai narcísico (o pai que violou as fronteiras sexuais) para aqueles dirigidos ao pai morto (o analista que é capaz de elaborar internamente essa sequência)? O que está em ação aqui é uma convergência de identificações – entre o feminino e o masculino, a mãe e o pai, o pai narcísico e o pai morto, o interno e o externo.[6]

---

6 Para a discussão de Freud do *Unheimlich* em relação ao materno, ver o Capítulo 3.

A exploração de Freud do inquietante – "a perpétua recorrência da mesma coisa" (1919b; 1920a) – está, além disso, centrada na história do Homem de Areia (Hoffmann, 1817). Como comentamos no Capítulo 3, nessa história o Homem de Areia é uma representação dos *sentimentos e fantasias agressivos dirigidos ao pai* do principal personagem, Nathaniel. O paterno e o materno estão ambos ilustrados na análise de Freud, e também nessa cena relatada por Christian Delourmel. Há uma mistura de sedução histérica da parte da paciente, bem como uma transferência homossexual de uma paciente mulher para um analista homem, associadas a sonhos assassinos. Tudo isso confere uma dimensão traumática ao *aqui e agora* dessa análise.

A relação entre o intrapsíquico e o interpsíquico

Há uma busca na psicanálise francesa atual por uma articulação teórica entre o externo e o interno, dentro e fora. Delineia-se um novo paradigma conceitual, um desafio derivado da clínica na qual predomina o tratamento de psicopatologias *borderline* (ver Perelberg, 2013c).

Talvez haja um paradoxo no fato de que, na tradição britânica, se a importância do objeto substituiu a referência às pulsões, é predominantemente ao objeto *interno*, e não ao objeto externo, que nos referimos. Na prática clínica, a relevância do Outro na identificação dos estados mentais do paciente é reconhecida. Os conceitos de *contratransferência* e *identificação projetiva* incluem identificar o que se passa na mente do analista a fim de formular uma compreensão do mundo interno do paciente. No entanto, o ponto de partida da "ação" ainda é visto como encontrando-se no/na paciente. Esses conceitos não parecem oferecer um modelo teórico no qual a mente do analista, na qualidade de representante do sexual e do transgeracional, seja vista como exercendo um impacto no que está acontecendo no paciente. O papel do Outro, e também aquele do Outro do Outro (o pai para a mãe, ou a geração anterior), não encontrou um lugar nos modelos teóricos dominantes.

Evidentemente, tanto Winnicott como Bion fizeram contribuições importantes nessa área, e são, de fato, os dois autores britânicos mais citados pelos analistas franceses. Winnicott enfatizou o papel do ambiente na constituição da própria psique. A noção de transicionalidade encontra-se na convergência de interno e externo.

Bion conceitualizou o papel transformador do ambiente e indicou como a função materna de continência dos sentimentos e pensamentos é internalizada e permite a criação de um espaço mental e o desenvolvimento do pensamento. Segundo Bion, os pensamentos levam ao desenvolvimento emocional. Do seu ponto de vista, a função do continente é possibilitar transformações na capacidade do paciente de criar pensamentos.

Entretanto, essas ideias diferem, de modo importante, do novo paradigma que está sendo desenvolvido na França, no qual também é levado em conta o impacto da *experiência* e das fantasias do Outro. Os principais pensadores nesse novo paradigma são André Green (1990), Jean Laplanche (1989), Braunschweig e Fain (1975), Aulagnier (1975), Donnet (com seu conceito de *setting* interno; 1995), Faimberg (1993) e, mais recentemente, Botella e Botella (2001).

Green sugere que o conceito de uma "estrutura enquadrante"[7] está nas origens da representação (1990). Ao segurar seu bebê, a mãe deixa a impressão de seus braços na criança, o que constitui a estrutura enquadrante que, na sua ausência, contém a perda da percepção do objeto materno como uma alucinação negativa deste. Green acredita que é contra esse pano de fundo da negatividade que

7 Em inglês, *framing structure* [N.T.].

as futuras representações do objeto serão inscritas. A alucinação negativa da mãe e do corpo da mãe cria a condição para a atividade do pensar, bem como para a capacidade de simbolizar. A alucinação negativa da mãe é, portanto, uma pré-condição para o pensamento. Em sua formulação do "complexo da mãe morta", Green (1990) descreveu o modo como o traumatismo materno, a depressão da mãe e seu afastamento da criança, tem consequências para a constituição da psique da criança, deixando traços no inconsciente.

A dimensão que separa Green tanto de Winnicott como de Bion, e o aproxima de Freud, é, dessa forma, a relevância do corpo da mãe e, portanto, da sexualidade. A mãe como estrutura enquadrante, na conceitualização de Green, é também a mãe erótica – a mãe que, como Freud mostrou em *Esboço de psicanálise* (1938), é a primeira a seduzir o bebê por meio dos cuidados e da atitude geral em relação a ele ou ela. Essa estrutura enquadrante, com sua referência implícita ao pai ligado à ausência da mãe, é também uma indicação de terceiridade. Está no cerne da formulação de Green do próprio *setting* psicanalítico.

Uma outra referência na atual abordagem teórica sobre as conexões entre "interno e externo" será encontrada na obra de Jean Laplanche, que sugeriu que a sexualidade infantil se desenvolve sob a influência dos enigmáticos significantes parentais, primariamente maternos (Laplanche, 1997, p. 661). Esses significantes marcam o inconsciente da mãe nas zonas erógenas da criança, junto com o vínculo erótico que ela tem com o pai e com o próprio inconsciente do pai. Como Laplanche e Pontalis sugeriram:

> *a sexualidade infantil... é endógena na medida em que segue um curso de desenvolvimento e passa por diferentes fases, e exógena na medida em que invade o sujeito a partir da direção do mundo adulto (uma vez que, des-*

> *de o início da vida, o sujeito é obrigado a encontrar um lugar no universo de fantasia dos pais, e uma vez que eles o submetem a uma excitação sexual mais ou menos velada). (Laplanche & Pontalis, 1988, p. 142)*

Laplanche sugere que o ponto de partida da origem do aparato psíquico e das pulsões está na relação adulto-bebê. Essa teoria supõe que, no domínio sexual, tal relação é assimétrica, com a mensagem sexual *originando-se no Outro adulto.* A referência conceitual aqui é ao impacto do Outro na constituição do aparato psíquico.

Braunschweig e Fain (1975) constituem um ponto de referência para grande parte da literatura francesa com sua noção da censura da mãe como amante. Essa noção inclui o papel do pai: ela reforça a impossibilidade do acesso direto à mãe sem a intervenção da Lei do Pai. A censura da mãe como amante cria uma proibição para a própria mãe, que deve, nas palavras de Hélène Parat (2011), modular o "erótico materno" sob um supereu protetor, representante da ordem simbólica.

Em 2011, a *Revue Française de Psychanalyse* publicou um volume sobre o materno: os vários artigos enfatizam o papel da relação interna da mãe com sua própria sexualidade na constituição do mundo interno da criança (por exemplo, Abensour, 2011; Brusset, 2011; Cabrol, 2011; Chervet, 2011; Kristeva, 2011; Parat, 2011; Perelberg, 2011b; Schaeffer, 2011; ver também Perelberg, 2013c). Um diálogo subjacente com Jacques Lacan permeia, é claro, todas as discussões da psicanálise francesa, já que toda uma geração na França, incluindo Aulagnier, Donnet, Green, Laplanche, Rosolato e Widlöcher, participou dos seminários de Lacan. Para Lacan, a entrada no domínio simbólico é consequência da metáfora paterna, um processo simbólico por meio do qual a criança se submete a um conjunto de leis impostas externamente (a Lei). A criança é levada a descobrir que o Outro no espelho é apenas uma imagem, não um ser real. O próprio não reconhecimento prefigura, para o sujeito que está no processo de adquirir sua identidade, a natureza de sua alienação imaginária (isso será discutido mais detidamente no Capítulo 5).

Essas ideias tiveram grande impacto na França e encontram-se presentes em conceitos como o "*setting* interno do analista" (Donnet, 2001, 2009) ou o "discurso interno do analista" (Rolland, 1997, 2006). Esses conceitos referem-se a processos terciários e incluem o impacto dos estados de mente do outro na realidade interna de seus pacientes. O que se está enfatizando não é apenas a realidade interna do paciente, mas também o impacto da mente do Outro no processo por meio do qual o mundo interno é constituído (Perelberg, 2013c).

Terceiridade e temporalidade

Green chamou a atenção para a relevância crucial do terceiro na teoria psicanalítica, como demonstramos no Capítulo 3. Não é o triângulo edípico que é aqui invocado, mas o ir além do aqui e agora por meio da sempre implícita referência a uma terceira dimensão (*ailleurs* e *autrefois*), sempre marcada por uma ausência, seja do presente ou do passado, bem como do futuro (2005).

O exemplo oferecido por Christian Delourmel indica que essas dimensões estão presentes na interação de diferentes temporalidades do analista e do paciente, pela qual os vínculos entre o aqui e agora e o lá e então são articulados por meio da escuta do analista e da formulação de suas interpretações. É essa temporalidade aberta que inaugura a terceiridade e a função paterna, uma articulação entre passado, presente e futuro.

PARTE III

O complexo de Édipo é universal?

5. O enigma do Édipo na psicanálise e na antropologia social

Bronislaw Malinowski e Ernest Jones

Neste capítulo, revisito alguns debates clássicos entre a antropologia social e a psicanálise que abordam a questão da universalidade do complexo de Édipo.

A relação entre a psicanálise e a antropologia social é tão antiga quanto a própria disciplina da psicanálise. Ao longo de sua obra, Freud, em sua tentativa de validar a universalidade de suas teorias, procurou estabelecer ligações entre as duas disciplinas. *Totem e tabu* (1912-1913) representa o exemplo mais importante desse compromisso. Nos primórdios da antropologia social, o indivíduo tornou-se excluído do campo de análise, uma herança do estabelecimento, por Durkheim, dos fatos sociais (ver Durkheim, 1893, 1897, 1924, 1938; ver também Lukes, 1973, 1977). Os antropólogos, como os sociólogos antes deles, afirmavam que o indivíduo não era objeto da sua disciplina, que focalizava o social. Isso inaugurou uma série de dicotomias, principalmente aquelas entre natureza e cultura, na tradição francesa, personalidade e cultura, nos Estados Unidos, e direitos e convicção, na Grã-Bretanha.

O debate, nos anos 1920, entre Bronislaw Malinowski (1844-1942) e Ernest Jones (1879-1958) sobre a distinção entre o direito da mãe e o amor do pai tornou-se um exemplo clássico da diferença entre os paradigmas antropológicos e psicanalíticos.

O padrão de desenvolvimento psicossexual observado por Malinowski entre os habitantes das ilhas Trobriand era diferente das descrições clássicas das sociedades ocidentais. Malinowski (1916) apontou a liberdade sexual existente entre os jovens adolescentes. Ademais, notou que, entre os trobriandeses, os pais eram afetuosos e cuidadosos, e não se creditava a eles qualquer participação na concepção de seus filhos (ver também Malinowski, 1923, 1929, 1984). Isso se dava, supôs Malinowski, para eliminar o relacionamento competitivo e de rivalidade com os filhos, como na formulação clássica de Freud do complexo de Édipo. Os trobriandeses constituíam uma sociedade matrilinear, e os sentimentos de tensão e competição tendiam a ser direcionados para os irmãos da mãe. Malinowski sugeriu que os habitantes das ilhas Trobriand desconheciam a parte desempenhada pelo sêmen na procriação. A gravidez era a consequência de um *baloma* – um espírito (geralmente feminino) de uma pessoa morta – inserindo o espírito de uma criança espiritual, *waiwaia*, no útero da mulher. Para isso, porém, era necessário que a vagina tivesse sido aberta, o que se dava pela relação sexual.

Jones levantou a questão de se a *ignorância* "entre esses selvagens seria de fato tão genuína e completa quanto pareceria" (1925, p. 118). Argumentou que o simbolismo usado pelos trobriandeses sugere ao menos um "conhecimento inconsciente da verdade", e citou Carveth Read (1918), que, num artigo publicado no *Journal of the Royal Anthropological Institute*, afirmou que "o conhecimento realmente presente é apenas inconsciente, tendo sido 'reprimido'; ele se refere a ter sido "reprimido pela filosofia animista e expelido da consciência" (Jones, 1925, p. 119).

Jones levanta uma hipótese que liga a ignorância sobre a procriação paterna, por um lado, e a instituição do direito materno, por outro. Sua opinião é de que o objetivo inconsciente é "*defletir o ódio ao pai sentido pelo menino em crescimento*" (p. 120, grifos do original). De acordo com Jones, isso explicaria o empenho de diferentes culturas em suas tentativas de separar procriação, por um lado, e o papel do pai nela, por outro.

> *Aqui, então, proponho formular uma hipótese dentro das linhas da psicanálise, a qual, se correta, indicaria a existência de uma relação colateral muito próxima entre a ignorância relativa à procriação paternal, por um lado, e a instituição do direito materno, por outro. Penso que esses dois fenômenos são gerados pelo mesmo motivo; em qual sequência cronológica colocam-se um em relação ao outro é uma questão completamente diferente, a ser considerada posteriormente. Sob esse prisma, o motivo, em ambos os casos, é* defletir o ódio ao pai sentido pelo menino em crescimento. *(Jones, 1925, p. 120)*

Jones assinala que o desejo de repudiar o papel do pai no coito e na procriação encontra expressão última no mito da Virgem Maria. A negação da presença paterna suavizaria e defletiria o ódio dirigido a ele.

Entre os trobriandeses, o pai é descrito como um "amigo amado, benevolente" (p. 123). Malinowski escreve:

> *Dentre os melanésios, "paternidade" . . . é uma relação puramente social. Parte dessa relação consiste nos seus deveres para com os filhos de sua mulher; ele está ali para "acolhê-los em seus braços", uma frase que já citamos; ele deve carregá-los quando a mãe estiver cansada, e deve ajudar nos cuidados com eles em casa. Ele os atende em suas necessidades naturais, limpa-os, e há na linguagem nativa muitas expressões estereotipadas referentes à paternidade e suas durezas, e ao dever filial de gratidão direcionado a ele. Um típico pai trobriandês é um cuidador consciencioso e trabalhador, que obedece ao chamado do dever, expresso na tradição social. No entanto, fato é que o pai está sempre interessado em seus filhos, às vezes de forma apaixonada, e desempenha todas as suas tarefas de forma entusiasmada e amorosa. (Malinowski, 1924, p. 304)*

Malinowski faz um contraste entre o *status* do pai e o dos irmãos da mãe da seguinte forma: "Portanto, as crianças procuram o pai apenas para o cuidado amoroso e companheirismo. O irmão de sua mãe representa o princípio da disciplina, da autoridade e o poder executivo dentro da família" (p. 298).

Malinowski conclui que, enquanto na nossa sociedade há o desejo reprimido "de matar o pai e casar com a mãe", no complexo matrilinear da Melanésia, o desejo é "casar com a irmã e matar o tio materno" (p. 195).

Em oposição, escreve Jones:

> *Na minha opinião, pareceria mais provável que o sistema matrilinear, com seu complexo avuncular, tenha*

> *surgido, conforme acima descrito, como um modo de defesa contra as tendências edípicas primordiais, em vez de ter surgido por razões antropológicas desconhecidas, sendo o complexo avuncular então uma consequência necessária e o complexo de Édipo aparecendo apenas quando o sistema patrilinear era subsequentemente introduzido. A irmã proibida e inconscientemente amada é apenas um substituto da mãe, bem como, claramente, o tio é o substituto do pai. Na hipótese de Malinowski o complexo de Édipo seria um produto posterior; para o psicanalista era o* fons et origo. *(Jones, 1925, p. 128)*

Jones sugere que há uma "decomposição do pai primevo em um tipo de pai leniente e real, por um lado, e um tio moral e rigoroso, por outro" (Jones, p. 125).

Malinowski, em sua resposta, vê a contribuição de Jones como uma extensão da sua: ". . . que o complexo familiar no direito materno deve ser diferente do complexo de Édipo; que nas condições matrilineares o ódio é retirado do pai e colocado no tio materno; que quaisquer tentações incestuosas são direcionadas à irmã e não à mãe" (Malinowski, 1927, p. 139).

Malinowski assinala que, para Jones, como para a psicanálise, o complexo de Édipo é "um fenômeno fundamental – de fato primordial" (1927, p. 137), enquanto, para ele, "o complexo da família nuclear é uma formação funcional que depende da estrutura e da cultura de uma sociedade. É necessariamente determinado pela maneira como as restrições sexuais são moldadas em uma comunidade e pela forma como a autoridade é alocada" (p. 143).

Poderíamos aqui estar de acordo com Malinowski no sentido de que ele enfatiza as *funções* distribuídas no complexo de Édipo, as estruturas envolvidas, e não os indivíduos. Entretanto, em quase todo o resto do livro, Malinowski trai sua abordagem empírica em sua busca por *evidências*. Acredita que o complexo de Édipo pode ser "empiricamente alcançado pelos métodos práticos da psicanálise" (p. 144).

Malinowski levanta outras objeções quanto à premissa de Freud e de Jones sobre a universalidade do complexo de Édipo. A primeira relaciona-se com a herança filogenética da "psique de massa". Malinowski assinala que essa é uma hipótese desacreditada pelos antropólogos sociais, que mostram o modo como as experiências de cada geração podem ser estocadas para o uso das gerações sucessivas por meio da transmissão da *cultura* (p. 157).

O segundo ponto tenta localizar *quando*, no desenvolvimento da humanidade, ocorreu o ato do parricídio – esse "ato único de parricídio coletivo [pelo qual] o Macaco atingiu a cultura e se tornou um Homem" (p. 163). Malinowski coloca várias questões:

> *Por que o pai teria de expulsar seus filhos se estes naturalmente e instintivamente são inclinados a deixar a família tão logo não tenham mais necessidade da proteção parental? Por que faltariam mulheres se nos outros grupos, como no próprio, as crianças adultas do outro sexo também precisam sair? Por que os jovens homens deveriam permanecer em torno da horda parental, por que teriam que odiar o pai e desejar sua morte? (Malinowski, 1924, p. 164)*

Malinowski conclui que "na realidade" não há razão para o crime parricida, ou para que os filhos odeiem seus pais, já que podem deixar a horda se assim o quiserem.

Claramente, Malinowski busca *fatos* e *razões conscientes, racionais* para o *ato* do parricídio. Entretanto, a história de *Totem e tabu* é o relato *mitológico* de Freud da origem da humanidade. Malinowski não compreende o ponto das ideias psicanalíticas sobre inconsciente, pulsões, repressão, fantasia e desejo ao tentar descobrir como esse "ato" inaugural pode ter se tornado o começo da cultura se as normas culturais ainda não existiam. Em uma carta para Fliess de 12 de dezembro de 1897, Freud afirmou:

> *Você consegue imaginar o que são os "mitos endopsíquicos"? São o último produto do meu esforço mental. A tênue percepção interna do nosso próprio aparelho psíquico estimula ilusões do pensamento, que, naturalmente, são projetadas para o exterior e, tipicamente, para o futuro e além. A imortalidade, a recompensa e todo o além são reflexões de nosso próprio [mundo] interno.* Meschugge? *Psicomitologia. (Freud, 1897b, p. 286)*[1]

Se a narrativa de *Totem e tabu* é parte da nossa psicomitologia, ela ocupa um lugar semelhante ao de outros mitos inaugurais na cultura. Um debate mais moderno entre antropólogos sociais e filósofos no que se refere à diferenciação entre rituais, por um lado, e o conhecimento cotidiano, por outro, pode nos ajudar a situar conceitualmente o debate entre Jones e Malinowski.

A questão da racionalidade

Em sua fascinante palestra de 1976 no Malinowski Memorial, Maurice Bloch enfrentou os teóricos da antropologia social que

1 Tradução minha [N.T.].

propõem que a sociedade determina a cognição (Bloch, 1977). Dialoga com ambas as tradições da antropologia social, a francesa e a inglesa. Os relativistas culturais, dominantes, afirmam que os conceitos em qualquer sociedade estão estreitamente ligados à organização social. Isso poderia, por exemplo, ser ilustrado pelo conceito de tempo, que, como foi sugerido, varia de cultura para cultura. Entretanto, Bloch indica que, de fato, as noções de tempo nas diferentes culturas caem em duas principais categorias: aquelas sociedades nas quais o tempo é linear e vai numa direção específica, e aquelas sociedades nas quais o tempo é visto de modo repetitivo, circular.

Bloch refere-se ao famoso comentário de Wittgenstein: "Se os leões pudessem falar, nós não os compreenderíamos" (Bloch, 1977, p. 283). A comunicação com um sistema de ideias fundamentalmente diferente não é possível. A antropologia, porém, é uma prova de que a comunicação entre indivíduos de diferentes culturas é possível. Ele utiliza a metáfora de Malinowski de que o objeto de estudo da antropologia social é uma "longa conversa entre as pessoas com as quais convivemos durante o trabalho de campo, à qual inevitavelmente nos juntamos" (p. 278).

Ele toma como exemplo a análise da ideia de tempo entre os balineses, feita por Clifford Geertz, que sugere que a sociedade balinesa usa diferentes noções de tempo em diferentes contextos. Bloch faz uma distinção entre comunicação não ritual e conceitos universais, por um lado, e comunicação ritual e outros modos, estranhos, de pensamento, por outro (Bloch, 1977, p. 285). Sugere que antropólogos como Mary Douglas (1966), Clifford Geertz (1973), Victor Turner (1968, 1969) e Lévi-Strauss concentraram-se na comunicação ritual e no mito. Considere, por exemplo, os quatro volumes de Lévi-Strauss sobre os mitos na América do Sul, *Mythologiques* (1964, 1966, 1968, 1971), ou seu trabalho sobre as máscaras (1975). Essa ênfase, Bloch sugere, "obscurece o fato da natureza universal de uma parte do sistema cognitivo disponível em todas as culturas" (1977, p. 285). Os balineses utilizam, portanto, nos contextos rituais, uma noção de tempo diferente daquela que usam na vida cotidiana.

De forma semelhante, observando o tipo de fenômeno empírico que Radcliffe-Brown discute em seu *Structure and function in primitive society* (1952), é aos aspectos rituais de uma sociedade que ele se refere, como os papéis nos rituais de passagem, a veneração de ancestrais, os rituais de sacrifício ou as relações ritualísticas de jogo (Radcliffe-Brown, 1924, 1940, 1949, 1970). Bloch afirma que "diferentemente de Malinowski, quando o feiticeiro parava de encarnar seus encantamentos, eles [Radcliffe-Brown e Geertz] não ficavam para observar a construção das canoas" (Bloch, 1977, p. 286).

Bloch então conclui:

> *Em outras palavras, a cognição da sociedade, como a de tempo, é dupla. Por um lado, há um sistema utilizado na comunicação normal baseado nas noções universais de tempo e cognição, e no qual as pessoas são vistas de formas que parecem pouco diferir de cultura para cultura, um sistema usado para a organização de atividades práticas, especialmente as atividades produtivas, e, por outro lado, há um outro sistema completamente diferente, ao qual Radcliffe-Brown se refere como estrutura social, baseado em um sistema de classificação mais estranho e muito mais culturalmente específico. (Bloch, 1977, p. 287)*

Assim, os antropólogos que aderem ao relativismo cultural enfatizam o exotismo das diferentes culturas; outros reconhecem a multiplicidade de crenças em cada cultura e a clivagem entre a vida ritual e a cotidiana.

A palestra de Bloch foi um divisor de águas no campo da antropologia social: lembro-me dos debates que na época ela suscitou no Departamento de Antropologia da London School of Economics.

Considerando as contribuições mencionadas, gostaria de voltar à ideia de que os habitantes das ilhas Trobriand ignoram o papel do pai na procriação. Nesse contexto, podemos agora ver que sua crença no "*baloma*" e "*waiwaia*" pertence à categoria das crenças rituais e místicas, e não necessariamente refletem *ignorância* sobre o papel do pai, como sugerido por Jones. Essas crenças pertencem ao domínio simbólico.

Evans-Pritchard oferece um outro exemplo para essa discussão, relacionado à prática da bruxaria dentre os azande:

> *A bruxaria explica* por que *certos acontecimentos são danosos para o homem, e não* como *acontecem. Um zande percebe como eles acontecem exatamente como nós. Ele não vê um bruxo atacar um homem, mas um elefante. Ele não vê o bruxo destruindo o celeiro, mas cupins comendo seus alicerces. Ele não vê uma chama psíquica incendiando a palha, mas um feixe comum em chamas. Sua percepção de como as coisas ocorrem é tão clara como a nossa. (Evans-Pritchard, 1976, p. 72, grifos meus)*

Isso foi posteriormente discutido por Winch, que sugere que o relato de Evans-Pritchard indica que os azande fazem uma "distinção operacional bem clara entre o técnico e o mágico" (Winch, 1974b, p. 102; ver também Evans-Pritchard, 1974; Winch 1974a).

Sabemos que quando os católicos dizem que ingerem o "corpo de Cristo" ou "bebem seu sangue" na celebração da eucaristia, trata-se de uma afirmação simbólica, e não da descrição de um ato cabalístico. Obviamente estou ciente das complexidades de tal afirmação, uma vez que um católico pode dizer que é do sangue e do corpo de Cristo que se trata. De uma perspectiva antropológica, no entanto, pode-se sugerir que essa é uma injunção que separa católicos e judeus, uma vez que o Antigo Testamento proibia especificamente os judeus de beber sangue:

> *10. Quanto a qualquer homem da casa de Israel ou algum residente forasteiro que reside no vosso meio, que comer qualquer espécie de sangue, eu certamente porei minha face contra a alma que comer sangue, e deveras o deceparei dentre seu povo. 11. Pois a alma da carne está no sangue, e eu mesmo o pus para vós sobre o altar para fazer expiação pelas vossas almas, porque é o sangue que que faz expiação pela alma nele. 12. Foi por isso que eu disse aos filhos de Israel: "Nenhuma alma vossa deve comer sangue e nenhum residente forasteiro que reside no vosso meio deve comer sangue". (Levítico 17:10-12, em Brooks, 1919)*

As mesmas questões poderiam ser levantadas sobre o *status* da imago da Virgem Maria. Seria, no mundo cristão, uma expressão da ignorância do papel do pai na procriação?

Esta seção pode parecer um desvio do nosso tópico, mas é central para uma compreensão da contribuição que os antropólogos sociais trazem para a discussão sobre a universalidade do complexo de Édipo. Os próprios antropólogos assinalaram a heterogeneidade da vida social, as múltiplas camadas de explicações que cada grupo pode oferecer para os fatos fundamentais da vida para eles relevantes. Isso aponta para o que é, ao mesmo tempo, específico e universal em cada cultura. Em seu debate com Evans-Pritchard, Winch sugere que:

> *O que podemos aprender estudando outras culturas não são apenas possibilidades de diferentes modos de se fazer as coisas, outras técnicas. Mais importante do que isso, podemos aprender diferentes possibilidades de dar sentido à vida humana, ideias diferentes sobre a possível importância que a execução de certas atividades pode ter para um homem, na tentativa de contemplar o sentido de sua vida como um todo. (Winch, 1974b, p. 106)*

Retornarei a esse ponto mais adiante, ainda neste capítulo.

Dentre os antropólogos que se encontravam em um debate aberto com a psicanálise sobre a questão do complexo de Édipo, gostaria de me referir também a Alfred Louis Kroeber, Gregory Bateson, Géza Róheim, Claude Lévi-Strauss e Françoise Héritier.

Alfred Louis Kroeber

Em um artigo publicado na prestigiosa *American Anthropologist*, em 1920, Kroeber (1876-1960) lançou um abrangente ataque ao livro *Totem e tabu*, de Freud, e à premissa psicanalítica de que "as origens da religião, moral, sociedade e arte convergem no complexo de Édipo" (Freud, 1912-1913). Kroeber enfatizou a falta de evidências exibidas no livro, bem como a "imaginação fértil de seu autor" (1920, p. 53). No entanto, ele também destaca a "valiosa contribuição" do livro para ideias como a correspondência entre costumes tabus e a neurose de compulsão, bem como o "paralelismo entre os dois aspectos do tabu e a ambivalência de emoções sob uma proibição aceita. Mais uma vez, a estranha combinação entre luto pelos mortos, o medo deles e os tabus contra eles é certamente iluminada, se não explicada, por essa teoria da ambivalência" (p. 53).

Kroeber conclui observando a importância das ideias de Freud: "Conquanto precipitada sua entrada na antropologia e conquanto frágeis algumas de suas sínteses, ele traz alguns *insights* penetrantes, uma imaginação fecunda e, acima de tudo, um ponto de vista que não pode mais ser ignorado daqui por diante sem empobrecimento" (p. 55).

Em 1939, Kroeber reiterou que o *Totem e tabu* de Freud permanece completamente insustentável como texto histórico, mas "pode revelar-se contendo elementos que contribuem para uma compreensão da psicologia humana genérica subjacente à história da cultura humana, especialmente seus aspectos recorrentes e repetitivos" (1939, p. 446).[2] Refere-se a ele como "história fantasiosa",[3] mas afirma, ao mesmo tempo, que:

---

2 Em uma carta a Ernest Jones, Freud faz referência a Robert Ranulph Marett, na época professor de antropologia em Oxford: "Marret, o crítico de 'T & T', está muito autorizado a dizer que a psicanálise deixa a antropologia com todos os seus problemas, já que os encontrou antes, desde que ele decline das soluções oferecidas pela psicanálise. Se ele as tivesse aceito poderia ter descoberto outras coisas. Mas a piada chamando as hipóteses de Atkinson (e minhas) de apenas histórias não é de todo má. Ele é bom, só lhe falta fantasia" (Freud, 1920b, p. 320).

3 No original, *just-so story*, uma explicação narrativa não verificável para uma prática cultural, traço biológico ou comportamental [N.T.].

> *Alguns processos psíquicos tendem sempre a ser operativos e a encontrar expressão em instituições humanas amplas. Dentre esses processos estariam o impulso para o incesto e a repressão ao incesto, a ambivalência filial e semelhantes: em suma, o cerne da situação edípica. Afinal de contas, caso se peça a dez antropólogos modernos para designarem uma instituição humana universal, nove provavelmente designariam a proibição do incesto; alguns o nomearam expressamente como a única proibição universal . . . Consequentemente, a porta está aberta não para uma aceitação* in toto *da explicação de Freud, mas para levá-la seriamente em consideração como uma hipótese científica . . . Assim colocada, a hipótese de Freud já poderia ter sido considerada fértil no domínio da compreensão cultural em vez de ser praticamente rejeitada ou ignorada como uma fantasia brilhante. (Kroeber, 1939, pp. 447-448)*

Kroeber compara essa série de conceitos com outros que, de acordo com ele, não foram aceitos pela ciência: os de censura, do supereu e o do complexo de castração. Insiste que, ao não estabelecer uma diferenciação entre esses dois conjuntos de conceitos, a psicanálise não separa o que é científico e o que é o produto de uma fantasia. Isso se dá em contraste com a ciência, que aceitou muitos conceitos psicanalíticos.

Géza Róheim

O trabalho de Géza Róheim (1891-1953) é um marco nos debates sobre a universalidade do complexo de Édipo. Nascido em

Budapeste, Róheim estudou antropologia social, mas desde muito cedo manifestou interesse nos escritos psicanalíticos. Fez doutorado em antropologia social em Budapeste e análise com Sándor Ferenczi, tornando-se analista didata no Instituto de Psicanálise de Budapeste. Conseguiu refugiar-se dos nazistas em Nova York em 1939. Sua influência na psicanálise é comprovada pelas suas 94 entradas no PEP-WEB de artigos na área da antropologia psicanalítica. Em 1928, Marie Bonaparte ofereceu financiá-lo durante um período de dois ou três anos para executar um trabalho antropológico de campo em local de sua escolha a fim de verificar a universalidade dos conceitos psicanalíticos. Ele optou por uma expedição entre os aborígenes nômades da Austrália, por considerá-los representantes clássicos do totemismo e do modo de vida vinculado à caça. Porém, também estava interessado nas sociedades matrilineares "sem pai" (como passaram a ser conhecidas depois do debate entre Malinowski e Ernest Jones) e decidiu estudar também os habitantes da ilha Normanby, na Nova Guiné, onde passou nove meses. Também passou algum tempo com os yuma, na fronteira entre México, Arizona e Califórnia. Ao regressar, em 1932, uma edição dupla do *International Journal of Psychoanalysis* foi dedicada a seus escritos. Realizou sua pesquisa antropológica psicanalítica utilizando o método psicanalítico, empregando as noções de transferência, associação livre, repressão, condensação, deslocamento e assim por diante. Estudou os sonhos dos participantes, bem como os jogos das crianças. Por esse método, Róheim almejava fornecer uma explicação psicológica da cultura da Austrália Central.

Em um de seus muitos artigos (Róheim, 1946), iniciou um debate com Kardiner (1891-1981), antropólogo americano que havia feito dois meses de análise com Freud e que afirmara que se fosse permitido às crianças darem vazão aos seus jogos sexuais desde cedo, não teriam complexo de Édipo. Kardiner escreve: "Esta constelação foi identificada por Freud como complexo de Édipo e representa uma consequência de um sistema de angústia criado por mecanismos repressivos. O complexo de Édipo é, portanto, o registro desse processo repressivo, e não sua causa, como comumente assumido" (1945, p. 374).

No mesmo artigo de 1946, Róheim comentou um mito relatado pelos baiga, nas províncias da Índia Central (estudados originalmente por Elwin, em 1939), descritos como desfrutando de grande liberdade sexual desde a infância:

> *A vida sexual da tribo é livre, calorosa e espontânea. Os casamentos baseiam-se no amor. Existem casos amorosos condicionados apenas pelo sexo, mas são calorosos e espontâneos, e a esses frequentemente somam-se uma ou duas experiências emocionalmente mais profundas. Raramente um baiga é frustrado em seus desejos amorosos, mas quando isso se passa o sofrimento é muito real. (Róheim, 1946, p. 503)*

Segundo as ideias de Kardiner, neste grupo o complexo de Édipo não existiria. Róheim reconta um mito baiga que, acredita, é evocativo da narrativa de *Totem e tabu*:

> *Nanga Baiga, o ancestral da tribo, recebe um dom de Bhagavan (o Criador). Sangue negro fluiria do seu lado esquerdo, e do direito, sangue vermelho. Quem beber do sangue negro será um feiticeiro; quem beber do sangue vermelho, um mágico. Bhagavan, invejoso de Nanga Baiga, mandou uma serpente para picá-lo e matá-lo. Antes de morrer, Nanga Baiga disse a seus filhos para não o enterrarem, mas para dividir seu cor-*

> *po em doze porções, colocá-las em doze potes, e cozê-las por doze anos. Depois, deveriam comê-lo, e toda sua mágica passaria para eles. Querendo impedir que isso acontecesse, Bhagavan apareceu disfarçado de asceta brâmane coberto de cinzas, e disse aos filhos que seria um grande pecado comer a carne de seu pai. Eles concordaram, mas um deles inalou um pouco dos vapores de um dos potes, e tornou-se o primeiro mágico. A carne dos potes flutuou pelo rio, e outros seres sobrenaturais apossaram-se dela. Comeram a carne, mas a mágica transformara-se em magia negra, ou bruxaria. A morte do pai e a perda de seus poderes mágicos foi um grande golpe para a tribo. Os bruxos lançaram um ataque e transformaram os irmãos em papagaios. Entretanto, o filho mais jovem, que apesar de sua magia reduzida era mais forte do que todos os bruxos, imediatamente transformou-os novamente em homens. (Róheim, 1946, pp. 504-505)*

Elwin acredita que essa lenda se assemelha à teoria de Freud da horda primeva.

Róheim também afirma que se houvesse qualquer dúvida quanto à existência de um complexo de Édipo dentre os baiga, mesmo depois da análise do mito, seriam dissipadas por alguns de seus sonhos relatados por Elwin:

> *"Fui com meu pai para a floresta com meu arco e flecha. Meu pai disparou uma* sambhar, *mas me atingiu e me matou . . . O tempo todo eu dizia a mim mesmo, ele me matou de propósito, portanto devo matá-lo" . . .*

> *Mahatu, o sonhador, disse que não conseguia entender esse sonho, pois não havia nada além de amor mútuo na relação entre eles. Ainda assim, contou um outro sonho no qual ia para a floresta com seu pai. Ali viam um homem morto, cujo sangue tinha sido bebido por um tigre. Juntos comeram o homem morto, e Mahatu vomitou. Segundo Róheim, trata-se de um sonho sobre devorar o pai, como no mito da horda primeva. (Elwin, 1939, p. 506)*

Na sua análise dos índios navaho, Róheim conclui que "toda criança navaho é um pequeno Édipo destinado a triunfar sobre o pai, o gigante comedor de homens" (1973, p. 329). O típico "padrão dos mitos navaho não passa de uma história do Édipo ligeiramente velada" (p. 332).

Em seu ensaio de 1932, Róheim critica o método etnográfico como exemplificado por Baldwin Spencer e Francis James Gillen em seu trabalho entre os aranda. Spencer e Gillen (1899) fizeram uma descrição acurada dos acontecimentos externos em várias cerimônias. No entanto, argumenta Róheim, eles "falharam em compreender que o ritual é sempre a dramatização de uma canção sagrada e que sem essa canção ele fica destituído de sentido" (1932, p. 20).

Para o psicanalista, uma perspectiva meramente behaviorista é insatisfatória e sem vida:

> *Depois de testemunhar uma cerimônia, devo reunir toda a informação ligada àquela cerimônia. E não só uma explicação dos detalhes, mas também associações casuais relacionadas à cerimônia, e, por último, mas não menos importante, os sonhos ligados àquela*

> *cerimônia. A Cila dos fatos sem palavras deve ser evitada, tanto quanto a Caríbdis das palavras sem fatos. (Róheim, 1932, p. 20)*

O trabalho de Róheim enfatizava a unidade do ser humano. Seu método de investigação era o método psicanalítico, e ele estava mais interessado no que há de comum e de universal entre as culturas do que nas especificidades de cada cultura individualmente (1950). Cita Arnold Toynbee, que considerava o complexo de Édipo uma das chaves para abrir os portões da história (Róheim, 1950, p. 486). Por enfatizar o universal em detrimento do específico em cada cultura, o trabalho de Róheim não foi muito bem-aceito pelo *establishment* da British Social Anthropology, e não faz parte da lista de leitura obrigatória para os graduandos, por exemplo, da London School of Economics (LSE) ou da University College London (UCL).

Este debate seria retomado por Melford Spiro (1920-2014). Ele sugeriu que Malinowski se equivocara profundamente quanto à natureza dos processos inconscientes; estes não podem ser derivados das afirmações conscientes dos participantes. Ao contrário, Spiro explora a existência do complexo de Édipo por meio da análise de mitos e rituais (por exemplo, 1982). Entende a exclusão do papel do pai na procriação como negação, não como ignorância. Entretanto, os habitantes das ilhas Trobriand reconhecem que o pai molda a aparência da criança pelas repetidas relações sexuais com a mãe.

Bateson e o Naven

Gregory Bateson (1904-1980) foi um antropólogo inglês e cientista social. Nos anos 1940 ajudou a expandir a teoria dos sistemas/

cibernética, que teve um grande impacto sobre o campo da terapia familiar, especialmente nos artigos derivados da escola de Palo Alto, como os trabalhos de Paul Watzlavick e Cloé Madanes. Dentre os livros mais conhecidos de Bateson estão *Steps to an ecology of mind* (1972) e *Mind and nature* (1979). Bacharelado em biologia pelo St. John's College, Cambridge, ele permaneceu em Cambridge de 1927 a 1929. Ofereceu seminários de linguística na University of Sydney em 1928. De 1931 a 1937 foi professor assistente no St. John's College, Cambridge. Antes da Segunda Guerra Mundial fez trabalho de campo em antropologia na Nova Guiné e em Bali. Foi casado com Margaret Mead entre 1936 e 1950. Mudou-se para Palo Alto, na Califórnia, onde, junto com os colegas Donald Jackson, Jay Haley e John H. Weakland, desenvolveu a teoria do duplo vínculo.

Bateson não tratou especificamente da questão do complexo de Édipo, mas sua análise da cerimônia Naven é uma das mais fascinantes ilustrações na literatura antropológica do enigma que cada cultura procura enfrentar – isto é, a questão daquilo que é transmitido pelo lado da mãe e o que vem do pai, e as origens da diferenciação entre masculino e feminino.

Na sociedade iatmul, o ritual Naven tenta encontrar soluções para os conflitos e tensões entre os lados matrilinear e patrilinear percebidos como existentes naquela sociedade. Os iatmul vivem "no meio alcance" do rio Sepik, na Nova Guiné. São caçadores que vivem em grandes aldeias, cada uma com população entre duzentos e mil habitantes (Bateson, 1936, p. 4).

Naven foi publicado pela primeira vez em 1936, e Bateson reconhece sua dívida com duas importantes linhas da antropologia social – por um lado, a tradição inglesa e, por outro, a escola americana da personalidade e cultura. Ele está particularmente interessado em descrever o "tom ou *ethos* emocional" da cultura iatmul, algo que sente ter sido ignorado pelas análises funcionalistas na Grã-Bretanha.

> *O presente trabalho é uma descrição de certos comportamentos cerimoniais do povo iatmul da Nova Guiné, nos quais os homens se vestem de mulheres e as mulheres se vestem de homens, e [é uma] tentativa – grosseira e imperfeita, por se tratar de uma técnica nova – de relacionar esse comportamento não apenas à estrutura e funcionamento pragmático da cultura iatmul, mas também a seu* ethos. *(Bateson, 1936, p. 2)*

Essas cerimônias são realizadas para celebrar algumas façanhas e conquistas do *laua* (filho da irmã) pelo *wau* (irmão da mãe).

O núcleo da análise do Naven feita por Batenson baseia-se na diferença entre a incorporação patrilinear pelo indivíduo e a importância dos laços matrilineares. Essa é uma sociedade patrilinear, mas tanto o vínculo patrilinear *quanto* o matrilinear precisam ser preservados. Os termos *wau* (irmão da mãe) e *laua* (filho da irmã) são usados de forma classificatória, de forma que o termo *wau* inclui parentes como o filho da irmã da mãe da mãe.

Há nessa sociedade uma contradição inerente entre a natureza do relacionamento do indivíduo com o clã da mãe e o comportamento esperado dos homens, isto é, no *ethos* masculino. É por meio dessa última contradição entre o comportamento ritual dos *wau* para com os *laua* e o *ethos* masculino dos iatmul que Bateson analisa o Naven, principalmente o travestismo e a pantomima nele envolvidos.

Bateson assevera claramente que o Naven não é um rito de passagem (1936, p. 9). No lugar disso, interpreta-o como uma atitude que regulamenta o relacionamento entre o *laua* e o *wau*. Esse é um relacionamento muito ambíguo, e o Naven expressa e resolve, no nível ideológico, por intermédio de atuações ritualísticas, essa ambiguidade. O Naven define certos papéis e estabelece um padrão de interação e distância social.

Duas principais dicotomias organizam a vida social dos iatmul: a oposição entre homens e mulheres, e aquela entre os laços individuais matrilineares e patrilineares. Como resultado, a dicotomia pai/irmão da mãe expressa a diferença entre as identificações pai/filho, *laua*/clã da mãe.

Pai e filho estão ligados economicamente, e o filho é o sucessor do pai. A relação entre eles é caracterizada pela tensão, e a autoridade paterna é muito severa. É um relacionamento ambíguo (1936, p. 212). Uma inscrição individual no clã da mãe expressa-se pelos nomes totêmicos que ele recebeu desse clã. A relação entre o *wau* e o *laua* é ambivalente, uma vez que implica duas identificações opostas.

1. O *wau* é identificado com a mãe do *laua*. No Naven, o comportamento do *wau* é uma versão dramática do comportamento da mãe.
2. O *wau* identifica o *laua* com seu pai e identifica-se com o irmão da mulher do *laua*. A relação entre afins é ambígua.

No que concerne à diferença entre os sexos, Bateson indica que os homens atribuem "ênfase e valor a orgulho, autoafirmação, severidade e ostentação" (p. 198). Ocupam-se de atividades violentas (p. 123). Há certa tendência para o comportamento histriônico que transforma severidade em ironia, que pode se tornar zombaria. As mulheres apresentam um *ethos* menos consistente, uma vez que, segundo Bateson, suas vidas giram em torno de conseguir alimento, de criar os filhos e da "realidade". "A vida normal de uma mulher iatmul é calma e sem ostentação, enquanto a dos homens é ruidosa e ostentativa" (p. 201). Na casa cerimonial, os homens exibem suas habilidades na oratória e no espetacular; o tom dos debates, de acordo com Bateson, é ruidoso, raivoso e irônico (p. 126).

Bateson sugere que a diferença entre os sexos deve ser entendida como adquirida pela aprendizagem e pela imitação (p. 174). Na cerimônia Naven, os elementos de exagero do comportamento do *wau* são padrões de comportamento do homem iatmul comum. A explicação para isso encontra-se no conceito de *ethos*. "A tese é que quando uma cultura é considerada como um todo, certas ênfases emergem a partir da justaposição dos diversos traços que compõem a cultura." (p. 113). Essas ênfases são os sistemas de pensamento e as escalas de valores (*eidos* e *ethos*), e são inculcadas nos indivíduos por meio do que Ruth Benedict denominou de "padronização" da psicologia do indivíduo (1935).

O trabalho de Bateson apresenta uma análise muito complexa e rica da sociedade iatmul. É uma tentativa de reintroduzir, no domínio de estudo da antropologia social, a noção de afeto e o indivíduo. No entanto, ainda apresenta as fragilidades inerentes à antropologia social da época, com seu reducionismo e incapacidade de libertar-se da dicotomia entre indivíduo e sociedade, natureza e cultura. Não obstante, Bateson trata, de forma muito interessante, das tensões entre masculinidade e feminilidade em cada indivíduo. Trata-se, afinal de contas, de uma transformação da questão edípica de como um pode vir de dois (Lévi-Strauss, 1963), a questão fundamental da qual tratam os próprios psicanalistas.

Claude Lévi-Strauss

Lévi-Strauss (1908-2009) foi um dos mais importantes antropólogos de sua geração. Inaugurou o que se tornou conhecido como antropologia estrutural em sua preocupação com o universal: processos sociais e mentais básicos que foram projetados e encontraram expressão concreta nas instituições sociais. Inspirado pelas descobertas da linguística estrutural, ele destacou a relação entre os fenômenos, mais do que o fenômeno individualmente. Lévi-Strauss sugeriu que a linguística estrutural oferecia um modelo científico para a compreensão dos fenômenos sociais e dos principais aspectos da cultura, como sistemas de parentesco, organização social, magia e religião, mitos e arte.

Em seu fascinante *Mythologiques* (1964, 1966, 1968, 1971), Lévi-Strauss demonstrou que há um número limitado de estruturas e ideias nos mitos da América Latina, que são transformações um do outro, fazendo eco à ideia de Freud de que há apenas um número limitado de coisas a serem simbolizadas.

Em seu estudo dos mitos, Lévi-Strauss sugeriu que:

> *A repetição tem como função tornar a estrutura do mito manifesta. Assim, o mito exibe uma estrutura "folheada", que emerge para a superfície, por assim dizer, através da repetição. No entanto, as camadas não são rigorosamente idênticas. E, uma vez que o propósito do mito é propiciar um modelo lógico capaz de superar uma contradição . . . um número teoricamente infinito de camadas será criado, cada uma ligeiramente diferente das outras. O mito, então, cresce numa espiral até que o impulso intelectual que o produziu seja esgotado. Seu crescimento é um processo contínuo, enquanto a estrutura permanece descontínua. (Lévi-Strauss, 1963, p. 264)*[4]

4 Todas as citações desta obra foram extraídas de: Lévi-Strauss, C. (1963). *Antro-*

Mas o que confere ao mito um valor operacional é o fato de ser atemporal: "explica o passado e o presente, bem como o futuro." (p. 241).

A principal crítica de Lévi-Strauss feita a Radcliffe-Brown diz respeito à distinção entre estruturas e relações sociais:

> *O termo estrutura social não se refere à realidade empírica, mas aos modelos construídos a partir desta . . . é suficiente dizer aqui que as relações sociais são a matéria bruta para a construção dos modelos que constituem as estruturas sociais, enquanto a estrutura social não pode, de forma alguma, ser reduzida ao conjunto de relações sociais observáveis numa dada sociedade. (Lévi-Strauss, 1963, p. 315)*

Para Lévi-Strauss, o erro de Radcliffe-Brown foi equacionar as duas – estrutura e relações sociais –, reduzindo a estrutura a uma rede de relações sociais (p. 303). Cita Meyer Fortes (1949): "A estrutura não pode ser diretamente apreendida na 'realidade concreta' . . . quando descrevemos estrutura . . . estamos, por assim dizer, no reino da gramática e da sintaxe, não da língua falada" (em Lévi-Strauss, 1963, p. 304). Lévi-Strauss acrescenta a dimensão da natureza inconsciente das estruturas da vida social. Do mesmo modo que, ao falarmos, não estamos cientes de todas as regras da gramática que utilizamos, os atores sociais não estão cientes das estruturas que empregam na vida cotidiana.

Em seu *Elementary structures of kinship and marriage* (1967), Lévi-Strauss voltou à universalidade do tabu do incesto como

---

pologia estrutural. Trad. Chaim Samuel Katz e Eginardo Pires. Rev. etn. Julio Cezar Melatti. Rio de Janeiro: Tempo Brasileiro, 1975 [N.T.].

inaugurando a passagem da natureza para a cultura, instituindo a diferença entre sexos e gerações. Essa é a "regra das regras".

> *A proibição do incesto é onde a natureza transcende a si própria. Ativa a formação de um tipo novo e mais complexo de estrutura e sobrepõe-se a estruturas mais simples da vida física por meio da integração; assim como estas sobrepõem-se a estruturas ainda mais simples da vida animal. Ela traz e é em si o advento de uma nova ordem. (Lévi-Strauss, 1967, p. 25)*

É surpreendente que Lévi-Strauss transforme essa profunda concordância com Freud acerca da relevância da proibição do incesto como o organizador em todas as sociedades em um ataque brutal à psicanálise e a Freud.

Sua crítica a Freud retorna, para começar, à menção a um único "acontecimento" na história da humanidade:

> *A falha de* Totem e Tabu, *longe de ser inerente ao objetivo do autor, resulta antes de sua hesitação em se beneficiar das consequências últimas implícitas em sua premissa. Ele deveria ter percebido que os fenômenos envolvendo a estrutura mais fundamental da mente humana não poderiam ter aparecido de uma vez por todas. Eles se repetem na sua íntegra dentro de cada consciência, e a explicação relevante cai em uma ordem que transcende tanto a sucessão histórica como as correlações contemporâneas. A ontogênese não reproduz a filogênese, ou o contrário. Ambas as hipóteses levam às mesmas contradições. Pode-se falar de explicações somente quando o passado da espécie repete-se de*

> *maneira constante no drama indefinidamente multiplicado de cada pensamento individual, porque se trata ele mesmo apenas da projeção retrospectiva de uma transição que ocorreu, pois ela ocorre continuamente. (Lévi-Strauss, 1967, p. 491)*

Em princípio, poderíamos concordar com essa afirmação. Vimos como o *status* do parricídio primordial como um acontecimento real pode mesmo ser questionado; talvez seja melhor entendido como um mito derivado da vida inconsciente de cada indivíduo. Isso viria ao encontro da ideia de que "pode-se falar de explicações somente quando o passado da espécie repete-se de maneira constante no drama indefinidamente multiplicado de cada pensamento individual" (ver citação anterior), com especial referência à vida *inconsciente* de cada indivíduo.

No entanto, Lévi-Strauss se contradiz, porque se, por um lado, considera o relato como um *mito* (1967, p. 491), ele também afirma que "o assassinato do pai e o arrependimento do filho, indubitavelmente, não corresponde a um *fato* ou grupo que ocupe um lugar na história" (p. 491). Não é sua preocupação com relação ao material que ele mesmo reuniu e sobre o qual escreveu nos quatro volumes de seu *Mythologiques*; neles, ele não busca quaisquer correspondências entre os fatos etnográficos "reais" e os mitos. Lévi-Strauss prossegue: "Mas talvez eles expressem simbolicamente um sonho *antigo* e duradouro" e "Freud é bem-sucedido em analisar não a origem da civilização, mas seu estado *presente*" (p. 491). Ele termina essas poucas páginas sobre *Totem e tabu* com um ataque visceral a Freud.

Falta no trabalho de Lévi-Strauss uma compreensão de alguns conceitos psicanalíticos fundamentais, como inconsciente e repressão. Embora tenham exercido influência sobre a obra de

Lacan, as formulações de Lévi-Strauss foram rejeitadas pela maior parte dos psicanalistas franceses, os quais assinalaram que sua noção de inconsciente é a de uma estrutura vazia, destituída do movimento das pulsões.

Françoise Héritier

Não se pode pensar sobre as categorias de masculino e feminino sem mencionar o trabalho de Françoise Héritier (1933-2017), que sucedeu a Lévi-Strauss na Cadeira de Antropologia no College de France, em Paris. Seu trabalho concentra-se na exploração dos complexos sistemas de aliança encontrados nos sistemas de parentesco de algumas sociedades africanas e nas representações simbólicas do corpo. Dentro das variações de categorias presentes em cada sociedade, Héritier busca os aspectos universais presentes na relação entre os sexos (1981, 1994, 2002, 2012). Ao fazê-lo, ela segue o caminho tradicional da antropologia social francesa, que é uma marca da obra do próprio Lévi-Strauss. Segundo Héritier, as diferenças entre os corpos masculino e feminino e o papel deles na reprodução estão na base de todos os sistemas de representação, e especialmente das crenças sobre as diferenças, como quente/frio, seco/úmido, alto/baixo, superior/inferior, claro/escuro e assim por diante (2012, p. 20). Acrescenta que os sistemas binários estão na base das categorizações universais.

Ela inclui, no âmbito de seu pensamento, noções durkheimianas tradicionais sobre os humores no corpo, bem como crenças culturais na consubstancialidade de todos os membros de um mesmo clã como a origem da exogamia (Durkheim, 1898). Isso implica a crença de que os homens de um mesmo clã compartilham uma identidade, sendo o mesmo verdadeiro para as mulheres: daí a necessidade do casamento com pessoas de um outro clã.

Héritier sinaliza também que em diversas culturas homens e mulheres são percebidos como apresentando um equilíbrio diferente em termos de seus fluidos corporais. Tomando como premissa a expressão de George Picard (1993) de que "a aderência cega ao mundo" é um denominador comum das sociedades, Héritier aborda os aspectos universais em torno das noções de masculino e feminino numa variedade de sistemas de parentesco, bem como as imagens culturais presentes nessas diferenciações. Esses são constructos da cultura, e não são determinados biologicamente. Héritier sugere que a diferenciação entre masculino e feminino não deveria ser considerada apenas como uma adição aos três pilares da cultura sugeridos por Lévi-Strauss (o tabu do incesto, a divisão sexual do trabalho e uma forma reconhecida de união sexual), mas que na verdade se encontra na origem das outras três. O que é constante e universal é a desigualdade entre os sexos.

Em sua discussão sobre a diferenciação entre masculino e feminino, homem e mulher, Héritier aponta para a desigualdade universal entre ambos através das culturas. Cita um relatório das Nações Unidas, de 1995, que afirma não ter sido encontrada em nenhuma sociedade uma total igualdade entre homens e mulheres. A leitura de seus textos me fez lembrar de algo que escrevi em 1990, em meu livro *Gender and power in families*. Cito dele:

> *As diferenças de gênero são culturalmente selecionadas entre as caraterísticas biológicas e transformadas em "diferenças naturais" entre os sexos (La Fontaine, 1981, 1985). Aquilo que os ocidentais consideram como características naturais dos homens e das mulheres não são nem universais nem naturais (Mead, 1935; Rosaldo & Lamphere 1974). A literatura é abundante em exemplos que ilustram a variação dessas característi-*

> *cas "naturais". Há partes da Nova Guiné, por exemplo, onde os homens são pudicos e coquetes, preocupados com cosméticos e com a aparência, enquanto as mulheres tomam a iniciativa da corte (Rosaldo, 1974). (Perelberg, 1990, pp. 42-43)*

A literatura antropológica oferece exemplos surpreendentes tanto da diversidade da divisão das atividades sociais entre os gêneros como da forma pela qual as atividades masculinas parecem ser mais prestigiadas, mesmo em sociedades em que as mulheres conseguiram alcançar considerável poder (Rosaldo & Lamphere, 1974).

Ao escrever sobre o papel de gênero das mulheres vietnamitas, Hoskins (1976) contrastou a atitude formal, respeitosa e cerimoniosa das mulheres vietnamitas para com seus maridos e o papel desempenhado por muitas delas na direção dos negócios e finanças da família. Ambas fazem parte da definição dos papéis de gênero no Vietnã.

Em algumas partes da Nova Guiné, as mulheres plantam batata-doce e os homens cultivam inhame. Enquanto a batata-doce compõe a dieta básica, o inhame é um alimento cerimonial, distribuído nas festas. Nas Filipinas, os homens costumavam caçar em grupos, enquanto as mulheres eram responsáveis por cultivar hortas. O arroz compunha a dieta básica, mas a carne caçada pelos homens era o alimento mais valorizado (Rosaldo, 1974). Entre os tchambuli de Papua-Nova Guiné, as mulheres eram negociantes, controlavam a economia familiar, e, no entanto, os homens eram reputados como artistas e especialistas em rituais (Mead, 1935).

Para se tornar um membro respeitável da sociedade merina, em Madagascar, é preciso aprender uma forma muito específica e elaborada de oratória (*Kabary*), com um estilo fixo formal que envolve citações e provérbios (Bloch, 1975). Os homens são mestres nesse estilo formal de fala pública; as mulheres são excluídas dele. São percebidas como tendo "menos tato e sutileza do que os homens" e como incapazes de evitar expressarem seus sentimentos abertamente (Keenan, 1975, p. 94). Esses exemplos parecem muito semelhantes à muito citada distinção feita por Talcott Parsons e Robert Bales (1955) entre o papel instrumental dos homens e o papel expressivo das mulheres, em si uma afirmação ideológica acerca das expectativas de papel nas culturas ocidental.

Os termos "homem" e "mulher" são, portanto, constructos sociais que legitimam padrões de comportamento (La Fontaine, 1981). Entretanto, a maioria das sociedades – quaisquer que sejam sua organização de parentesco ou modo de subsistência – tende a conferir autoridade e valor ao papel e às atividades dos homens. A diversidade na relação entre os gêneros é moderada pelo fator comum da subordinação.

No entanto, na maioria das sociedades, os modelos populares salientam uma interação mais complexa entre os papéis masculinos e femininos. (MacCormack & Strathern, 1980). Em um trabalho posterior, sugeri que a subordinação universal das mulheres através das culturas pode ser compreendida como formas estabelecidas pelas sociedades para controlar os medos inconscientes da imago materna todo-poderosa (Perelberg, 1990, p. 42).

No que diz respeito à presente discussão sobre o complexo de Édipo e o tabu do incesto, o trabalho de Héritier entre os samo de Burkina Faso relevou o que ela designa "incesto de um segundo tipo". Este refere-se à "relação que une dois consanguíneos do mesmo sexo [como irmão/irmão; irmã/irmã; pai/filho] que compartilham o mesmo parceiro sexual" (1979, p. 219; ver também Héritier, 2012, p. 11). A noção de incesto de um segundo tipo baseia-se na premissa, acima mencionada, de Durkheim da consubstanciação e circulação de fluidos de um corpo para outro. De acordo com Héritier, os dois tipos de incestos estão sempre presentes. Assim, se Édipo está em uma relação incestuosa com a própria mãe (primeiro tipo de incesto), estaria também em uma relação incestuosa com o próprio pai, porque ambos, pai e filho, têm Jocasta como parceira (incesto do segundo tipo). Essa sugestão destaca a dimensão homossexual latente presente nas relações incestuosas aparentemente heterossexuais (p. 13).

Héritier sugere que o incesto do segundo tipo pode ser considerado mais danoso que o do primeiro tipo. A teoria do compartilhamento de substâncias entre parentes do mesmo sexo, como pai e filho, explicaria por que a união entre um homem e a mulher do seu filho é considerada, em muitas culturas (por exemplo, entre os nuer, estudados por Evans-Pritchard, 1974, pp. 13-14), como mais prejudicial que a relação sexual entre pai e filha. Héritier acredita que algumas dessas noções estão presentes nas sociedades ocidentais, e oferece vários exemplos de tipos de casamentos até recentemente proibidos na Grã-Bretanha. Até 1949, por exemplo, um homem não poderia casar-se com a mulher do seu filho ou a mulher do seu irmão. A lista de casamentos proibidos por lei é uma leitura reveladora e dá acesso a crenças culturais subjacentes aos sistemas de parentesco na Grã-Bretanha.[5] O dicionário *Le Grand Litré* define incesto como uma ligação ilícita entre pessoas ligadas de uma forma proibida pela lei. Assim, essa definição enfatiza as dimensões sociais e legais daquilo que é considerado como incesto.

5 Ver, por exemplo, uma lista dos casamentos proibidos na Grã-Bretanha ao longo dos tempos pelas Marriage Laws em www.genetic-genealogy.co.uk/Toc115570145 (leis datando de 1560, vigentes até o século XX sem alterações). Para a lista atual de categorias proibidas, ver https://en.wikipedia.org/wiki/Prohibited_degree_of_kinship.

Fatos ou mitos?

Uma análise dos principais debates entre antropólogos e psicanalistas sobre a universalidade do complexo de Édipo ilustra que no campo da própria antropologia social existem aqueles que se posicionam do lado do relativismo cultural (como Evans-Pritchard, Kroeber e Malinowski) e outros que tenderam a pontuar a universalidade existente através das culturas (como Lévi-Strauss, Róheim e Héritier). Os próprios antropólogos sociais colocam um problema filosófico central: como podemos compreender as crenças e rituais de outras culturas? A língua de uma cultura pode ser traduzida para a língua de outra? Numa palestra no Malinowski Memorial, em 1976, Bloch assinalou a importância crucial de se diferenciar os relatos míticos, por um lado, e o conhecimento derivado das tarefas cotidianas, por outro (Bloch, 1977).

Talvez Freud tenha sido responsável por obscurecer as duas camadas, ao referir-se, pelo menos quatro vezes, em *Totem e Tabu*, ao parricídio como um *acontecimento* que ocorreu no passado, como a seguir:

> *Havia também uma tentativa de justificação no totemismo. "Se o pai nos tivesse tratado como o totem, nós jamais teríamos caído na tentação de matá-lo". Desse modo, o totemismo contribuiu para atenuar as coisas e fazer esquecer o* acontecimento *ao qual devia a sua gênese.*
>
> *Nisso criaram-se características que foram determinantes para a natureza da religião. A religião totêmica desenvolveu-se a partir da consciência de culpa dos filhos, como tentativa de acalmar esse sentimento e de apaziguar o pai ofendido, mediante a obediência a*

> *posteriori. Todas as religiões subsequentes mostram-se como tentativas de solução do mesmo problema, que variam conforme o estágio cultural em que são empreendidas e os caminhos que tomam, mas são todas reações, partilhando uma só meta, ao mesmo* grande evento, *com que teve início a cultura e que, desde então, não permitiu que a humanidade sossegasse. (Freud, 1912-1913, p. 221, grifos meus)*

E:

> *Assim, a lembrança do primeiro grande ato sacrificial resultou ser indestrutível, apesar de todos os esforços para esquecê-la, e, justamente quando mais se buscou distância dos motivos que levaram a ele, era inevitável surgir uma repetição inalterada, na forma do sacrifício do deus. Não preciso assinalar os desenvolvimentos do pensamento religioso que, como racionalização, tornaram possível esse retorno. Robertson Smith, que está longe de relacionar o sacrifício àquele grande evento da pré-história humana, como fazemos, diz que as cerimônias das festas em que os antigos semitas celebravam a morte de um deus eram interpretadas como* "commemoration of a mythical tragedy" *[comemoração de uma tragédia mítica] [Smith, 1894, p. 212]. (Freud, 1912-1913, pp. 230-231)*

E:

> *Um* evento *como a eliminação do pai pelo bando de irmãos tinha de deixar traços indeléveis na história da*

> *humanidade e achar expressão em numerosos substitutos, tanto mais numerosos quanto menos ele mesmo era lembrado. Fugirei à tentação de evidenciar esses traços na mitologia, onde não é difícil encontrá-los, e me voltarei para outro âmbito, seguindo uma indicação de S. Reinach, num ótimo ensaio sobre a morte de Orfeu. (Freud, 1912-1913, pp. 235-236, grifos meus)*

Todos esses trechos se contrapõem à carta de Freud a Fliess de 12 de dezembro, na qual dá destaque a suas mitologias (1897b). Esta questão – estaria Freud se referindo a fatos ou mitos – permeia toda sua obra, em muitos níveis: eu incluo aqui suas referências à ontogênese repetindo a filogênese, ou ao *status* das fantasias primitivas. Seriam estas atos ou mitos e fantasias preexistentes à história atual do indivíduo? Como discuti no Capítulo 1, Green sugeriu a noção de *disposição para re-adquirir*. As fantasias primitivas são re-atualizadas por meio da experiência individual (Green, 2002b).

De acordo com Jones, Freud utiliza aspectos de outras ciências para desenvolver suas próprias ideias. Assim, usa ideias de Lamarck não porque não conheça os escritos de Darwin, mas porque essas ideias prestam-se como metáforas para seus próprios escritos.

Se, no entanto, considerarmos que *Totem e tabu* constrói um relato mítico da origem das culturas, essa perspectiva o tornaria semelhante a outros mitos de origens que oferecem relatos que expressam conflitos inconscientes fundamentais. Essa explicação dá conta da necessidade de Malinowski, e mesmo de Lévi-Strauss, de investigar se esse ato inaugural de fato ocorreu. As teorias antropológicas sobre os mitos os compreendem como oferecendo narrativas que tentam responder a questões que toda cultura se coloca sobre suas origens e a relação entre gêneros e gerações.

No entanto, esses questionamentos são, em grande parte, *inconscientes*. A natureza infantil inconsciente da sexualidade é excluída do campo de consideração pelos antropólogos sociais.

No Capítulo 1, vimos como Maurice Godelier começou um debate tanto com Lévi-Strauss como com Freud porque considerava o tabu do incesto uma consequência, não a causa, da instituição das regras de troca e exogamia. Afirmou que, uma vez que a sexualidade se torna uma fonte de potencial desordem social, o tabu do incesto cria relacionamentos de solidariedade e possibilita o alcance de metas sociais.

Em 2009, o psicanalista francês Eric Smadja publicou um importante livro sobre a relação entre psicanálise e antropologia em relação ao complexo de Édipo. Faz uma revisão da literatura antropológica sobre o debate nos Estados Unidos, Inglaterra e França. Nesse livro e num artigo subsequente de 2012 publicado no *International Journal of Psychoanalysis*, Smadja sugere que a publicação de *Totem e tabu* foi um "evento traumático" na história da relação entre as duas disciplinas.

A psicanálise faz sua aparição num momento em que a antropologia busca uma nova identidade e tenta se desvincular dos modelos evolucionistas. A psicanálise parecia, de diversas formas, oferecer um modo de pensamento semelhante ao do evolucionismo em sua crença na unidade da mente humana e em sua perspectiva da história humana como inexoravelmente uniforme.

Smadja vê o debate entre Jones e Malinowski da seguinte forma:

> *Inicialmente, Malinowski adotou uma abordagem etnológica do complexo de Édipo, baseado em observação fenomenológica, depois fez uma "redução" do complexo ao levar em consideração o do menino em sua*

forma exclusivamente positiva e direta, deixando de lado a forma invertida e negativa do da menina. Ademais, o relacionamento de rivalidade entre pai e filho fundar-se-ia na autoridade do primeiro, e não no fato de que é ele, de modo exclusivo, que "possui e usufrui do corpo da mãe". (Smadja, 2011, p. 903)

Smadja sugere que Malinowski "biologizou" esse conceito psicanalítico nuclear (interpretando-o como um atributo da "natureza humana"), então "o relativizou" e finalmente:

. . . o estabeleceu como um "complexo familiar nuclear" sujeito a, e determinado pela, organização familiar característica de cada cultura. Então, o grande mérito de Freud foi o de ter descoberto o complexo familiar nuclear das famílias patriarcais, e Malinowski o descobriu nas sociedades matriarcais! Além disso, ele descobriu a correlação fundamental entre o complexo nuclear e o tipo de estrutura familiar ligado a uma determinada organização social – isto é, sua relatividade sociocultural. Sua autoridade etnográfica permitiu-lhe impor suas teses relativistas, das quais os antropólogos viriam a se apropriar por várias razões, transformando, no processo, o complexo de Édipo de um complexo "biocomportamental" considerado um atributo da natureza humana em uma "formação social" normal . . . assim Malinowski havia respondido à questão de seu professor, Seligman, e ao fazê-lo invalidou a tese psicanalítica central, a da universalidade do complexo de Édipo; ele também descobriu e estabeleceu o relativismo cultural. A partir de então, a identidade de cada

> *uma das duas disciplinas estabeleceu-se e se caracterizaria por certos traços duradouros ao longo do tempo. (Smadja, 2011, pp. 993-994).*

Smadja assinala que os antropólogos da época simplificaram a psicanálise e suas descobertas, e desconsideraram "a própria fonte de sua investigação, que é a investigação clínica, o domínio específico dos psicanalistas, o ponto de encontro entre a pluralidade dos impulsos e das fantasias inconscientes dos pacientes e a diversidade de crenças, costumes e instituições dos povos" (p. 996). Smadja enfatiza que os conceitos psicanalíticos não podem ser "observáveis no trabalho de campo" (p. 1000) e propõe uma interpretação psicanalítica para a discussão.

Georges Devereux (1908-1985) foi um etnólogo e psicanalista franco-americano, nascido na Hungria. Começou seus estudos em física e química na França e depois fez um doutorado com Kroeber, estudando a tribo mohave, nos Estados Unidos. O interesse deles por seus próprios sonhos levou-o a descobrir o trabalho de Freud e posteriormente à formação em psicanálise na Menninger Clinic. Tornou-se membro da American Psychoanalytic Association e da Société Psychanalytique de Paris.

O trabalho de Devereux estende-se dos anos 1930 aos 1970; ele não considerava a cultura como um sistema reificado que se coloca acima do indivíduo, portanto suas formulações ultrapassam a dicotomia entre indivíduo e sociedade. Acompanhando Poincaré, Devereux sugeriu que se é possível explicar um fenômeno de uma determinada forma, certamente é também possível explicá-lo de diversas outras. É o que ele designa de "discurso duplo" com base na ideia de que são necessárias molduras "complementares" de referência para explicar os fenômenos. Para Devereux (1978, pp. 2-3), não se trata de explicação interdisciplinar, já que ele sugere que um sistema de explicação não pode nunca ser reduzido a outro.

Na sua discussão com Malinowski acerca da universalidade do complexo de Édipo, Devereux assinalou que Malinowski foi capaz de iluminar o fato de que o triângulo edípico não precisa ser a unidade biológica de pai, mãe e filho, porque nas sociedades matrilineares, por exemplo, o pai pode ser substituído pelo irmão da mãe. Assim, Malinowski não teria desafiado a universalidade do complexo de Édipo, mas apenas assinalado que este pode aparecer em configurações diferentes. Devereux sugeriu que se fosse possível fazer um levantamento exaustivo de todos os tipos de cultura conhecidos, se chegaria à mesma lista de pulsões, desejos e fantasias obtida pela psicanálise.

Na introdução a uma compilação de artigos dedicada à obra de Devereux, Heald, Deluz e Jacopin sugerem que enquanto a psicanálise nos Estados Unidos enfatizava a natureza e a estrutura do ego, a psicanálise britânica enfatizava o supereu, e a francesa o inconsciente (Heald, Deluz & Jacopin, 1994, p. 4). Recordamos que Lévi-Strauss colocou seu foco nas "estruturas inconscientes" (1967), como Sapir nos "modelos inconscientes" (1967). Heald e colegas sugerem que nos Estados Unidos a psicanálise exerceu maior influência, talvez por ser sintônica com a cultura americana, que enfatiza a liberdade individual; entretanto, sugerem eles, ao fazê-lo, a antropologia americana "subestimou os aspectos trágicos da visão freudiana, associados às forças do id, do inconsciente e das estruturas conflitivas do *self*" (Heald et al., 1994, p. 4). Portanto, Margaret Mead (1930a, 1930b, 1949a, 1949b), Ruth Benedict (1935) e a Escola da Personalidade e da Cultura enfatizaram a plasticidade dos indivíduos; o otimismo característico da cultura americana levou à aceitação de uma determinada ênfase na antropologia.

Heald e colegas identificam três posições básicas no que se refere à importância da psicanálise para a antropologia:

1. A primeira posição é a dos complementaristas - aqueles que, seguindo Devereux, oferecem diferentes tipos de *insight* para os fenômenos investigados.
2. A segunda posição é baseada em uma perspectiva lacaniana e tem como objetivo trabalhar na direção de uma análise unificada da cultura.
3. A terceira perspectiva é aquela na qual os antropólogos experimentam interpretações etnopsicanalíticas dos seus dados (Heald et al., 1994, p. 14).

Algumas vezes, esses autores tendem eles mesmos a tomar o material etnográfico "literalmente" e a basear suas formulações em interpretações nativas *conscientes*, não se dando conta de que os próprios rituais são derivados também de processos inconscientes de elaboração das contradições e tensões no interior da sociedade em uma tentativa de oferecer soluções "narrativas", como mencionei anteriormente. Meu interesse se volta especificamente para o desafio de interpretações monolíticas dos fenômenos, para as ideias que brotam de noções antropológicas do *self* como sendo socialmente construído (ver Perelberg, 1996).

Em seu debate com Leach (1972), Bott formulou a seguinte questão:

> *Uma formulação estruturalista pode ser provada ou refutada mais prontamente do que uma psicanalítica ou funcionalista? Duvido. São tantas as equivalências passíveis de serem estabelecidas que podemos chegar a uma gama considerável de interpretações possíveis, e*

> *a escolha entre uma ou outra depende tanto do "sentimento"* [feel] *quanto da lógica. (Bott, 1972, p. 280)*

Nem a antropologia, nem a psicanálise podem ser reduzidas uma à outra: cada uma delas tem uma perspectiva diferente a oferecer. Retornamos, portanto, ao ponto de vista de Devereux de que antropologia e psicanálise são disciplinas complementares e não podem ser sobrepostas. Minha opinião é a de que é necessário que novos conceitos sejam acrescentados aos psicanalíticos quando nos movemos da esfera individual para a social.

6. A função estruturante do complexo de Édipo

Os antropólogos sociais focalizaram sua atenção na "regra das regras", a regra do incesto, que separa natureza e cultura. O tabu do incesto, em sua função estruturante, organiza cada sociedade ao longo de linhas de gênero e geração. A partir de então, os antropólogos fazem uma distinção entre aquilo que é transmitido pelas linhas matrilinear e patrilinear, entre os papéis do pai, da mãe e do irmão da mãe na estrutura familiar. Neste capítulo retornarei a alguns pontos de referência nos debates entre os próprios psicanalistas a fim de salientar como ambas as disciplinas estão lidando com questões semelhantes e universais.

Embora não exista um artigo único no qual Freud delineie o panorama completo de sua conceitualização do complexo de Édipo, este é um tópico que permeia toda sua obra (ver Capítulo 1). Não podemos deixar de nos surpreender com o longo caminho percorrido por Freud na sua descoberta das dimensões completas do complexo de Édipo, desde *A interpretação dos sonhos* (1900) até *Três ensaios sobre a teoria da sexualidade* (1905b), *Totem e tabu* (1912-1913) e "Análise terminável e interminável" (1937). Os ensaios "sociológicos", como *Totem e tabu* e *Psicologia das massas e análise do eu* (1921), bem como "O futuro de uma ilusão" (1927) e *Moisés e o monoteísmo* (1939), desempenham importante papel em seu percurso, um vez que Freud não apenas considerava o complexo de Édipo e a instituição progressiva da função paterna em termos do indivíduo, mas também estava especificamente interessado no seu papel na cultura. Foram necessários 26 anos, entre sua carta a Fliess de 31 de maio de 1897 e "A organização genital infantil" e "A dissolução do complexo de Édipo", de 1923 e 1924, respectivamente, para que Freud formulasse sua teoria.

O complexo de Édipo constitui a primeira estrutura simbólica, básica, e inclui uma rede de conceitos como o assassinato do pai, identificação e supereu, o estabelecimento do ideal do eu, complexo de castração, de-sexualização e sublimação (como demonstrado no Capítulo 1; Green, 1992, 2004; ver também Kohon, 2005b). O complexo de Édipo retraduz, retrospectivamente, experiências anteriores nos termos do *après-coup* (Perelberg, 2006). Gostaria agora de acompanhar os passos que foram necessários para Freud na elaboração do complexo de Édipo, e também rever alguns dos conceitos-chave que compõem o complexo de Édipo para a psicanálise. A seguir, tomo algumas de suas características – a interação entre identificações femininas e masculinas em relação à cena primária, a estrutura pré-edípica, a fase do espelho, o papel estruturante do falo, o complexo de castração, o supereu e a sexualidade como traumática – a fim de indicar como esses diferentes elementos em conjunto configuram uma estrutura nas formulações de Freud. Faço também uma reflexão sobre a universalidade de algumas dessas questões centrais.

O desenvolvimento em Freud: psicossexualidade

Desde seus primórdios, a psicanálise sustenta que a realidade psíquica do sexo precisa ser diferenciada de sua realidade anatômica. Em seus *Três ensaios sobre a teoria da sexualidade* (1905b), Freud sugeriu que não há uma correlação direta entre biologia e psicologia. Homens e mulheres não são fisicamente ou socialmente "feitos" como masculinos ou femininos, mas assim se tornam. O conceito de sexualidade de Freud não se refere a um âmbito biológico ou interpessoal, mas está vinculado aos aspectos inconscientes destes.

Inicialmente, no entanto, Freud assumiu uma simetria no desenvolvimento do que chamou de complexo de Édipo. Os meninos amam suas mães e têm sentimentos assassinos e de rivalidade em relação a seus pais; as meninas desejam os pais e sentem ciúmes das mães. Até aquele momento, Freud era ainda um "empirista vulgar" (Laplanche, 1980, p. 81). Em um ensaio escrito em 1925, Freud diferenciou a história psicossexual dos meninos e das meninas. Até então, o menino fora o modelo para sua teoria, mas agora Freud reconhecia a importância da fase pré-edípica, na qual meninos e meninas compartilham de ambos os atributos, femininos e masculinos. Tanto os bebês meninos como as bebês meninas amam a mãe, e ambos precisam renunciar a ela em favor do pai. A menina move-se do amor pela mãe para o amor pelo pai, enquanto o menino abre mão da mãe compreendendo que mais tarde terá sua própria mulher. Neste modelo, os meninos identificam-se com o pai à medida que se estabelece sua identidade masculina, e o menininho aprende seu papel como o herdeiro do pai. A menininha, por outro lado, precisa identificar-se com a mãe e ao mesmo tempo abandoná-la como objeto de amor, voltando-se então para o pai. Para Freud, esse afastamento da mãe baseia-se na frustração e na desilusão de que menininha não é capaz de satisfazer sua mãe; é também acompanhada de hostilidade.

A importância da relação pré-edípica com a mãe foi discutida mais extensamente desde os tempos de Freud (por exemplo, Brunswick, 1940; Chasseguet-Smirgel, 1970, 1985; Deutsch, 1925, 1930; McDougall, 1970). O interesse pela natureza da identidade feminina pode ser encontrado na obra de Ethel Person, Irene Fast e Jesssica Benjamin, nos Estados Unidos, bem como nos trabalhos de Janine Chasseguet-Smirgel, C. Luquet-Parat, Maria Torok e Joyce McDougall, na França. As crianças de ambos os sexos têm a vivência do caráter poderoso da imago materna. Ambos, meninos e meninas, querem ser o objeto do desejo da mãe, e ambos gostariam de dar a ela um bebê. Chasseguet-Smirgel descreveu como a menininha, ao se voltar para o pai, precisa idealizá-lo e reprimir os instintos agressivos direcionados a ele.

Durante este estágio inicial, a bissexualidade é característica de ambos os sexos. O que, então, é reprimido na fase edípica? Freud oscilou entre duas hipóteses no corpo principal de sua obra. De acordo com a primeira hipótese, o núcleo do Inconsciente, do reprimido, é o lado que pertence ao sexo oposto. De acordo com a segunda, ambos os sexos "repudiam a feminilidade" (Freud, 1937), fenômeno que é um elemento essencial da assimetria entre os sexos. Este repúdio é, segundo Freud, o alicerce da psicanálise e parte do grande enigma do sexo (1937). É parte do domínio do que é inanalisável para Freud. Esta é uma afirmação misteriosa, fonte de muitos debates, especialmente na França. O que Freud quis dizer? Alguns autores sugeriram que o repúdio à feminilidade é o repúdio à posição passiva da criança em relação à mãe quando o bebê é tão dependente dela. André Green sugeriu uma distinção entre passividade e passivação. Essa última diz respeito a uma posição de passividade em relação aos cuidados maternos;

considera-a como um requisito crucial para o processo analítico; "A cura psicanalítica não é possível sem essa passivação confiante, na qual o analisando entrega-se aos cuidados analíticos" (Green, 1986b, p. 248),[1] em uma transformação da maneira como o bebê confia nos cuidados maternos.

Ao longo de sua obra, Freud equacionou feminilidade com passividade, embora tenha tido o cuidado de assinalar, consistentemente, que se referia à feminilidade em ambos os sexos. Sugeri (Perelberg, 2003) que a passividade está ligada (em termos do *après-coup*) a uma "fantasia" de uma posição específica relativa à cena primária. Em contrapartida, "receptividade" implica atividade por parte de Eros e contrasta com o que chamei de "falta de reciprocidade",[2] que representa um distanciamento do objeto. A recusa da feminilidade representa, em última instância, a recusa das diferenças entre os sexos e as gerações em uma tentativa de se ater à posição fálica (Perelberg, 2003).

Masculinidade e feminilidade

As noções de identificação e de complexo paterno aparecem muito cedo, em uma carta de Freud a Fliess em maio de 1897, como um "modo de pensar" sobre um objeto (Freud, 1897a).

---

1 Chasseguet-Smirgel sugeriu que feminilidade representa receptividade (1970, 1976). Em vários artigos, alguns publicados outros não, Eglé Laufer abordou a questão das identificações ativa e passiva e a relação com o corpo na adolescência.

2 Lévi-Strauss sugeriu que a "reciprocidade" é a marca distintiva da ordem cultural (1967). Ao proibir a endogamia, o tabu do incesto inaugura um sistema de troca e reciprocidade, instituindo a distinção entre gêneros e gerações, bem como o contato com o mundo externo. Em termos psicanalíticos, estaríamos nos referindo à distinção entre estruturas narcísicas e estruturas que contêm uma constelação edípica triádica.

A oposição entre masculinidade e feminilidade não é apresentada como um *fait accompli* para a criança. O indivíduo não nasce, mas se constitui por meio da diferenciação sexual (Freud, 1933a). Há também fluidez entre ambas:

> *Mas a essência do que é chamado de "masculino" ou "feminino", no sentido convencional ou no biológico, a psicanálise não pode esclarecer; ela adota os dois conceitos e os toma por base de seus trabalhos. Se procura examiná-los mais, a masculinidade se dissolve em atividade e a feminilidade, em passividade, o que é pouco. (Freud, 1920c, p. 149)*

Chasseguet-Smirgel (1986, p. 40) concorda que masculinidade e feminilidade nunca aparecem na forma pura, mas uma precisa da outra para se expressar. Birksted-Breen (1993) assinala que Freud sinaliza que "se tentarmos captar a natureza de masculinidade e feminilidade, percebemos que perdemos o foco, que não se pode compreendê-la" (p. 4). Ela sugere que "a teoria de Freud se ocupa mais do movimento . . . do que com categorizações".

Minsky (1995) também salientou que Freud percebe a "identidade como sempre dividida, instável e precarizada por um inconsciente potencialmente subversivo" (p. 2). Minsky sugere que a teoria das relações de objeto vê a identidade como "capaz de tornar-se unificada, estável e autêntica".

Embora possa-se sugerir que o interjogo entre as identificações masculina e feminina está presente em todos os casos clínicos de Freud – Dora (1905a), Pequeno Hans (1909a), o Homem dos Ratos (1909b), o Homem dos Lobos (1918), um caso de homossexualidade feminina (1920c), Schreber (1911) – é com o caso do

Homem dos Lobos que será feita, de forma mais explícita, a ligação específica entre a fluidez das identificações em conexão com a cena primária.

> *Durante o sonho ele atingiu uma nova fase de sua organização sexual. Até então os opostos sexuais haviam sido, para ele,* ativo e passivo. *Desde a sedução a sua meta sexual era passiva, ser tocado nos genitais, e transformou-se então, pela regressão ao estágio anterior da organização sádico-anal, em masoquista, ser castigado, golpeado. Era-lhe indiferente se essa meta seria alcançada com o homem ou com a mulher. Sem considerar a diferença de sexo ele havia passado da Nânia para o pai, havia solicitado da Nânia que tocasse no seu membro, e tinha desejado provocar o castigo do pai. Os genitais não eram levados em conta; era na fantasia de ser golpeado no pênis que ainda se expressava o nexo oculto pela regressão. Agora a ativação da cena primária no sonho o levava de volta à organização genital. Ele descobriu a vagina e a significação biológica de masculino e feminino. Compreendeu que ativo era igual masculino, e passivo a feminino. Sua meta sexual passiva tinha agora que se transformar em feminina e adotar a expressão "ser possuído pelo pai", em vez de "ser golpeado por ele no órgão genital ou nas nádegas". Essa meta feminina sucumbia agora à repressão e era obrigada a ser substituída pela angústia diante do lobo. (Freud, 1918, pp. 64-65)*

E:

> *Sob a influência da cena primária, revelou-se para ele o nexo segundo o qual a mãe tinha adoecido daquilo que o pai lhe fizera, e sua angústia de ter sangue nas fezes, de ser tão doente como a mãe, era o repúdio da identificação com a mãe naquela cena sexual, a mesma recusa com que despertara do sonho. Mas a angústia era também a prova de que na posterior elaboração da cena primária ele se pusera no lugar da mãe, invejando-lhe essa relação com o pai. O órgão em que se podia manifestar a identificação com a mulher, a atitude passiva homossexual diante do homem, era a zona anal. As perturbações na função dessa zona tinham agora o significado de impulsos de ternura femininos, e o conservaram também durante a doença posterior. (Freud, 1918, pp. 104-105)*

Neste capítulo relaciono o interjogo de identificações à teoria da bissexualidade inata de Freud. Um certo grau de fluidez entre as identificações masculina e feminina é necessário para o desenvolvimento psíquico e é uma característica humana universal; é o que caracteriza a *bissexualidade psíquica* (ver David, 1973), em contraposição à *fantasia de ser bissexual*, que corresponde à posição fálica (ver o que se segue) e a uma negação da diferença.

O pré-edípico

Foram necessários uns bons anos para Freud descobrir a ligação pré-edípica, apaixonada, das crianças de ambos os sexos com a mãe. Ele equiparou essa formulação à descoberta da civilização minoica-micênica, precursora da grega:

> *Tudo, no âmbito dessa primeira ligação com a mãe, pareceu-me bastante difícil de apreender analiticamente, bastante remoto, penumbroso, quase impossível de ser vivificado, como se tivesse sucumbido a uma repressão particularmente implacável. Mas talvez essa impressão me viesse do fato de que as mulheres podiam se apegar, na análise comigo, à mesma ligação ao pai em que haviam se refugiado após a fase anterior em questão. Parece, de fato, que analistas mulheres, como Jeanne Lampl-de Groot e Helene Deutsch, puderam perceber esses fatos com maior facilidade e nitidez, pois tiveram o auxílio da transferência para um substituto materno adequado, nas pacientes sob seu tratamento. Não consegui penetrar inteiramente nenhum caso, por isso me limitarei a expor os resultados mais gerais e a oferecer alguns exemplos de minhas novas percepções. Uma delas é que a fase de ligação com a mãe pode ter uma relação particularmente íntima com a etiologia da histeria, o que não deve surpreender se consideramos que as duas, tanto a fase como a neurose, estão entre as características especiais da feminilidade, e, além disso, que nessa dependência da mãe se acha o gérmen da paranoia posterior da mulher. Pois este parece ser o medo – surpreendente, mas regularmente encontrado – de ser morta (devorada?) pela mãe. É plausível supor que este medo corresponda a uma hostilidade que na criança se desenvolve em relação à mãe, em consequência das muitas restrições envolvidas*

> *na educação e no cuidado corporal, e que o mecanismo da projeção seja favorecido pela pouca idade da organização psíquica. (Freud, 1931, pp. 374-375)*

As ideias de Freud sobre o período pré-edípico contêm certa ambiguidade no que diz respeito à "presença" do pai. Em alguns momentos ele parece indicar que nesse período o relacionamento é diádico, uma relação exclusiva entre o bebê e a mãe: "um ser humano tem originalmente dois objetos sexuais – ele mesmo e a mulher o nutre" (Freud, 1914). Em alguns outros textos, no entanto, Freud faz referência ao pai da pré-história pessoal (1923a). Na fase pré-edípica, a mãe é a primeira sedutora da criança. Nos cuidados com o corpo que oferece inaugura o erotismo que irá se tornar o protótipo de toda troca erótica futura.

Kristeva descreve o pré-edípico como um jogo de ritmos corporais e trocas pré-linguísticas entre o bebê e a mãe: é o reino do semiótico. Refere-se ao que Platão, no *Timaeus*, denominou de *chora* – o campo do espaço corporal indiferenciado compartilhado pela mãe e pela criança. Com o complexo de Édipo, o simbólico – a esfera dos textos unificados, das representações culturais e do conhecimento – é dominante. Entretanto, essa distinção entre o semiótico e o simbólico é *retrospectiva*, pois é só por intermédio do simbólico que se pode ter acesso ao semiótico. Para Kristeva, a subjetividade funda-se na repressão constitutiva do materno, do *chora*, do semiótico, do abjeto (estados liminares, como a gravidez).

Kristeva sugere uma fase edípica de dupla face para a menina: "Édipo 1" refere-se tanto a meninos como a meninas, no qual é dominante o desejo pela mãe, antes de haver uma mudança de objeto, da parte da menina, para o pai:

> *Masturbação, desejo incestuoso pela mãe: eis o primeiro aspecto do complexo de Édipo (chamarei de Édipo 1) que estruturalmente define a menina, bem como o menino, antes dela chegar ao Édipo 2, que faz com que ela mude de objetos (o pai no lugar da mãe). No entanto, começando por esse estruturante (Édipo 1), há diferenças entre o falicismo da menina e do menino. (Kristeva, 2000, p. 99)*

Nos textos das feministas francesas encontramos uma busca profunda pela multiplicidade que caracteriza a feminilidade (oposta à masculinidade), que pode ser expressa numa linguagem que, em si mesma, tenta capturar o feminino. Paradoxalmente, somos remetidos ao pensamento de Freud sobre a histeria. Os sintomas da primeira paciente da psicanálise, Anna O., incluíam mutismo, paralisia, "perda da noção de tempo" e lapsos de memória (Freud, 1893), todos manifestações de interrupções na esfera de uma realidade que está sendo negada. A psicanálise indica que a sexualidade é criada por meio da divisão e da descontinuidade, embora a feminilidade seja o lado que tanto representa como tende a ser representada como o negativo (da masculinidade; Perelberg, 1999b).

Winnicott acreditava em um estágio de identidade primária entre a menininha e sua mãe (1971, pp. 80-81). Para Winnicott, o desenvolvimento afetivo precisa incluir os afetos da mãe e sua capacidade de tolerar, amparar e transmitir mensagens afetivas ao bebê de uma forma que permita ao bebê integrá-las. Winnicott postula uma identificação primária com a mãe por parte de ambos os sexos. Nos primeiros anos, é a mãe que proporciona ao bebê um ambiente reflexivo e continente que permita ao bebê continuar a viver. Quando essa contenção não acontece, o funcionamento mental e emocional não é facilitado e o desenvolvimento das relações internas entre sujeito e objeto é detido.

Kestenberg (1968) propôs uma distinção entre configurações anatômicas "internas" e "externas" e as fantasias associadas. A representação de seus genitais pela menininha como um espaço interno tem um impacto na experiência de sua feminilidade. As ideias de Kestenberg têm exercido grande influência entre os analistas franceses, que apontaram a importância da *construção* de um espaço interno na sequência do desenvolvimento da mulher, desde existir dentro do útero, ser envolvida pelos braços da mãe, até a construção de um espaço interno potencial da boca ao ânus e finalmente à vagina, levando finalmente ao espaço interno real do útero da mulher na gravidez e sua externalização durante o parto (Brierley, 1932; Kristeva, 1995; Cournut-Janin, 1998; Perelberg, 1998). Os três orifícios (boca, ânus e vagina), bem como a superfície sensória da pele, servindo de divisa, compõem as maneiras pelas quais as mulheres progressivamente experimentam o espaço interno (ver também Chasseguet-Smirgel, 1976).

Monique Cournut-Janin e Jean Cournut (1993) referiram-se a um tipo de transferência que surge na análise de mulheres como uma memória arcaica da imago materna que dá a impressão de que o trabalho analítico encontra "corpos mortos", os restos de uma batalha mortífera.

Monique Cournut-Janin sugeriu, ademais, que o conflito pré-edípico na menininha é tingido pelas aspirações inconscientes pré-edípicas e edípicas da própria mãe, seu próprio desejo de devorar e incorporar os objetos que ela própria investiu como um bebê. Essa "voracidade incorporadora – oral, anal, amorosa, ciumenta, porém odiosa também" é parte do inconsciente da mãe e leva à proibição materna do incesto (2010, p. 246). A mãe transmite para seus filhos de ambos os sexos desejo e proibição.

Essa autora distinguiu entre "o feminino" e "feminilidade". "Feminilidade é aquilo que a mulher exibe – atraente nas suas roupas, maquiagem, tudo o que a torna bela . . . e desvia o olhar de seus órgãos genitais"... – "a feminilidade é um disfarce", nas palavras de Joan Riviere (1929). A feminilidade, exibida em todo o corpo, é o que o homem primeiramente encontra, escondendo o órgão feminino, sinal da castração e do *feminino* que o levaria a fugir em angústia. Aqui ela apresenta o exemplo da análise de Freud da *Gradiva* de Jensen. Gradiva "a mais feminina das mulheres apresentadas na obra de Freud" (Cournut-Janin, 2010, p. 635), simultaneamente revela e esconde: "uma jovem mulher andando; ela ergue um pouco seu vestido drapejado, de modo que seus pés ficam visíveis nas sandálias. Um dos pés se apoia inteiramente no chão, enquanto o outro se acha dobrado, tocando o solo apenas com os dedos, tendo a planta e o tornozelo quase a prumo" (Freud, 1907, pp. 18-19).

Para Cournut-Janin, é o conjunto do corpo do bebê do sexo feminino que é investido, pela mãe, como fálico, devendo os genitais femininos permanecer invisíveis. "É *no investimento do corpo inteiro da menininha que o investimento preciso de seus órgãos genitais pode ser reconhecido, deslocado e reprimido*" (2010, p. 634, grifos do original). A mãe encoraja e induz a menina para a "feminilidade" a fim de colocá-la sob a égide protetora do pai. A feminilidade também tem uma função defensiva – tanto contra o desejo feminino de incorporação como contra a angústia de castração do homem.

Isso nos lembra Freud olhando para dentro da garganta de Irma da seguinte forma:

> *Há aqui uma terrível descoberta, aquela da carne nunca vista, a fundação das coisas, o outro lado da cabeça, do rosto, as glândulas secretoras* par excellence, *a carne da qual tudo exala, no coração do mistério, a carne*

> *na medida em que está em sofrimento, é disforme, na medida em que sua forma é, em si, algo que provoca angústia. (Lacan, 1954-1955, p. 154)*

Diversos autores expressaram a experiência de que o encontro com o feminino em uma análise pode ser uma viagem àquilo que caracteriza o próprio inconsciente: ruptura, descontinuidade e incoerência (por exemplo, Abraham & Torok, 1994). Sugeri, em uma série de artigos, que a transferência para uma analista mulher possibilita que uma identificação com uma imago materna primitiva emerja mais vividamente na transferência (1998a, 1998b, 2009b, 2009c, 2011b; ver também Kohon, 2010). A internalização do corpo da mãe, requisito para o desenvolvimento de uma mulher, pode adquirir qualidades assustadoras. O corpo e a sexualidade da mãe devem ser mantidos a distância e ao mesmo tempo preservados em si mesma. Essas experiências somáticas tendem a se expressar em termos de objetos parciais fragmentados, de forma que o que emerge na análise são partes do corpo, como seios, útero, ovário ou ânus (ver Cournut-Janin, 1998; Perelberg, 2009c). Uma imagem de submersão no corpo materno – ou nas águas maternas – é aquela de um orgasmo sem fim (Perelberg, 2015). O processo de fragmentação corporal que ocorre no decorrer da análise dificulta, às vezes, a diferenciação entre esse núcleo melancólico e a histeria. A diferenciação, sugeri, será dada pela contratransferência do analista: a questão em jogo não se expressa em termos de uma batalha entre amor e ódio (como na histeria), mas mais precisamente entre vida e morte. O vínculo com o objeto primário perdido é preservado de uma forma melancólica, invisível; o anseio ao qual está ligado alcançaria representação apenas no *après-coup* do processo analítico (ver também Chabert, 2003). Poderíamos, então, identificar os vínculos entre esse amor primário, a melancolia e o irrepresentável na análise de mulheres; a representação só pode ser alcançada mediante as vicissitudes da transferência e da contratransferência.

O espaço fronteiriço matricial

Para Bracha Ettinger, o complexo de Édipo, como proposto por Freud, enfatiza apenas a faceta masculina. Ela sugere que, na psicanálise, a fantasia do útero materno é vista dentro do paradigma da castração como o protótipo de toda separação e perda (2006, p. 46). Ela propõe uma diferenciação entre o complexo de castração e o que denomina *complexo matricial*, referindo-se ao complexo do útero materno/intrauterino. Ettinger pensa que o próprio Freud reconheceu esta possibilidade, que ela interpreta como diferente da castração, embora pense também que Freud, em última instância, considera o falo como uma fundação da subjetividade humana e do inconsciente:

> *Assim, antes e lateral ao Édipo há uma diferença sexual feminina que diz respeito a uma diferença da menina de uma outra mulher/Outro,*[3] *e não dos homens, meninos, ou do pai. Em outras palavras, o enigma da diferença feminina coloca-se, desde o começo, entre sujeitos do sexo feminino, e entre a mulher-sob-a-mãe e a mulher-sob-a menina. (Ettinger, 2006, p. 30)*

O reino matricial não se opõe ao falo, sugere Ettinger. É, antes, uma perspectiva complementar e se vale de um campo de desejo diferente. Essa camada matricial (do termo freudiano

3 No original, "m/Other", jogo de palavras em que "mãe" (*mother*) e "outro" (*other*) se fundem e se separam [N.T.].

Mutterliebsphantasie) deve ser compreendida como separada do fálico: "É basicamente informada pelo toque, audição, voz e movimento, não está vinculada a nenhuma zona erógena específica, ou exclusivamente ligada aos orifícios corporais, e é afetada relacionalmente. Compõe-se de vínculo e relação" (2006, p. 47).

Ao considerar "O inquietante", de Freud, Ettinger sugere que Freud coloca os pilares da estética *tanto em termos de fantasias de castração como de fantasias sobre o corpo da mãe, que ele traduz como fantasias intrauterinas.* Para Ettinger, Freud reconheceu a possibilidade de caminhos que ela interpreta como diferentes da castração, embora ela também acredite que Freud os tenha desviado para o falo como os alicerces da subjetividade humana e do inconsciente.

No Capítulo 5, indiquei estes dois níveis de registro do inquietante: a dupla identificação com a mãe pré-edípica e com o pai na dualidade do *pai diurno e do pai noturno* (o pai sexual).

Para Ettinger, o encontro feminino/pré-natal é um modo para processos de troca, nos quais o não eu é desconhecido para o eu. Numa nota de rodapé, acrescenta:

> *Dentro do escopo do real, a matriz refere-se à especificidade do corpo feminino. Também relaciona-se com diferenças femininas no Imaginário. Mas como um conceito, e como uma dimensão simbólica subjacente (ou sub-simbólica), a Matriz está a serviço de ambos os sexos. Não deveria ser reduzida ao útero, assim como o falo não deveria ser reduzido ao pênis, mesmo se ligado ao homem no Real e ao masculino no Imaginário. A Matriz está orientada para o feminino em homens e mulheres, para a Mulher não como Outro, mas como*

> *um tipo diferente de relações entre o eu e o não eu. (Ettinger, 2006, p. 2208)*

Ainda que Ettinger traga uma caracterização importante e imaginativa do pré-edípico, eu também acredito que há uma retradução que se passa no *après-coup* que abarca a maior parte do pré-edípico.

A fase do espelho

Lacan deu grande ênfase à função, na estruturação do eu, do momento crucial no qual a criança pode se reconhecer no espelho. Isso pode se dar a partir dos 6 meses de idade. A identificação da criança com sua própria imagem leva ao fim da fantasia de um corpo fragmentado:

> *A fase do espelho é uma tragédia cuja pressão interna impulsiona precipitadamente da insuficiência à antecipação – e, para o sujeito capturado no engodo da identificação espacial, aparecem fantasias que procedem da imagem fragmentada do corpo que chamarei de uma forma "ortopédica" de sua totalidade – até finalmente a uma armadura vestida de uma identidade alienadora que marcará todo seu desenvolvimento mental com sua estrutura rígida. (Lacan, 2006, p. 78)*

Existem várias etapas nesse processo. Inicialmente, a criança acredita que vê um ser humano real. Isso leva Lacan à noção de que é por intermédio do outro que a criança tem uma experiência de si própria. A partir de então, a criança descobre que o outro no espelho é uma imagem, até, finalmente, descobrir que a imagem no espelho é dela mesma. Todo o processo se passa em uma dimensão imaginária: o reconhecimento de si próprio se dá por meio de uma imagem óptica. Joel Dor assim descreve:

> *Embora a fase do espelho simbolize a "pré-formação" do "eu", ela pressupõe, por sua natureza fundamental, o destino do "eu" como alienado na dimensão imaginária. O re-conhecimento [*re-cognition*] do* self *na imagem do espelho se dá – por razões ópticas – por meio de indicações que são exteriores e simetricamente inseridas . . . Isso implica o re-conhecimento, a alienação e "o início do crônico falso reconhecimento [*misrecognition*] que irá caracterizar todas as suas relações futuras consigo mesmo". (Dor, 1998, p. 97)*

A fase do espelho expressa a função do falso reconhecimento que, a partir de então, caracteriza o eu na sua relação consigo próprio e com os outros. Le Guen sugeriu que o "júbilo" que a criança sente ao se reconhecer indica a falta de angústia. Ele assinala que, de acordo com Freud, todo momento de transformação está ligado à angústia. Isso indicaria que na fase do espelho não haveria ainda um elemento de terceiridade (Le Guen, 1974, p. 41). De qualquer forma, não é necessário identificar o elemento de terceiridade para se identificar uma estrutura edípica. O complexo de castração, por um lado, e as fantasias primárias, por outro, estão indissoluvelmente ligados ao complexo de Édipo (p. 45). A fase do espelho é um passo fundamental na identificação do *self*. O que se segue é a identificação progressiva da diferença. A distinção entre o falo e o pênis é um marcador na elaboração da teoria.

A função estruturante do falo

A distinção entre falo e pênis refere-se à diferenciação entre realidade biológica e psíquica. Pênis designa a realidade anatômica e fisiológica (Laplanche, 1980, p. 56); o falo, por outro lado, existe fora da realidade anatômica. Lacan sugere que é o significante do desejo da mãe. A questão central do complexo de Édipo torna-se, assim, ser ou não ser o falo – isto é, ser ou não ser o objeto do desejo da mãe (Dor, 1985, p. 102). O papel do pai torna-se também simbólico: ele representa a impossibilidade de ser o objeto do desejo da mãe. No entanto, Freud também define patriarcado como a lei do *pai morto*. Em *Totem e tabu* (1912-1913), ele descreveu o parricídio primordial cometido pela horda primeva, que matou e devorou o pai, como vimos nos capítulos iniciais deste livro. A isso se seguiram remorso e culpa (pois eles amavam e odiavam o pai), e o pai morto tornou-se mais poderoso do que fora quando vivo. Este é o mito de Freud da origem da sociedade. Gallop observou que, se esse mito é internalizado, o homem vivo não tem, então, maior chance de conquistar uma posição de soberania do que a mulher viva teria (Gallop, 1982, p. 14). Entretanto, Gallop também explora a ambiguidade dessa distinção. O falo, diferentemente do pênis, não é possuído por ninguém (homem ou mulher), e *representa a combinação de ambos os sexos, sem que se desista de nenhum dos dois*. A confusão entre pênis e falo ainda sustenta uma estrutura na qual parece razoável que os homens detenham o poder e as mulheres não e implica a redução da Lei do Pai à lei dos homens vivos. O falo, no entanto, tem uma função estruturante, instituindo a diferença entre os sexos, tendo ambos de dar conta da impossibilidade de ser o objeto de desejo da mãe. Há, nas formulações de Freud, uma ligação intrínseca entre a primazia do falo, o complexo de castração e o complexo de Édipo. O falo representa uma fantasia inconsciente acerca do objeto de desejo da mãe (ver

Kohon, 1986; Mitchell, 1974; Mitchell & Rose, 1982, Perelberg, 1990). O falo tem uma função estruturante, tema muito conhecido na literatura francesa; na tradição britânica, foi reduzido a um modelo de patologia.[4]

Por que o pênis? Kristeva (2000) aponta que é porque é visível. Sua ereção traz consigo a representação de que pode ser destacável. Torna-se, então, o significante de uma falta e consequentemente de tudo que tem um sentido. O falo "engloba outras faltas já experimentadas", incluindo o pensamento que em si mesmo refere-se àquilo que está faltando (p. 73). Para Freud, no começo, existe uma fantasia infantil do monismo fálico, organizador do desenvolvimento sexual. Chasseguet-Smirgel assinalou a função defensiva da teoria do monismo fálico, fruto da repressão de um fragmento de conhecimento anterior. Essa teoria resulta do desamparo da criança e de sua dependência da mãe (1986, p. 20).

O falo é um órgão que se torna narcísica e eroticamente investido, significante de uma falta. Freud, no debate com Ernest Jones, observou que Jones se enganara profundamente quanto à natureza fundamental da sexualidade, e que *Jones retornara ao reducionismo biológico:*

---

4 Birksted-Breen sugeriu uma distinção entre falo e o "pênis-como-vínculo" (1996). Enquanto o primeiro é "representativo da onipotência e completude" (p. 651), da organização narcísica, o segundo representa a "função mental de vincular e estruturar" e a internalização da relação parental. Embora Birksted-Breen esteja fazendo uma importante distinção entre dois diferentes tipos de escolha de objeto, o uso que faz de *pênis* para significar a função de vinculação arrisca um retorno a uma ênfase biológica no órgão masculino, centrada no pênis. Freud tentou afastar-se exatamente disso. Como discutido, o falo, em contraposição, não pode ser reduzido à realidade anatômica do órgão masculino. O falo não é possuído por ninguém e representa uma fantasia inconsciente acerca do objeto do desejo da mãe (ver Kohon, 1986; Mitchell, 1974; Mitchell & Rose, 1982; Perelberg, 1990).

> *Contraponho-me a todos vocês (Horney, Jones, Rado, etc.) na medida em que vocês não distinguem de forma clara entre o que é psíquico e o que é biológico, na medida em que tentam traçar um claro paralelo entre os dois . . . devemos manter a psicanálise separada da biologia, assim como a mantivemos separada da anatomia e da fisiologia. (Freud, 1935, pp. 328-329)*[5]

Freud deixa bem claro que está se referindo à primazia do falo, e não do pênis:

> *A principal característica dessa "organização genital infantil" constitui, ao mesmo tempo, o que a diferencia da definitiva organização genital dos adultos. Consiste no fato de que, para ambos os sexos, apenas um genital, o masculino, entra em consideração. Não há, portanto, uma primazia genital, mas uma primazia do* falo. *(Freud, 1923b, p. 171)*

Freud está, portanto, referindo-se à sexualidade infantil, inconsciente.

Kristeva resume a relevância dessa organização fálica: "é o organizador central (como o é o Édipo); é ilusória (peculiar à organização infantil fálica); e estilhaça-se sob a ameaça da castração e quando o individual apaga-se em favor da raça" (Kristeva, 2000, p. 98).

Existem outros aspectos do complexo de Édipo em Freud que trazem consigo maior complexidade. Um destes é a noção de identificação com o "pai da pré-história":

5 Tradução minha [N.T.].

> *Mas, como quer que seja depois a resistência do caráter às influências dos investimentos objetais abandonados, serão gerais e duradouros os efeitos das identificações iniciais, sucedidas na idade mais tenra. Isso nos leva de volta à origem do ideal do Eu, pois por trás dele se esconde a primeira e mais significativa identificação do indivíduo, aquela com o pai da pré-história pessoal. (Freud, 1923a, p. 38)*

Essa ideia está ligada à formulação lacaniana da presença já ali da função paterna na sua função de terceiridade, especialmente por meio da linguagem: a criança já nasce numa estrutura triádica, embora essa realização só se dê no *après-coup*.

As ideias de Klein sobre o complexo de Édipo modificaram-se ao longo de sua obra; devem ser compreendidas no contexto dos outros conceitos kleinianos de posição esquizoparanoide e depressiva e de suas próprias formulações sobre o conflito entre os instintos de vida e de morte. Inicialmente, o complexo de Édipo centra-se no desmame (Klein, 1927a, 1927b), período em que predominam os desejos orais e anais sádicos, e no qual o bebê deseja entrar e destruir o corpo materno que contém bebês e o pênis do pai. Posteriormente, Klein introduz a noção de pais combinados (Klein, 1928); em 1945, ela acentua a relevância dos impulsos amorosos, que desempenham um papel na condução à posição depressiva (para um descrição do desenvolvimento das ideias de Klein sobre o complexo de Édipo, ver Spillius, Milton, Garvey, Couve & Steiner, 2011). Para Klein, é o desmame, não a castração, que se torna o momento no qual as diferenças sexuais são estruturadas. As diferenças sexuais são um fato, uma vez que há um conhecimento inconsciente do pênis e da vagina. Assim, Klein dava ênfase a uma noção "natural", biológica da diferença entre os sexos

(Kohon, 1999; Mitchell, 1974). Nas formulações de Klein, o desejo da menininha de receber um pênis e "incorporá-lo" como objeto de satisfação oral é primário. Ao desejo oral segue-se o desejo vaginal: "O fato de que o desenvolvimento genital da menina centra-se no desejo feminino de receber o pênis do pai, e de que sua maior preocupação inconsciente é pelos seus bebês imaginários, é uma característica específica do desenvolvimento da menina" (Klein, 1945, p. 413).

Klein traz uma importante contribuição para a compreensão da feminilidade pré-edípica ao manter a centralidade do mundo interno no desenvolvimento da menina: "suas fantasias e emoções são predominantemente construídas em torno do seu mundo interno e objetos internos" (1945, p. 413). Klein postula um conhecimento inconsciente inato da vagina. Hoje, a maioria dos analistas aceitaria essa ideia, embora eu pense nela mais nos termos da noção de Bion de uma preconcepção à espera de uma realização, na qual o papel da experiência na ativação desse conhecimento inconsciente é crucial (1962b, p. 69). Nas palavras de Green, isso se refere a uma *disposição para a re-aquisição: fantasias inconscientes primárias* são re-atualizadas por meio da experiência individual (Green, 2002b). Nas formulações de Chasseguet-Smirgel, conhecimento inconsciente significa que algo é, ao mesmo tempo, conhecido e não conhecido (1970).

Pontalis indicou de que forma, no seu ponto de vista, o complexo de Édipo como concebido por Klein perde a dimensão de terceiridade:

> *Não é o fato de que a dimensão temporal foi adiantada por Klein o objeto de nossa crítica, mas ter desaparecido aquilo que garante a primazia da estrutura edípica: o pênis paterno segue o seio, ele é um objeto de*

> *fantasia do corpo da mãe, e então dos "pais combinados" – não é o terceiro elemento que todos os analistas clássicos veem na situação edípica. (Pontalis, 1965, pp. 178-179).*

A menininha relaciona-se primeiramente com o seio, depois com o pênis, concebido por Klein como um substituto do seio. Kristeva sugere que, para Klein, o pênis paterno permanece como uma imago materna: "um tipo de seio materno, maléfico e competitivo, mas não um terceiro" (Kristeva, 2000, p. 81). Como assinalam Green (1990) e Kohon (1999), nas formulações de Klein o complexo de Édipo é dramaticamente transformado. Não se trata apenas do fato de ocorrer muito mais cedo, mas estruturalmente ela oferece uma conceitualização diferente sobre as origens das diferenças individuais e sexuais: "para Klein, o pênis paterno nunca terá uma existência independente, mas sempre se referirá ao (interno) do corpo da mãe" (Green, 1990, p. 77).

Ademais, penso que há certa confusão na literatura kleiniana entre a cena primária como uma fantasia primitiva, inconsciente, que é realmente uma premissa, e a função estruturante do complexo de Édipo. De uma perspectiva freudiana, como demonstrei neste capítulo, esses dois conceitos pertencem a dois tipos lógicos diferentes.

No modelo freudiano, há uma reorganização que acontece na situação edipiana, e a sexualidade é sua máxima. Em *As Controvérsias Freud-Klein* (King & Steiner, 1990), Ella Sharpe assinalou algumas diferenças entre o complexo de Édipo em Freud e em Klein: o complexo de Édipo clássico requereria o desenvolvimento do eu e o reconhecimento da realidade da frustração, da repressão, o uso de substitutos simbólicos, e o supereu, inseparável do complexo de Édipo de Freud (em King & Steiner, 1990, p. 339).

W. Hoffer também salienta três características principais do complexo de Édipo freudiano: primeira, a aquisição da fase fálica implica uma importante diferenciação entre o pênis como um órgão e o pênis como uma zona erógena; segunda, a habilidade para escolher um objeto; terceira, o complexo de castração. Ele enfatiza que somente de forma retrospectiva é possível discernir se um acontecimento pode ou não ser patogênico. É o acontecimento posterior que transforma e confere sentido ao anterior. A subsequente ênfase no papel da sexualidade parece-me completar o componente essencial do conceito:

> *Segundo a perspectiva de Freud, são os acontecimentos deste estágio que decidem sobre a instalação da neurose infantil. Sob a tensão do conflito edipiano, a organização fálica pode entrar em colapso; devido à ansiedade provocada pela intervenção do ego e do superego, renuncia-se a metas fálicas e ocorre a regressão para pontos de fixação em níveis pré-genitais anteriores.* Desta forma, é impossível decidir se uma determinada fase pré-genital será ou não patogênica antes que a fase fálica tenha evidenciado sua estabilidade ou instabilidade. *(Hoffer, em King & Steiner, 1990, p. 702)*[6,7]

Freud sugeriu que a catástrofe do complexo de Édipo representa a vitória da ordem humana sobre o indivíduo. Seus textos tratam, portanto, da criação desta ordem e de como esta se separa da biologia (ver também Mitchell, 1974, 1984). Por intermédio do

---

6 Esta citação foi extraída de: King, P. & Steiner, R. (1990). *As Controvérsias Freud-Klein - 1941-45*. Trad. Ana Mazur Spira. Rio de Janeiro: Imago, 1998 [N.T.].

7 Ver Perelberg (2006) para uma análise das controvérsias Freud-Klein a respeito do complexo de Édipo.

complexo de Édipo, o indivíduo entra na ordem simbólica ao estabelecer as diferenças entre os sexos e as gerações. A criança está excluída para sempre da cena primária entre os pais, e esta realização é violenta para a criança. Freud descreve o que acredita ser o fato central da condição humana, que é esta *renúncia* que se dá dentro da família nuclear biológica (ver Capítulo 1, no qual me refiro ao *sacrifício da sexualidade* como um componente essencial da estrutura edípica). A hipótese é a de que a ordem humana requer uma ruptura fundamental e violenta com a "ordem natural". A obra de Freud enfatiza a sexualidade da cena primária e aquilo que cada um precisa perder e renunciar para entrar no domínio simbólico.

O complexo de castração

Freud vincula, de forma intrínseca, o complexo de castração ao tabu do incesto e à descoberta da diferença entre os sexos. Numa nota de rodapé acrescentada em 1923 à sua análise do Pequeno Hans, Freud comenta:

> *Depois disso a teoria do complexo de castração foi ampliada pelas contribuições de Lou Andreas Salomé, A. Stärcke, F. Alexander e outros. Eles ressaltaram que já o lactente deve sentir cada afastamento do seio materno como castração, isto é, como perda de uma parte significativa do próprio corpo, que não pode considerar de outro modo a deposição regular de fezes, e até mesmo que o ato do nascimento, enquanto separação da mãe, com a qual formava um só ser, é o protótipo de toda castração. Embora reconhecendo todas essas raízes do complexo, sustentei que o nome "complexo de castração" deve se li-*

> *mitar aos estímulos e efeitos vinculados à perda do pênis. Quem, analisando pacientes adultos, convenceu-se da inevitabilidade do complexo de castração, naturalmente achará difícil fazê-lo remontar a uma ameaça fortuita e que não sucede com muita frequência, e se verá obrigado a supor que as crianças constroem esse perigo a partir das mais leves alusões, as quais nunca faltam. Esse também é o motivo que levou a buscar as raízes mais profundas e universais do complexo. Tanto mais valioso, no caso do Pequeno Hans, é a ameaça de castração ser relatada pelos pais, e numa época em que sua fobia não se apresentava ainda. (Freud, 1909a, p. 128)*

O complexo de castração torna-se o organizador fundamental da diferença sexual. Um passo importante para as formulações de Freud foi a análise do Pequeno Hans, que pensava que sua mãe e irmãs tinham pênis e que tanto meninos como meninas podiam gerar bebês. Hoje em dia, é claro, uma criança pode se chatear com o fato de o pai e a mãe não estarem respondendo a suas perguntas com sinceridade, e podemos também formular a hipótese de que o Pequeno Hans simultaneamente sabia e não sabia sobre as diferenças a respeito das quais indagava. Freud indica que a fobia do Pequeno Hans surgiu a partir de sua angústia de castração. Esta veio a se tornar uma pedra angular da teoria de Freud do complexo de Édipo. Como assinalou Juliet Mitchell: "O complexo de Édipo, então, não é a trindade pela qual tão frequentemente é concebido – mãe, pai, criança –, mas uma relação entre quatro termos, na qual o quarto e determinante elemento é a castração" (1974, p. 79).

O medo da castração exige a renúncia aos desejos incestuosos. No modelo estrutural da mente, essa ameaça é internalizada, e o medo do pai torna-se o medo do supereu próprio.

> *Com a impessoalização da instância parental, da qual se temia a castração, o perigo se torna mais indeterminado. A angústia de castração evolui para angústia de consciência, angústia social. Agora já não é tão fácil dizer o que a angústia teme. A fórmula "separação, exclusão da horda" diz respeito apenas àquela porção ulterior do Super-eu que se desenvolveu apoiando-se em modelos sociais, não ao núcleo do Super-eu, que corresponde à instância parental introjetada. Expresso de maneira mais geral, é a raiva, o castigo do Super-eu, a perda do amor deste, que o Eu avalia como perigo e a que responde com o sinal de angústia. Pareceu-me que a variante final dessa angústia ante o Super-eu é a angústia diante da morte (pela vida), o medo da projeção do Super-eu nos poderes do destino. (Freud, 1926, p. 82)*

Sabemos que a angústia da castração é uma das fantasias primárias propostas por Freud. Le Guen sugeriu que provavelmente encontra-se na origem das outras, embora, no início, todas formem um todo integral. Le Guen sugeriu que o medo do estranho que pode ser identificado nos bebês é o medo da "não mãe" (1974, p. 21; ver também Diatkine & Simon, 1972). De acordo com Le Guen, o estranho evoca a experiência da ausência da mãe e, consequentemente, da angústia (1974, p. 46). O desejo de re-encontrar a mãe está associado ao desejo de se livrar do estranho. Le Guen sugere que isso pode ser compreendido como o delinear-se do desejo de matar o pai (p. 23).

O paciente de Le Guen descreve para ele suas experiências infantis de uma "mãe diurna" e uma "mãe noturna". A mãe diurna é terna, amorosa, próxima dele, passiva. Ela mantém o pai a distância. A mãe noturna é aterrorizadora, destrói tudo a sua volta. Só pode ser imaginada, porque, por definição, está ausente.

Essa descrição evoca a noção de Braunschweig e Fain de censura da mãe como amante, que sugere a identificação do bebê com a mãe e seu desejo, na fonte do início da vida de fantasia. A questão de com quem a mãe está quando ela não está com o bebê introduz a presença do pai: reforça a impossibilidade do acesso direto à mãe, sem a intervenção da Lei do Pai. A censura da mãe como amante cria a proibição para a própria mãe, que deve, segundo as palavras de Hélène Parat (2011), modular o "erótico materno" sob um supereu protetor, representante da ordem simbólica. Parat sublinha o outro lado dessa experiência - o da mãe. O bebê é, para a mãe, uma "bomba" sexual, um provocador permanente que eleva a tensão dos impulsos parciais da mulher que se tornou mãe (2011, p. 1610). A mãe desperta a sexualidade do bebê, mas existe também uma dimensão que vem da mãe. A censura da mãe como amante cria uma proibição para ela própria. Parat sugere que a noção de um "erotismo materno bem modulado" (2011, p. 1613) sob um supereu protetor é representante da proibição paterna na ordem simbólica.

Sexualidade como traumática

A sexualidade é, por definição, traumática para o indivíduo. Em um artigo de 1912, "Sobre a tendência universal para a depreciação na esfera do amor", Freud se refere à "incapacidade do instinto sexual de alcançar satisfação completa". Por que a sexualidade humana deveria ser traumática? Qual é a dimensão desorganizadora que confere à sexualidade essa característica específica de algo que não pode ser satisfeito?

Os modelos freudianos da mente podem ser vistos como organizados em torno do tema do trauma, na sua relação com a temporalidade e o papel da memória e da fantasia. Na primeira fase, o trauma é considerado um acontecimento real, cujo impacto emerge retrospectivamente, depois de um período de latência (o exemplo aqui é o caso de Emma, 1850 [1895]). Na segunda fase de sua obra, com a introdução do modelo topográfico da mente em *A interpretação dos sonhos* (1900), o trauma é uma experiência mediada pela fantasia. O indivíduo está em uma posição passiva em relação à força das pulsões, ao impacto do mundo dos adultos e das fantasias de sedução, castração e da cena primária. Nos termos de Laplanche (1997), o bebê é passivo em relação às enigmáticas mensagens sexuais emitidas pelos adultos. Na terceira fase, com o modelo estrutural da mente, Freud postula um modelo do trauma que é vivido como avassalador, rompendo o escudo protetor do sujeito com resultados catastróficos para a psique. Nas duas últimas fases, portanto, a realidade psíquica é considerada independentemente da realidade histórica.

Muitos anos depois, Joyce McDougall começou seu livro *As múltiplas faces de Eros* (1995) salientando a natureza intrinsecamente traumática da sexualidade humana. Para ela, essa dimensão traumática está ligada ao reconhecimento da alteridade e à descoberta da diferença entre os sexos. Tanto na dimensão heterossexual como na homossexual, a configuração edípica confronta a criança com o fato de não poder ter os dois sexos, e não poder possuir nenhum de seus pais.

Batialle sugeriu uma ligação entre sexualidade e transgressão: "a essência do erotismo reside em sua associação intrínseca entre prazer e proibição . . .". Segundo Bataille, o erotismo é, por definição, uma infração das leis dos tabus (1957, p. 94). "Na esfera humana a atividade sexual . . . é em essência transgressão" (p. 108).

Kohon assinalou que a "sexualidade deve sua existência às nossas fantasias incestuosas inconscientes. O desejo, na sexualidade humana, é sempre transgressão; e, por ser algo que nunca é completamente satisfeito, seu objeto não pode nunca oferecer plena satisfação" (Kohon, 1999, p. 5). A impossibilidade da realização da sexualidade humana expressa-se no tabu do incesto, que impede que certas categorias de indivíduos se tornem parceiros sexuais.

O outro adulto irá, no entanto, sempre exercer sutilmente essa transgressão. Jean Laplanche sugeriu que a sexualidade infantil desenvolve-se sob a influência de "enigmáticos significantes" parentais, primordialmente maternos (1987, p. 125). Esses significantes imprimem nas zonas erógenas da criança o inconsciente da mãe, junto com seu vínculo erótico com o pai e com o próprio inconsciente do pai. A sexualidade infantil é endógena, na medida em que segue um curso de desenvolvimento e passa por diversas fases, e exógena, na medida em que invade o sujeito a partir do mundo adulto (uma vez que o sujeito é obrigado, desde o princípio, a encontrar um lugar no universo da fantasia dos pais, e uma vez que estes o expõem a uma excitação sexual, mais ou menos velada). Laplanche oferece uma versão da origem do aparato psíquico e das pulsões a partir da relação adulto-bebê. Essa teoria supõe que, no domínio sexual, tal relação é assimétrica, sendo que a mensagem sexual *origina-se no outro adulto*. Aqui, a referência é o impacto do outro sobre a constituição do aparato psíquico.

Jouissance

A intrínseca ligação entre sexualidade e a impossibilidade de sua satisfação pode ser encontrada na noção lacaniana de *jouissance*.[8] Embora não se encontre plenamente definida em nenhum lugar, *jouissance*, por definição, escapa da simbolização (1969-1970, pp. 176-177). *Jouissance* é, de muitas formas, o oposto do prazer – é "*deplaisir*" (p. 77). Isso está intimamente ligado às transformações introduzidas pelo modelo estrutural da mente.

No modelo topográfico, o princípio do prazer está ligado à descarga de tensões. A principal função das atividades mentais consiste em reduzir as tensões ao nível mais baixo possível, sejam elas instintivas ou excitações externas. O exemplo prototípico seria a fome e o prazer atingido pelo bebê por meio da amamentação. Esta traz consigo a primeira experiência de satisfação. Uma vez que lhe foi apresentada a primeira experiência de satisfação, contudo, da próxima vez que sentir fome, o bebê esperará uma satisfação que repita essa primeira experiência. Há, agora, uma ligação intrínseca entre a fome e a representação psíquica da satisfação que será experimentada por meio da satisfação alucinatória do desejo. Há um desejo de "re-encontrar" aquela primeira experiência que é, por definição, impossível de ser realizado, porque ela nunca poderá se repetir. A procura realça a ausência do objeto. Está fundamentalmente ligada ao objeto que foi perdido. É impossível compensar esta perda, e a *jouissance* está marcada por esta ausência – a impossibilidade de satisfação que se encontra na base da relação paciente-analista. O desejo aparece apenas em relação a um Outro que é

---

8 O original mantém o termo original, em francês. Mantenho a opção da autora, neste caso e em outros nos quais ela também mantém a palavra francesa. Em português, *jouissance* foi traduzido por gozo, embora tenha também o sentido de fruição. Uma vez que em francês a palavra é feminina, utilizo a *jouissance* [N.T.].

por definição inalcançável. Estabelece *uma demanda repetitiva que não pode ser satisfeita e só pode ser repetida* (Lacan, 1999).

No modelo estrutural, Freud avançou mais um passo ao vincular sexualidade, repetição e trauma por meio da descoberta de algo que ele designou "além do princípio do prazer". Agora, a atividade de descarga é vinculada ao princípio de Nirvana, a meta de alcançar um estado de "zero" tensão que Freud vinculou às pulsões de morte. Agora, a *jouissance* não pode ser plenamente alcançada, pois levaria à morte.

O conceito de *jouissance* não pode ser traduzido por "prazer" porque está ligado à morte. A *jouissance* emerge do próprio corpo, especialmente das zonas fronteiriças – boca, ânus, genitais, olhos, orelha, pele (Lacan, 1973). A angústia relacionada à *jouissance* é a de ser avassalado pelas próprias pulsões.

Com a introdução do modelo estrutural da mente, a profunda ligação que progressivamente foi se estabelecendo entre compulsão à repetição, sexualidade e trauma ganha sua força total. Laplanche sugeriu que a pulsão de morte: "não é uma descoberta, mas uma reafirmação, um aprofundamento da afirmação original e fundamental da psicanálise: sexualidade; não é nada além que o extremo da sexualidade, em seu aspecto menos civilizado, operando de acordo com o princípio da energia livre e o processo primário" (1981, p. 86).

O conceito de pulsão de morte é compreendido nos termos da sexualidade.

> *O doente . . . é antes levado a repetir o reprimido como vivência atual, em vez de, como preferiria o médico, recordá-lo como parte do passado. Essa reprodução, que surge com uma fidelidade que não fora desejada*

> *sempre tem por conteúdo algo da vida sexual infantil, ou seja, do complexo de Édipo e seus derivados. (Freud, 1920a, p. 177)*

Além do princípio do prazer (1920a) propôs um conceito de sexualidade infantil que não é aquele dos *Três ensaios sobre a teoria da sexualidade* (1905b). Rolland sugeriu que se trata de uma conceitualização da sexualidade infantil "especificamente analítica". Pode ser reconhecida no processo analítico, por meio da análise da transferência e da pressão para repetir. Ela também realça o aspecto "trágico, traumático e doloroso" dessa sexualidade infantil (1997, p. 1624).

Supereu

A conceitualização e transmissão do supereu relacionado ao complexo de Édipo é uma expressão das ligações estabelecidas por Freud entre a metapsicologia da estrutura edípica e o lugar do pai na cultura (Tort, 2005, p. 99).

O termo "supereu" foi utilizado pela primeira vez em *O eu e o id* (1923a). Esse livro poderia, de fato, ter sido intitulado *O eu, o id e o supereu,* considerando-se a imensa importância que o termo adquirirá na psicanálise.

Podemos localizar a origem das ideias que levaram à formulação desse conceito muitos anos antes. Até "A introdução do narcisismo" (1914), Freud referia-se à função de auto-observação e consciência; ele não tinha ainda um termo para designar essas funções de julgamento e censura em relação ao eu. Referia-se ao conceito de "ideal do eu" e à agência auto-observadora relacionada a ele, que formaram a base daquilo que viria a ser, por fim, descrito como o "supereu". Em "Luto e melancolia" (1917 [1915]), Freud descreveu essa função de julgamento: "Vemos como uma parte do Eu se contrapõe à outra, faz dela uma avaliação crítica, toma-a por objeto, digamos" (p. 178). Esse artigo apresenta outras considerações sobre essa "agência crítica", que mais tarde seria desenvolvida no capítulo XI de *Psicologia das massas e análise do eu* (1921). Nesse artigo, Freud continua ressaltando a relevância do conceito de ideal do eu: o pai da horda primeva, o ideal dos filhos:

> *Por esse tempo a privação nostálgica pode ter levado um indivíduo a desligar-se do grupo e assumir o papel do pai. Quem realizou isso foi o primeiro poeta épico, o avanço ocorreu em sua fantasia. O poeta "transmentiu" a realidade no sentido de seu anseio. Ele inventou um mito heroico. Herói era aquele que sozinho havia matado o pai, que no mito ainda aparecia como monstro totêmico.* Assim como o pai fora o primeiro ideal do garoto, *agora o poeta criava o primeiro ideal do Eu no herói que substituiria o pai. (Freud, 1921, pp. 101-102)*[9]

Em "O inquietante", Freud faz uma referência ao que virá a ser o supereu da seguinte forma:

> *A ideia do "duplo" não desaparece necessariamente com esse narcisismo inicial, pois pode adquirir novo teor dos estágios de desenvolvimento posteriores da libido. No Eu forma-se lentamente uma instância espe-*

9 Paulo César de Souza escreve uma nota de rodapé nesta passagem referente à sua opção pela palavra "transmentir", explicando que no original o próprio Freud cria um neologismo, juntando o prefixo *um* – que no caso indica transformação – ao verbo *lügen*, que significa mentir [N.T.].

> *cial, que pode contrapor-se ao resto do Eu, que serve à auto-observação e autocrítica, que faz o trabalho da censura psíquica e torna-se familiar à nossa consciência [*Bewußtstein*] como "consciência" [*Gewissen*]. No caso patológico do delírio de estar sendo observado, ela torna-se isolada, dissociada do Eu, discernível para o médico. O fato de que exista uma instância assim, que pode tratar o restante do Eu como um objeto, isto é, de que o ser humano seja capaz de auto-observação, torna possível dotar de um novo teor a velha concepção do duplo e atribuir-lhe várias coisas, principalmente aquilo que a autocrítica vê como pertencente ao superado narcisismo dos primórdios. (Freud, 1919b, p. 352)*

E, na nota de rodapé, acrescenta:

> *Acho que, quando os poetas lamentam que duas almas habitem o peito humano, e quando os psicólogos populares falam da cisão do Eu no ser humano, eles têm em mente essa divisão, que faz parte da psicologia do Eu, entre a instância crítica e o resto do Eu, e não a oposição entre o Eu e o reprimido e inconsciente, desvendada pela psicanálise. É certo que a diferença é um tanto apagada pelo fato de que, em meio àquilo rejeitado pela crítica do Eu, acham-se primeiramente os derivados do reprimido. (Freud, 1919b, pp. 352-353)*

Em *O eu e o id* (1923a), o supereu inclui as funções de proibição e de ideal, tornando-se a instância que encarna a lei e a proibição. Em seu Prefácio escrito em 1930 para a tradução hebraica de *Conferências introdutórias à psicanálise*, Freud refere-se à "divisão da personalidade em um eu, um supereu e um id" como uma "alteração radical" na teoria dos instintos e nas descobertas quanto à origem da consciência e do sentimento de culpa. Essa alteração radical, acredito, relaciona-se à descoberta de que uma parte do eu é ela mesma inconsciente. André Green afirmou (numa comunicação pessoal) que a *inconsciência do eu* é a mudança mais importante no modelo estrutural da mente. O supereu é visto como o resultado de uma transformação dos primeiros investimentos objetais da criança em identificações: ocupa o lugar do complexo de Édipo:

> *Mas o Super-eu não é simplesmente um resíduo das primeiras escolhas objetais do Id; possui igualmente o sentido de uma energética formação reativa a este. Sua relação com o Eu não se esgota na advertência : "Assim (como o pai) você deve ser"; ela compreende também a proibição: "Assim (como o pai) você não pode ser, isto é, não pode fazer tudo o que ele faz; há coisas que continuam reservadas a ele". Essa dupla face do ideal do Eu deriva do fato de ele haver se empenhado na repressão do complexo de Édipo, de até mesmo dever sua existência a essa grande reviravolta. Claramente, a repressão do complexo de Édipo não foi tarefa simples. Como os pais, em especial o pai, foram percebidos como obstáculo à realização dos desejos edípicos, o Eu infantil fortificou-se para essa obra de repressão, estabelecendo o mesmo obstáculo dentro de si. Em certa medida tomou emprestada ao pai a força para isso, e esse empréstimo é um ato pleno de consequências. O Super-eu conservará o caráter do pai, e quanto mais forte foi o complexo de Édipo tanto mais rapidamente (sob influência de autoridade, ensino religioso, escola,*

> *leituras) ocorreu sua repressão, tanto mais severamente o Super-eu terá domínio sobre o Eu como consciência moral, talvez como inconsciente sentimento de culpa. (Freud, 1923a, pp. 42-43)*

Mais adiante, nesse mesmo texto, Freud sugere que o supereu é fruto da influência de *ambos os pais:* "Com isto a diferenciação do Super-eu em relação ao Eu não é algo fortuito, representa os traços mais significativos da evolução da investigação e da espécie; e, dando expressão duradoura à influência *dos pais,* perpetua a existência dos fatores a que deve sua origem" (p. 44, grifos meus).

No modelo estrutural da mente, o termo "supereu" engloba o ideal do eu; ainda que alguns autores tenham escrito sobre as distinções entre os dois, o ideal do eu é visto mais como "uma agência da personalidade, resultante da união do narcisismo (idealização do eu) e da identificação com os pais, com seus substitutos ou com ideais coletivos" (Laplanche & Pontalis, 1988, p. 144; ver também Chasseguet-Smirgel, 1984).

A ideia de que o supereu é a internalização das proibições de ambos os pais aparece novamente em um texto posterior, "O problema econômico do masoquismo":

> *Pois este Super-eu representa tanto o Id como o mundo exterior. Ele se originou da introjeção, no Eu, dos primeiros objetos dos impulsos libidinais do Id,* o casal de genitores, *na qual a relação com os dois foi dessexualizada, foi desviada dos objetivos sexuais diretos. Apenas desse modo foi possível a superação do complexo de Édipo. O Super-eu conservou características essenciais das pessoas introjetadas, seu poder, sua se-*

> *veridade, sua inclinação para vigiar e punir. (1924b, p. 196, grifos meus)*

Em "A dissolução do complexo de Édipo", Freud alterna entre afirmar que a identificação é com o pai e com ambos os pais: "Os investimentos objetais são abandonados e substituídos pela identificação. A autoridade do pai *ou dos pais*, introjetada no Eu, forma ali o âmago do Super-eu" (Freud, 1924a, p. 208, grifos meus).

Nas *Novas conferências introdutórias à psicanálise*, Freud esclarece essa ideia da seguinte forma: "De modo que o Super-eu da criança é construído não segundo o modelo dos pais, mas *do Super-eu dos pais*; preenche-se com o mesmo conteúdo, torna-se veículo da tradição, de todos os constantes valores que assim se propagam de geração a geração" (Freud, 1933a, p. 205, grifos meus).

No entanto, ao longo de toda sua obra, Freud tende a enfatizar a ligação entre o supereu e o pai. Algumas vezes, parece que o supereu representa o próprio pai; outras vezes, assume o papel do supereu do pai. A relação entre eu e supereu é considerada isomorfa da relação entre o indivíduo e a ameaça paterna de castração. Freud afirma, então, em *Inibição, sintoma e angústia*:

> *Mas, se nos perguntarmos o que o Eu teme por parte do Super-eu, impõe-se o entendimento de que o castigo do Super-eu é um prosseguimento do castigo da castração. Tal como o Super-eu é o pai que se tornou impessoal, assim também o medo da castração pelo pai transformou-se em angústia social indeterminada ou angústia da consciência. Mas esse medo é oculto. (Freud, 1926, p. 68)*

E:

> *Com a impessoalização da instância parental, da qual se temia a castração, o perigo se torna mais indeterminado. A angústia da castração evolui para a angústia de consciência, angústia social. Agora já não é tão fácil dizer o que a angústia teme. A fórmula "separação, expulsão da horda" diz respeito somente àquela porção ulterior do Super-eu que se desenvolveu apoiando-se em modelos sociais, não ao núcleo do Super-eu, que corresponde à instância parental introjetada. Expresso de maneira mais geral, é a raiva, o castigo do Super-eu, a perda do amor deste, que o Eu avalia como perigo e a que responde com o sinal de angústia. (p. 82)*

Em "Dostoiévski e o parricídio", Freud fornece um relato da relação entre eu e supereu como a reversão do desejo de matar o pai. Os ataques epiléticos de Dostoiévski tornam-se expressão do desejo do pai de matar o filho – em represália.

> *O sintoma dos "ataques que semelham a morte", que aparece já na infância, pode ser compreendido como uma identificação com o pai por parte do Eu, admitida pelo Super-eu como punição. "Você quis matar o pai, para se tornar o pai você mesmo. Agora é o pai, mas o pai morto" – o mecanismo habitual dos sintomas histéricos. E, além disso: "Agora é o pai que mata você". Para o Eu, o sintoma da morte é, ao mesmo tempo, satisfação imaginosa do desejo masculino e satisfação masoquista; para o Super-eu, satisfação de castigo, isto*

> *é, sádica. Ambos, Eu e Super-eu, continuam a desempenhar o papel do pai. (Freud, 1928, p. 350)*

Em "O problema econômico do masoquismo" (1924b), "Dissolução do complexo de Édipo" (1924a), nos dois artigos sobre neurose e psicose (1924c e 1924d), no artigo sobre as diferenças anatômicas entre os sexos (1925), bem como em *Inibição, sintoma e angústia* (1926), o conceito de supereu tornou-se central para a compreensão de alguns fenômenos, tanto clínicos como históricos. Finalmente, uma outra discussão do supereu e sua relação com a "consciência", o "sentimento de culpa", a "necessidade de punição" e o "remorso" foi publicada nos capítulos VII e VIII de *O mal-estar na civilização* (1930), no qual Freud define o papel do supereu na cultura na forma de uma "consciência":

> *À tensão entre o rigoroso Super-eu e o Eu a ele submetido chamamos consciência de culpa; ela se manifesta como necessidade de punição. A civilização controla então o perigoso prazer em agredir que tem o indivíduo, ao enfraquecê-lo, desarmá-lo e fazer com que seja vigiado por uma instância no seu interior, como por uma guarnição numa cidade conquistada. (Freud, 1930, p. 92)*[10]

Freud estabelece uma diferenciação entre o desenvolvimento do menininho e o da menininha no que se refere ao supereu. No caso

---

10 Paulo César de Souza esclarece em nota de rodapé que Freud utiliza aqui a palavra "*Gewissen*, no original. Recordemos que a palavra portuguesa pode significar duas coisas: a percepção que o indivíduo tem de seus atos e sentimentos e a capacidade de fazer distinções morais; em alemão se usa *Bewußtsein* no primeiro caso e *Gewissen* no segundo. É possível recorrer a uma paráfrase ('consciência moral') para verter *Gewissen*" (p. 92) [N.T.].

do menino, o supereu do complexo de Édipo é o resultado da angústia de castração, instalado como seu herdeiro. Para as meninas,

> *O complexo de castração prepara o complexo de Édipo, em vez de destruí-lo; através da influência da inveja do pênis, a menina é afastada da ligação materna e entra na situação edípica como num porto seguro. . . . A menina permanece nele por tempo indefinido, desmonta-o tarde apenas, e mesmo então incompletamente. A formação do Super-eu tem de sofrer nessas circunstâncias, ele não pode alcançar a fortaleza e a independência que lhe dão sua importância cultural. (Freud, 1933a, p. 286)*

Freud afirma ainda que, para as meninas, faltam razões para demolir o complexo de Édipo:

> *A castração já produziu antes o seu efeito, que consistiu em impelir a criança para a situação do complexo de Édipo. Por isso este escapa ao destino que o aguarda no menino, pode ser lentamente abandonado, liquidado mediante repressão ou seus efeitos podem prosseguir até bem longe na vida psíquica de uma mulher. (Freud, 1925, pp. 297-298)*

A isso segue-se a afirmação que gerou tantas objeções por parte de escritoras feministas:

> *Hesitamos em expressar isto, mas não podemos nos esquivar da noção de que o nível do que é eticamente normal vem a ser outro para a mulher. O Super-eu*

> *jamais se torna tão inexorável, tão impessoal, tão independente de suas origens afetivas como se requer que seja no homem. Traços de caráter que sempre foram criticados na mulher – que ela mostra menos senso de justiça que o homem, . . . (Freud, 1925, p. 298)*

Freud também sugeriu que diferentes tipos de psicopatologias apresentam diferentes tipos de supereu. Assim, na neurose obsessiva e na melancolia, o supereu desenvolve "um extraordinário rigor e dureza para com o Eu" (1923a, p. 66); na neurose obsessiva inflige "intermináveis autotormentos" e uma "tortura sistemática do objeto"; na melancolia, é "pura cultura do instinto de morte . . . [que] consegue frequentemente impelir o Eu à morte" (p. 66).[11]

Freud explora também de que maneira o supereu pode desenvolver uma relação sádica com o eu:

---

11 As ideias de Melanie Klein sobre o complexo de Édipo diferiam muito das de Freud, como pudemos ver no Capítulo 2 e anteriormente neste mesmo capítulo. Segundo Klein, o supereu existe desde muito mais cedo, a partir da fase oral, formado pela introjeção dos objetos "bons" e "maus" e tornado especialmente cruel pelo sadismo infantil, que nesse período está no seu ápice. Klein (1932) descreveu o temor de punições e sentimentos de remorso em crianças pequenas, derivados de um supereu primitivo pré-edípico. Sugeriu também a existência de um outro supereu arcaico, aterrorizador, formado por uma difusão dos instintos que permaneceram inalterados pelo processo normal de crescimento (Klein, 1958). Mais tarde, Bion descreveu aquilo que denominava de atividade destrutiva do Eu, "tingida com qualidades morais derivadas do supereu" (1962b, p. 98). Esse supereu patológico forma-se durante falhas na comunicação entre a mãe e o bebê, que representam ataques ao vínculo seja por parte da mãe, que recusa as comunicações de seu bebê, ou do bebê, que despoja a comunicação com ódio e inveja. O'Shaughnessy sugeriu a noção de um supereu anormal que se origina da dissociação mais arcaica (1999). Fica claro que o supereu kleiniano deriva-se da relação pré-edípica com a mãe, enquanto para Freud o supereu é definido em termos da constelação edípica e da função paterna.

> *O sadismo do Super-eu e o masoquismo do Eu complementam um ao outro e se juntam para produzir as mesmas consequências. Apenas assim, creio, pode-se compreender que da repressão instintual resulte – com frequência ou em todos os casos – um sentimento de culpa, e que a consciência venha a ser mais severa e mais sensível quando o indivíduo mais se abstém da agressão a outros. (Freud, 1924b, p. 201)*

Nos artigos antropológicos de Freud, o supereu torna-se a expressão do feito máximo da sociedade: "o bem cultural mais precioso no campo psicológico" ("Futuro de uma Ilusão", 1927). Assim, é espantoso pensar na maneira como Freud pôde também se referir a um supereu "cultural" e imaginar que este possa adquirir as seguintes dimensões de crueldade:

> *Enquanto, em épocas sadias, o melancólico pode ser mais ou menos severo consigo mesmo, como qualquer pessoa, no surto melancólico o Super-eu torna-se rigoroso demais, xinga, humilha, e maltrata o pobre Eu, ameaça-o com os mais duros castigos, recrimina-o por atos passados, que na época não foram levados a sério, como se durante todo o intervalo houvesse juntado acusações e esperasse apenas seu fortalecimento atual para apresentá-las e, com base nelas, fazer a condenação. O Super-eu aplica o mais rigoroso critério moral ao Eu abandonado à sua mercê, representa mesmo as exigências da moralidade, e logo notamos que nosso sentimento de culpa é expressão da tensão entre Eu e Super-eu. (Freud, 1933a, pp. 197-198)*

O complexo de Édipo como estrutura

André Green sugeriu que o complexo de Édipo é uma estrutura, uma matriz simbólica essencial (1992, p. 146), e não apenas uma fase do desenvolvimento da libido. Já vimos como essa estrutura envolve uma rede de outros conceitos, como complexo de castração, identificação, supereu. É um conceito constitutivo da ordem psíquica que estabelece uma organização simbólica.

Green sugeriu que essa estrutura é, em si mesma, invariante e universal, ultrapassando variações culturais, históricas e geográficas. Universalmente, cada criança é confrontada com o enigma da cena primária, com o mistério do relacionamento entre o homem e a mulher que a engendraram. A internalização da proibição do incesto e do assassinato, bem como o complexo de castração e seu papel na constituição do supereu, existe em toda cultura como um sistema de proibições. Green assinala, porém, que o complexo de Édipo como os antropólogos o abordam refere-se a papéis sociais e a sistemas de atitudes, e não leva em conta o inconsciente.

Entretanto, os antropólogos enfatizaram *a noção de funções e estruturas de parentesco*, como pudemos verificar no Capítulo 5; eles se mostraram menos confusos quanto à pessoa real que exerce essas funções do que alguns autores psicanalíticos. Foram, portanto, capazes de apontar que a função paterna não precisa ser desempenhada pelo próprio pai, pode ser exercida por um tio, como dentre os habitantes das ilhas Trobriand. Na minha opinião, a consideração das estruturas vai ao encontro das abordagens modernas dos debates sobre o complexo de Édipo e a função paterna. O exemplo das cerimônias Naven diz respeito à luta com a interação das identificações masculina e feminina, com as linhas patrilinear e matrilinear de transmissão, e com aquilo que as pessoas derivam de cada um dos pais. Na linha de frente encontra-se o enigma da

Esfinge: como é possível que um se origine de dois? Toda a quase infinita variedade de mitos, rituais e estruturas de parentesco ao redor do mundo parece tentar oferecer suas próprias respostas e soluções para essas questões.

A mim, parece-me que Lévi-Strauss capturou a função essencial do mito de Freud em *Totem e tabu*. O mito de Freud, afirma ele:

> *. . . oferece um bom relato não da origem da civilização, mas de seu estado atual: o desejo pela mãe ou pela irmã, o assassinato do pai e o arrependimento dos filhos talvez não correspondam a um fato ou grupo de fatos com um lugar fixo na história. Mas bem podem expressar de forma simbólica uma fantasia inveterada. E o poder dessa fantasia em modelar os pensamentos dos homens sem seu conhecimento resulta do próprio fato de que os atos evocados nunca foram cometidos porque a cultura, em todos os tempos e lugares, se opôs a eles. (Lévi-Strauss, 1967, p. 609, nota 1)*

O pai morto, segundo seu ponto de vista, encontra-se na base da própria cultura.

Parte IV

O assassinato do pai morto

7. O assassinato do pai morto como *habitus*[1]

Deus está morto. Deus continua morto. E nós o matamos.
E, no entanto, sua sombra continua pairando. Como
nos consolar, a nós, assassinos entre os assassinos?
Nietzsche, *The gay science*, 1882, Seção 125

O relato e análise de Auschwitz feita por Wolfgang Sofsky, em seu livro *The order of terror* (1993), ganhador do prêmio Geschwister-Scholl, podem ser compreendidos, nos termos dos conceitos desenvolvidos no presente livro, como a abolição da lei do pai morto. "Deus está morto", pelas lentes das ideias aqui desenvolvidas, refere-se ao assassinato do pai morto e ao restabelecimento da tirania do pai narcísico.

Em *The order of terror*, Sofsky analisa os campos de concentração e extermínio implantados pela Alemanha nazista entre 1936 e

1 A versão original deste capítulo foi escrita como resposta ao convite da International Psychoanalytical Association (IPA) para que um analista de cada continente comentasse o livro de Sofsky *The order of terror: the concentration camp* (1993). Os artigos foram publicados na *IPA Newsletter.*

1945 como um sistema diferenciado de poder, baseado no "terror, na organização e na violência excessiva", uma colônia de terror na extremidade mais remota do mundo social (1993, p. 14).

Diz Sofsky: "A realidade dos campos parece explodir as fronteiras da imaginação, os recintos daquilo que é concebível. Ainda desencadeia diversas manifestações de defesa destinadas a absolver a consciência, a extinguir a memória" (p. 6). Faz, entretanto, um alerta: "se algo é rotulado como incompreensível, pode-se evitar ter de perceber seu horror em todos os seus detalhes" (p. 9).

A violência ocorre em uma rede complexa que conecta variáveis históricas, sociais e psicológicas, e o psicanalista só pode tratar dessa questão de um ponto de vista específico. Embora a segunda teoria das pulsões de Freud tenha indicado o potencial para a violência em todo ser humano, ainda nos restam questões sobre as específicas condições de existência históricas, econômicas e políticas que permitem que a violência assuma, em um dado momento, uma forma institucionalizada legitimada. Sofsky sugere a noção de um *habitus* – um conceito proposto primeiramente por Bourdieu (1972) para indicar aquilo que liga estruturas sociais mais amplas a práxis específicas, a princípios que geram estratégias.

Pessoalidade[2] *e o corpo*

Violência tem sido definida como a "inflicção intencional de um dano corporal a outra pessoa". (Glasser, 1998, seguindo Walker, 1970). A definição considera violência como abrangendo atos conscientes de uma pessoa sobre o corpo de uma outra pessoa.

2 No original, *personhood*. O sufixo *hood* indica condição, característica ou estado. Neste caso, refere-se ao que caracteriza o estado ou condição de ser uma pessoa [N.T.].

Glasser discrimina dois tipos de violência: na violência (ou agressão) de autopreservação, o objetivo é anular ou remover a fonte de perigo; no sadismo (violência maligna), o objetivo é infligir sofrimento físico e emocional. O que acontece com o objeto da violência no primeiro caso é irrelevante; porém, é crucial no segundo caso, que sempre inclui uma relação de objeto.

Sofsky (1993), citando Primo Levi, propõe uma terceira categoria de violência, a de "violência inútil" [*useless violence*] (Levi, 1988, p. 83). Sofsky caracteriza-a como "um fim em si mesma, com o único propósito de infligir dor" (Sofsky, 1993, p. 106). "Ela não tem uma meta. A crueldade nada visa além de si mesma, a liberdade absoluta da ação arbitrária, levada a cabo por meio de incontáveis novas ideias e variações" (p. 224).

Sofsky enfatiza que considerar a experiência de violência apenas como psíquica é insuficiente, porque a violência irrompe dos contornos do corpo e inclui todos os aspectos da condição humana. É dirigida à pessoa como um todo.

Hannah Arendt descreve de que modo a violência nos campos começava com as "condições monstruosas nos transportes para os campos" (1951, p. 453), nos quais centenas de pessoas eram compactadas nuas em vagões de gado, coladas umas às outras por vários dias sem comida ou água.

Ao chegar a Auschwitz, homens, mulheres e crianças eram despojados de todos os seus pertences e passavam por um processo de seleção. A maioria era diretamente encaminhada para as câmaras de gás. Os selecionados para o trabalho eram despojados de sua identidade. Tatuavam-se números em seus braços, indicando se eram judeus, homossexuais, ciganos ou prisioneiros políticos. Eram barbeados e forçados a usar um uniforme listrado semelhante a um pijama, no mais das vezes pertencente a alguém que já morrera, sem nenhuma consideração pelo tamanho. Trabalho árduo, temperaturas enregelantes, rações de fome e condições de vida insalubres davam pouca margem à esperança de sobrevivência (Ofer & Weitzman, 1998). "A integridade da existência corporal é dissolvida" (Sofsky, 1993, p. 201). "A pessoa é destruída, devastada, tornando-se uma carcaça despedaçada, flutuando entre a vida e a morte" (p. 199). A manipulação de corpos humanos como se fossem inumanos constitui uma parte essencial do processo: "Em vez de os presos ficarem dispersos, eram amontoados de forma tão densa que o espaço pessoal para a ação era praticamente eliminado" (p. 52). "A ordenação do espaço é uma tecnologia privilegiada pelo poder absoluto. . . . Satura o espaço, impondo às pessoas uma situação sem saída. . . . Restringia os movimentos, comprimindo os corpos numa massa compacta" (p. 71) e marcava "uma permanente degradação, uma transformação radical da existência pessoal e social" (p. 83). As cerimônias de admissão (aos campos) significavam para os presos a "morte como membros de uma sociedade civil, despojando-os de nomes e passados, posses e dignidade, e de uma aparência externa. Atirava-os a um estado de desamparo absoluto, demolindo o pressuposto fundamental da existência humana" (p. 85). Primo Levi descreveu este processo de maneira vívida e dolorosa, denominando-o "aniquilação de um homem":

> *Pela primeira vez, então, nos damos conta de que nossa língua carece de palavras para expressar tal ofensa, a aniquilação de um homem. Num instante, por intuição quase profética, a realidade nos foi revelada: chegáramos ao fundo. Mais para baixo não é possível; não há condição humana mais miserável, nem se pode conceber que haja. Nada mais nos pertence: tiraram-nos toda a roupa, os sapatos, até os cabelos; se falarmos, não nos escutarão, e, se nos escutarem, não nos com-*

> *preenderão. Roubarão também nosso nome: e se quisermos mantê-lo, teremos de encontrar dentro de nós a força para tanto, para que, de alguma maneira, para além do nome, algo de nós, de nós como éramos, permaneça. (Levi, 1960, p. 32-33)*

O abjeto

O *The Columbia Dictionary of Modern Literary and Cultural Criticism* define abjeto como "o estado de ter sido banido". Implica degradação: é aquilo que intrinsecamente desestabiliza a identidade convencional e os conceitos culturais. No horror dos campos, apoderar-se dos corpos das pessoas e degradá-los era um indicador essencial de poder absoluto, a transformação de seres humanos em abjetos:

> *O cadáver visto como sem Deus e fora da ciência é o extremo da abjeção. É a morte contaminando a vida. Abjeto. É algo rejeitado de que não nos afastamos . . . Não é, portanto, a falta de limpeza ou de saúde que causa abjeção, mas aquilo que perturba a identidade, o sistema, a ordem. Aquilo que não respeita as fronteiras, as hierarquias, as regras. Aquilo que fica entre, o ambíguo, o compósito. (Kristeva, 1982, p. 4)*

O abjeto situa-se fora da ordem simbólica; é uma experiência intrinsecamente traumática, como a repulsa ao nos confrontarmos com a imundice, o lixo, ou com um cadáver – um objeto violentamente banido do mundo cultural, tendo anteriormente sido um sujeito. Kristeva sugere que abjeto é "o lugar onde o significado colapsa" (1982, p. 2). "Permanece à margem, além do estabelecido, e não parece se ater às regras do jogo. E, no entanto, desse lugar de exílio, o abjeto não deixa de desafiar seu mestre" (Kristeva, 1982, p. 2).

Primo Levi descreve sua chegada a Monowitz, perto de Auschwitz:

> *Isto é o inferno. Hoje, em nossos dias, o inferno deve ser assim. Uma sala grande e vazia: nós estamos cansados, de pé, com uma torneira gotejante da qual não podemos beber, e esperamos por algo que será certamente terrível, e nada acontece, e continua a não acontecer nada. Sobre o que se pode pensar? Não é mais possível pensar, é como se já estivéssemos mortos. (Levi, 1960, p. 28)*

> *eis-nos aqui, trancados, nus, tosados e de pé, com os pés na água – é uma sala de banho. Estamos sozinhos. Pouco a pouco dissolve-se o estupor, e falamos, e todos perguntamos e ninguém responde. Se estamos nus numa sala de banho, quer dizer que vamos tomar banho. Se vamos tomar banho, é porque não vão nos matar ainda. Mas por que nos mantêm de pé, e não nos dão nada para beber, e ninguém explica nada, e não temos nem sapatos, nem roupas, mas estamos todos nus, com os pés na água, e faz cinco dias que estamos viajando e não podemos nem nos sentar. E as nossas mulheres? (Levi, 1960, pp. 29-30)*[3]

---

3 Apenas recentemente foi assinalada a dificuldade de se conceber uma ligação entre genocídio e gênero, a dificuldade de integrar essa relação na história

O abjeto está ligado ao imoral, ao sinistro; repressão e repúdio (Kristeva, 1982, p. 7). O abjeto evoca repugnância e aversão; é aquilo que foi eliminado do "sistema simbólico" (p. 65).

Kristeva (1982) sugere que o abjeto representa a erupção do real em nossas vidas, o que, na terminologia lacaniana, está fora do simbólico. Ela faz uma distinção entre o conhecimento da morte e o sentido da morte, que pertencem à ordem simbólica, e a experiência traumática de morte:

> *Uma ferida com sangue e pus, ou o odor acre e doentio de suor, de decadência, não significam morte. Na presença de uma morte significada – um encefalograma uniforme, por exemplo –, eu compreenderia, reagiria ou aceitaria. Não, como no verdadeiro teatro, sem maquiagem ou máscaras, a recusa e os cadáveres me mostram aquilo que permanentemente deixo de lado para continuar a viver. Esses fluidos corporais, essa imundície, esses excrementos são aquilo ao que a vida resiste, arduamente e com dificuldade, da parte da morte. Ali, encontro-me na fronteira de minha condição como um ser vivo. (Kristeva, 1982, p. 3)*

O cadáver exemplifica especialmente o conceito de abjeto de Kristeva. Ela acredita que aquilo com o que nos confrontamos

do Holocausto. No entanto, mulheres e crianças representaram de 60% a 70% dos que foram imediatamente encaminhados para as câmaras de gás, logo na chegada aos campos. "Mulheres e homens judeus viveram sofrimentos irremediáveis durante o Holocausto, mas as mulheres judias foram sobrecarregadas com a vitimização sexual, a gravidez, o aborto e o parto, o assassinato de bebês recém-nascidos nos campos para salvar as mães, cuidados das crianças e muitas decisões relativas à separação de filhos. O fim – a saber, aniquilação ou morte – não descreve ou explica o processo" (Ringelheim, 1998, p. 350).

quando experienciamos o trauma de ver um cadáver humano é nossa própria morte final tornada plausivelmente real. Nas palavras de Kristeva: "O cadáver visto como sem Deus e fora da ciência é o extremo da abjeção. É a morte contaminando a vida. Abjeto." (Kristeva, 1982, p. 4).

Podemos encontrar as origens da conceitualização do abjeto na obra de antropólogos como Frazer (1890), Smith (1894), Van Gennep (1969) e Douglas (1966). Qualquer sociedade classifica o mundo social e natural no qual está inserida, e o sórdido é equacionado àquilo que está excluído do sistema classificatório. Douglas, em *Purity and danger* (1966), analisa o sistema simbólico das proibições religiosas como um reflexo das divisões, e mesmo contradições, sociais. Continuando nessa linha, Douglas então encontra "no corpo humano o protótipo desse ser translúcido sendo constituído pela sociedade como um sistema simbólico" (em Kristeva, 1982, p. 66). As normas e regras associadas ao corpo estão indissoluvelmente ligadas à construção da pessoa na sociedade, um ponto de vista já presente no famoso ensaio de Mauss (1938). A degradação do corpo é, então, um indicador essencial do processo de destruição da pessoalidade.

Douglas sugere que o sórdido não é em si uma qualidade: aplica-se apenas àquilo que se refere a uma fronteira, e, mais especificamente, representa o objeto atirado ao outro lado dessa fronteira, a seu outro lado, e a uma margem. É aquilo que está fora de lugar que rompe com a forma comum de categorizar o mundo. É também aquilo que está fora do lugar, ou deslocado de um lugar onde deveria estar.[4] Kristeva destaca os objetos familiares que são parte

4 O trabalho de Mary Douglas sobre a relevância dos sistemas de classificações oferece uma ferramenta importante para a compreensão do antissemitismo ao longo das épocas. Quando a religião era a principal moldura para a compreensão do mundo e o cristianismo era a principal religião, os judeus eram um povo "desviante" que não se encaixava; eram considerados deicidas – os

da vida cotidiana de um ser humano e que podem agora ser vistos em um museu da destruição, parte da normalidade da vida que foi destruída. Os meros números envolvidos e sua localização em um lugar de destruição conferem a eles uma qualidade de abjeção:

> *Nas salas escuras do museu que é agora o que restou de Auschwitz, vejo uma pilha de sapatos de crianças, ou algo assim, algo que já vi em outro lugar, debaixo de uma árvore de Natal, por exemplo, bonecas, creio. A abjeção do crime nazista alcança seu ápice quando a morte, que em todo caso me mata, interfere com aquilo que, no meu universo vivo, supostamente me salvaria da morte: infância, ciência, entre outras coisas.* (Kristeva, 1982, p. 4)

---

assassinos de deus. No período medieval eram frequentes os ataques e a expulsão de judeus, de forma que, em meados do século XVI, os cristãos haviam esvaziado a maior parte da Europa Ocidental da presença de judeus (ver Goldhagen, 1966). Depois da criação dos Estados modernos na Europa, os judeus não tinham nem um Estado, nem uma identidade nacional. Como Bauman afirmou: "*O mundo compactado em Estados-nações abominava o vazio não nacional. Os judeus encontravam-se em tal vazio: eles eram tal vazio*" (1989, p. 53, grifos do original; para uma história do antissemitismo ao longo dos séculos, ver Poliakov, 2003a, 2003b, 2003c e 2003d). A partir do século VIII, o domínio islâmico, que se estendeu do sul da Ásia até a costa do Atlântico, incluindo as regiões hoje chamadas de Oriente Médio, Norte da África e península Ibérica, também caracterizou-se por pogroms e perseguições antijudaicos. Houve ocasionais períodos de menor perseguição, quando aos judeus foram permitidas suas práticas religiosas e uma vida relativamente segura. Esses períodos se deram não apenas na Espanha, mas também no Oriente Médio, na Pérsia e no Egito, e onde se encontram países recentemente criados como a Síria e o Iraque. Ao longo dos tempos, o antissemitismo foi consistentemente justificado nos termos das ideologias dominantes. Ver também Nirenberg (2013) para uma análise do antijudaísmo como uma forma de pensar enraizada na tradição ocidental. Julius escreveu uma história bastante abrangente do antissemitismo na Inglaterra, desde a Idade Média até o século XXI (2010).

Barbara Creed escreve: "O lugar do abjeto é o lugar onde o significado colapsa, o lugar onde eu não sou. O abjeto ameaça a vida, deve ser radicalmente excluído do lugar do sujeito vivo, projetado para fora do corpo e depositado do outro lado de uma fronteira imaginária que separa o *self* daquilo que o ameaça" (1993, p. 65).

George Bataille relacionou a produção do abjeto com a fraqueza daquela proibição da fragilidade da lei: "Pois a abjeção . . . é a outra face dos códigos morais, ideológicos e religiosos sobre os quais repousam o sono dos indivíduos e o descanso das sociedades. Tais códigos são a purificação e a repressão da abjeção" (1970, p. 209).

Nos textos antropológicos tradicionais, o abjeto tem sido igualado ao feminino, que é controlado pelo poder dos homens. Dentro da sociedade hierárquica da Índia, ou entre os lelê da África Central, o poder masculino, fálico, é vigorosamente ameaçado pelo poder não menos virulento do outro sexo, que é oprimido.[5] Esse outro sexo, o feminino, torna-se sinônimo de um mal radical a ser eliminado. O sujo costuma ser equacionado ao feminino, especialmente à menstruação. Como as mães são geralmente as responsáveis pelo cuidado corporal de seus bebês, a redução do ser humano à imundície equivaleria, segundo Kristeva, à abolição dos cuidados maternos.[6] Kristeva sugere que o abjeto é um colapso das leis paternas.

---

5 Ver no Capítulo 5 o debate sobre a relação entre feminilidade e masculinidade na literatura antropológica.

6 Os nazistas referiam-se a Auschwitz como "*anus mundi*" (Rubenstein, 1966). Rubenstein cita Norman O. Brown, que examinou as características anais do demônio, a associação entre os gases sulfurosos do demônio e o mau cheiro fecal. O *anus mundi* era o hábitat do demônio: os campos eram a expressão última da criação de um mundo fecal, onde os judeus são o demônio transformado em fezes. Os campos, assevera, fediam à decadência humana. Os cadáveres eram deixados em grande número para deteriorar a céu aberto (Rubenstein, 1966, p. 57). Na propaganda nazista, os judeus eram identificados

À luz dos temas trabalhados neste livro, penso agora que na realidade impensável dos campos, nos atos que levaram à "aniquilação de um homem", o objetivo é a *destruição das leis da genealogia e da filiação tanto à mãe como ao pai, leis estas que estabelecem o social e dão origem à* pessoalidade. A lei do poder absoluto, a destruição de qualquer sentimento de cuidado materno e das leis paternas, leva, em última instância, à criação do abjeto, à *abolição das funções maternas e paternas, do tempo e do espaço e de qualquer sentido de futuro.*

Sobre o conceito de poder

Weber definiu poder como a capacidade que um indivíduo em uma relação social tem de impor sua própria vontade, mesmo contra a resistência de outros (1978). Weber sugere o conceito de dominação "como a probabilidade de que determinados comandos específicos (ou todos os comandos) serão obedecidos por um certo grupo de pessoas" (p. 212). Traços associados à dominação são obediência, interesse, crença e regularidade. Weber assinala que "toda forma genuína de dominação implica um mínimo de aquiescência voluntária, isto é, um *interesse* (baseado em motivos ulteriores ou aceitação genuína) na obediência" (p. 212).

---

como vermes, insetos, precisamente os alvos de inseticidas como o Zyklon B. As imagens dos trens abarrotados dirigidos aos campos de extermínio e descrições como a de Primo Levi de sua chegada ao campo indicam a total aniquilação dos limites corporais. A expressão última disso na cena final do assassinato, como atesta a descrição de Nyiszli (assistente judeu de Joseph Mengele) de como os corpos eram encontrados dentro das câmaras de gás: "Os corpos não jaziam aqui e ali espalhados pela câmara, mas *empilhavam-se numa massa até o teto.* Isso se dava porque o gás inicialmente se espalhava pelas camadas inferiores de ar e subia lentamente até o teto, o que forçava as vítimas a pisotearem umas às outras em um esforço desesperado para escapar do gás" (Nyiszli, 1960, p. 46, grifos meus).

Weber delineou os três grandes tipos de dominação legítima: tradicional, carismática e legal ou racional. No *tipo tradicional* de autoridade, os direitos tradicionais de um indivíduo ou grupo poderoso e dominante são aceitos, ou ao menos não são desafiados, pelos indivíduos subordinados. Weber define a *autoridade carismática* como "repousando na devoção à excepcional santidade, heroísmo ou caráter exemplar de uma pessoa em particular, e aos padrões normativos ou à ordem revelada ou ordenada por ele" (p. 215). *Autoridade legal ou racional* é baseada em "fundamentos racionais – repousando na crença da legalidade das leis promulgadas e nos diretos daqueles elevados à autoridade, sob essas leis, para emitir os comandos" (p. 215).

Hannah Arendt diferenciou poder e violência (1970). O poder deriva da vontade coletiva e não precisa da violência para atingir quaisquer de suas metas, uma vez que há a observância voluntária. À medida que os governos começam a perder legitimidade, a violência torna-se um meio artificial de conseguir o mesmo objetivo e, portanto, é encontrada somente na ausência de poder. As burocracias tornam-se, então, o local ideal para o nascimento da violência, uma vez que são definidas como a "lei de ninguém" contra quem se argumentar e, consequentemente, recriam os vínculos faltantes com as pessoas que elas governam.

Em sua caracterização do poder totalitário, Arendt assinalou a necessidade absoluta de uma "revolução constante" expressa na noção de "seleção racial que nunca pode repousar" (1970, p. 391), que requer uma constante radicalização dos padrões de acordo com os quais os inaptos são exterminados. Essa radicalização constante pode ser encontrada em todas as fases da política nazista em relação aos judeus, uma vez que os primeiros a serem exterminados foram os judeus puros, depois os meio judeus, depois os um quarto judeus. O objetivo era criar um "estado de permanente instabilidade". Segundo Arendt, esse é um processo crucial nos regimes totalitaristas, a fim de impedir um processo de normalização por meio do qual poderia se desenvolver uma nova forma de vida. A luta é pela dominação de "toda a população da Terra" e pela eliminação de qualquer realidade não totalitária. Ela sugere que:

> *O totalitarismo no poder utiliza a administração do Estado para sua meta de longo prazo de conquista mundial e para a direção dos braços do movimento; estabelece a polícia secreta como os executores e guardiões do experimento doméstico de transformação constante da realidade em ficção; e finalmente ergue campos de concentração como laboratórios especiais para realizar seus experimentos em dominação total. (Arendt, 1970, p. 392)*

Em *Eichmann em Jerusalém*, Arendt designa a eliminação dos judeus como sem precedentes, "não apenas em grau, mas em essência". A tentativa dos nazistas de "fazer com que todo o povo judeu desaparecesse da face da Terra" constitui um crime "contra a própria natureza da humanidade" (Arendt, 1964, p. 268).

O conceito de Sofsky de *poder absoluto* é uma forma de poder organizado baseado em organização e terror, e não em legitimidade e costume. Violência e crueldade encontram-se no seu cerne. Nos campos de concentração durante a Segunda Guerra Mundial, a crueldade é descontrolada. Engendra impotência absoluta e visa ao próprio engrandecimento. A cesura na história do poder é inequívoca, afirma Sofsky.

Violência inútil como habitus

Sofsky pergunta: quais fatores sociais promoveram esse descontrole da brutalidade? Que estrutura marcou as situações de violência?[7] A primeira precondição foi a institucionalização do terror (1933, pp. 224-225). A violência "reproduzia um padrão comportamental de força arbitrária que dominava praticamente todas as situações sociais no campo, adquirindo validade duradoura" (p. 225). Era a expressão de um *habitus* – isto é, uma demanda normativa endereçada aos membros da organização do campo. "A institucionalização do terror fez da violência uma lei de ação que era executada junto com a rotina" (p. 225).

De acordo com Bourdieu, o *habitus* é composto de:

---

7 Rubenstein e outros escreveram sobre o papel das noções cristãs acerca dos judeus enquanto deicidas como um componente significativo das origens religiosas dos campos da morte. Rubenstein discute a complexa relação dos nazistas com o cristianismo: "Eram capazes de negar o cristianismo e seus valores, usando, ao mesmo tempo, o mito da vilania judaica para seus próprios fins" (1966, p. 42). Hegel (1948) sugeriu que o cristianismo impelira os alemães a aceitarem os deuses e as fábulas judaicas (ver também Avineri, 1972). Trachtenberg (1943) abordou a longa tradição de associar os judeus ao demônio na Alemanha. Outros fatores entraram em cena na condução ao Holocausto: a ascensão do Estado-nação moderno, que propiciou um grande aumento do antissemitismo na Europa Oriental, já que os judeus não tinham um Estado; a situação da Alemanha depois da Primeira Guerra Mundial. Zeev Sternhell (1986) sugeriu que a ascensão do nacionalismo integral no final do século XIX, na França, levou à manifestação de extremo antissemitismo no caso Dreyfus. George Mosse (1965) e Peter Pulzer (1964) indicam uma relação similar na Alemanha e na Áustria. A literatura sobre as condições que possibilitaram o Holocausto dos judeus na Europa é vasta, e discuti-la está fora do escopo deste capítulo. Estou restringindo meus comentários a uma compreensão do conceito de Bourdieu de *habitus* como uma mediação entre estruturas e práticas e um auxílio para iluminar a legitimação do exercício de violência total contra os judeus.

> *sistemas de disposições duráveis e transponíveis, estruturas estruturadas predispostas a funcionar como estruturas estruturantes, isto é, como princípios que geram e organizam práticas e representações que podem ser objetivamente adaptadas a seus resultados, sem pressupor metas conscientes, ou um domínio expresso das operações necessárias para atingi-las. (Bourdieu, 1972, p. 81)*

Habitus é a "maneira como a sociedade torna-se sedimentada nas pessoas na forma de disposições duradouras, ou capacidades treinadas e propensões estruturadas para pensar, sentir e agir de determinadas formas, que passam então a guiá-las" (Wacquant, 2005, p. 316). Não pode ser reduzido à interação entre os indivíduos, porque a "legitimidade" para tais interações advém das estruturas às quais estão submetidos: "Descrever o processo de coisificação e orquestração com a linguagem da interação e do ajuste mútuo é esquecer que a própria interação deve sua forma às estruturas objetivas que produziram as disposições dos agentes que interagem e que atribuem a eles suas posições relativas na interação e em outros lugares" (Bourdieu, 1972, p. 81).

Um *habitus* funciona como uma "matriz de percepções, apreciações e ações" e permite a execução de muitas tarefas (Bourdieu, 1972, p. 83).

Ao elaborar esse conceito, Bourdieu dirigia-se tanto aos objetivistas – que veem o comportamento como mera execução de princípios (sejam eles denominados princípios organizadores, cultura ou modelos) – como aos fenomenologistas, que compreendem o comportamento como independente das estruturas sociais nas quais estão inscritos. Os primeiros enrijecem o comportamento, condenando as pessoas a serem prisioneiras da lei da cultura. Os seres humanos são encarados como meros executores que, consequentemente, não podem mudar. Os fenomenologistas, por sua vez, não identificam a matriz que confere significado aos processos (Bourdieu, 1972; ver também Bourdieu, 1980). Podemos ver aqui os ecos do debate, no campo da antropologia social, sobre a relação entre indivíduo e sociedade, natureza e cultura.

O conceito de *habitus* de Bourdieu oferece uma dimensão mediadora, um elo entre o fenômeno analisado e a estrutura na qual ele ocorre, um elo entre o individual e o social e histórico. "Como princípio gerador de estratégias, o *habitus* nos campos configurou um padrão comportamental de violência arbitrária e irrestrita que dominou praticamente todas as situações sociais. A violência era considerada prova de pertencimento e solidariedade ao grupo. Outro aspecto dessa violência descontrolada era a difusão da responsabilidade" (Sofsky, 1993, p. 230), que fez da violência um crime coletivo. Atribuir a responsabilidade e a culpa somente à liderança nacional-socialista desconsidera a dimensão de crime coletivo evidente aqui (p. 278). "A situação não tinha atores individuais - apenas um grupo de perpetradores e uma multidão de vítimas." Os campos não eram campos de batalha, mas matadouros.

A análise de Sofsky desafia a posição que explica as atrocidades cometidas em termos das predisposições dos indivíduos. Longe de ser uma consequência do autoritarismo ou uma disposição sádica, a crueldade surgiu de uma constelação de poder absoluto. A desumanidade é sempre uma possibilidade humana. Para que irrompa, basta uma *licença absoluta sobre o outro* (Sofsky, 1993, p. 240):

> *O regime de violência e miséria anula o espaço individual, devasta o sentido de tempo e lança o ser humano em uma condição permanente de estar morrendo. O terror organizado reduz a vida social, o alicerce de*

> *qualquer sentimento humano de si mesmo. . . . Apodera-se dos corpos . . . [transformando] seres humanos em matérias e artefatos de Muselmänner,*[8] *os mortos-vivos. . . . Em agudo contraste com todas as formas anteriores de poder, o poder absoluto não cria nada. Seu trabalho é totalmente negativo, um projeto de anulação sem deixar traço. Realiza sua liberdade na aniquilação completa e total do ser humano. (Sofsky, 1993, p. 281)*

Em seu prefácio ao livro de Kertész *L'Holocaust comme culture*, Peter Nadas (2009) afirma que a brutal experiência da total privação de direitos, a pilhagem organizada e a destruição metódica dos judeus europeus foram o resultado de uma decisão consciente e do trabalho coordenado de educação mental de algumas gerações de europeus.

Alguns livros e filmes sobre o Holocausto permanecem conosco para sempre. Lembro-me de ler *Mila 18*, de Leon Uris (1961), quando eu tinha mais ou menos 11 anos. Livros de Eli Wiesel (2006), Primo Levi (1960, 1985), Andre Schwartz-Bart (1976), Jean Améry (1986) e o filme de Lanzmann *Shoah* são marcos inesquecíveis. O livro de Sofsky pertence à mesma categoria. Sentimos que não somos os mesmos depois de lê-lo, uma vez que nos confrontamos com fenômenos que não podem ser compreendidos por meio de palavras que têm sentido na nossa linguagem. De fato, "violência" não parece ser suficiente para indicar a realidade que se está tentando abordar; a categoria de "*crimes contra a humanidade*" talvez seja a melhor que conseguimos encontrar até agora.

---

8 Nome dado pelos prisioneiros dos campos de concentração àqueles que sofriam de uma combinação de fome e exaustão e resignavam-se com a morte iminente [N.T.].

Adorno assinalou: "Um novo imperativo categórico foi imposto por Hitler sobre a humanidade não livre: organizar suas ações e pensamentos de modo a que Auschwitz não se repita" (Adorno, 1973, p. 365).

Segundo Rothberg, em uma radiodifusão posterior Adorno enfatizou que esse imperativo categórico existe porque uma ruptura histórica completa *não* se operou na cultura ocidental (Rothberg, 2000, p. 49, grifos do original). Como afirmou Cohen: "o horizonte redentor no qual 'nada semelhante irá acontecer' não pode ser pensado como algo à parte de uma impossibilidade de sua realização" (Cohen, 2005, p. xviii).

Violência e memória

Jorge Josef, em um artigo escrito para o Congress on Victimology de 1996, frente à proliferação de escritos sobre o Holocausto, perguntou-se: por que o Holocausto? Com tantos acontecimentos horríveis na história recente, por que a concentração no Holocausto? Embora sua tentativa para responder a essas questões envolvesse diversos fatores, um dos elementos-chave era a utilização, por um longo período, de toda a máquina de governo e das leis para exterminar um conjunto de categorias, e, de forma esmagadora, os judeus. Estes não constituíam um grupo unido, nem falavam a mesma língua ou viviam em um determinado país. Eram parte de uma população civil mais ampla e não tinham a menor ideia do que estava para lhes acontecer.

Além dos campos de trabalho, que eram campos da SS[9] ou organizados por empresas privadas alemãs (que pagavam à SS pelos

9 O *Schutzstaffel* – traduzido por Esquadrão de Proteção, abreviado como SS – foi uma importante organização paramilitar sob o comando de Adolf Hitler e

trabalhadores que "arrendavam"), a SS criou centros de extermínio nos campos da Operação Reinhardt: em Belzec, Sobibor e Treblinka (verdadeiras fábricas de morte, sem vínculo operacional com o sistema dos campos de concentração), e também dentro dos campos de concentração de Auschwitz e Majdanek. Sofsky define o conceito de "fábrica de morte" como um lugar de "carnificina constante, institucionalizada" (Sofsky, 1993, p. 338). Cerca de 320 mil judeus foram exterminados em Chelmo, 250 mil em Sobibor, 600 mil em Belzec, e 940 mil em Treblinka. Em Auschwitz, 1 milhão morreram nas fábricas de morte.[10] Esses números não incluem as mortes por fuzilamento, injeções letais, tortura, exaustão e outras formas de violência, uma vez que só em Auschwitz mais de 2 milhões foram exterminados, e 1,38 milhão em Majdanek. Mais de 20 mil homens, mulheres e crianças foram mortos e queimados a cada dia com o uso do gás Zyklon B. Sofsky chama a atenção para o "alto grau de organização do processo de assassinato, que fez das fábricas de morte um maquinário de extermínio inigualável e sem precedentes" (p. 263). O caráter único do genocídio está no fato de ter sido perpetrado com "o auxílio de uma administração burocrática experiente, um serviço civil de extermínio" (p. 12; ver também Goldhagen, 1996).[11] Nas palavras de Zygmunt Bauman, os maiores avanços técnicos "foram colocados a serviço de uma meta

do Partido Nazista. Começou no final de 1920 como uma permanente e pequena unidade de guarda, formada por voluntários, para cuidar da segurança dos encontros do Partido Nazista em Munique. Sob a liderança de Himmler (1929-1945), tornou-se uma das maiores e mais poderosas organizações do Terceiro Reich. Construída sob a ideologia nazista, a SS foi responsável por muitos dos crimes contra a humanidade durante a Segunda Guerra Mundial. Junto com o partido Nazista, a SS foi declarada organização criminosa pelo Tribunal Militar Internacional e banida da Alemanha depois de 1945.

10 A área cobria 40 quilômetros quadrados.

11 Acredita-se que mais de 7 mil nazistas serviram em Auschwitz, porém apenas algumas centenas deles foram julgados pelos crimes ali cometidos. A busca por justiça não cessou; oficiais da justiça alemã declararam em 2013 que havia

incompreensível em sua irracionalidade" (Bauman, 1989, p. 136). A destruição dos judeus da Europa foi possibilitada pela expertise técnica e burocrática da sociedade moderna; foi concebida como um projeto moderno.

Josef (1996, 2005) observa que existem hoje diversas organizações cujo objetivo específico é negar esse acontecimento histórico. Essa talvez constitua uma de suas principais características. Em seu livro *Les assassins de la mémoire*, Pierre Vidal-Naquet (1995) afirma que aquilo que caracterizou o nazismo como um acontecimento único e aterrorizador na história foi sua tentativa de exterminar completamente um inimigo retratado como um demônio. Esse extermínio não era meramente físico: envolvia também sua eliminação da história, a destruição de sua alma e o apagamento de sua existência na memória histórica.

As fábricas de morte existiram sob o princípio do extermínio sem deixar traço. Depois que as operações de eliminação foram paralisadas em Belzec, o campo foi desmontado e pinheiros foram plantados sobre a área (Sofsky, 1993, p. 274). Treblinka foi desmantelado, e a área foi nivelada e replantada com flores. "A SS explodiu a última câmara de cremação em Auschwitz poucas horas antes da liberação. Até o fim, corpos foram queimados ali" (p. 275).

Sofsky assevera que o sistema de poder absoluto atingiu seu apogeu nas fábricas de mortos de Auschwitz e Treblinka (p. 26). Sugere que a maior prova de poder é a vala comum. No entanto, em linha com os comentários de Josef, pode-se sugerir que a maior prova desse poder é, na verdade, a *negação* da vala comum.

Ao debater sobre a ameaça de uma guerra nuclear, Hanna Segal notou a relutância em se visualizar de fato suas consequências.

---

cerca de trinta oficiais de Auschwitz sobreviventes, que seriam levados a julgamento.

O mecanismo envolve fazer vista grossa – uma forma específica de cisão na qual é possível manter o conhecimento intelectual da realidade, mas destituí-la de seu significado emocional. "O embaçamento das fronteiras entre realidade e fantasia mobiliza a onipotência infantil e o instinto de morte e as defesas psicóticas destrutivas contra a ameaça da aniquilação total" (Segal, 1997, p. 156).

Houve muitas situações em que a psicanálise foi confrontada com sistemas políticos que afetaram sua prática e desafiaram sua própria existência. Em tempos de perseguição intensa, a única solução é a fuga, como Freud constatou em 1937, quando deixou Viena. Em outros tempos, a psicanálise pode ser chamada a tomar uma posição política. Como afirmou Hanna Segal, existem situações em que o silêncio é político: "O silêncio é o verdadeiro crime contra a humanidade" (Segal, 1987, p. 11; ver também Segal, 1997). Contar a história e preservar a memória é crucial. Sofsky deu uma contribuição importante para o esforço de reter a memória do Holocausto.

A pulsão de morte e o trabalho do negativo

Ao formular sua noção de instinto de morte, Freud (1920c) discutiu como o organismo dirige para fora o instinto de morte. Associado a uma certa quantidade de libido, isso se expressa como agressão dirigida aos objetos. Desde então, este tema tem sido fonte de profundos debates entre os psicanalistas. Poucas ideias na teoria psicanalítica geraram mais controvérsia que a questão de se a agressão é um instinto humano fundamental ou é irredutível, se é inata ou reativa ao ambiente.[12]

12 Para uma ampla revisão da literatura psicanalítica nos Estados Unidos, Grã-Bretanha e França sobre agressão e o instinto de morte, ver Perelberg, 1995c, 1999a, 1999c.

Em 1930, Freud disse:

> *Portanto, em tudo o que segue me atenho ao ponto de vista de que o pendor à agressão é uma disposição de instinto original e autônoma do ser humano, e retorno ao que afirmei antes, que a civilização tem aí seu mais poderoso obstáculo. No curso desta investigação, impôs-se-nos a ideia de que a cultura é um processo especial que se desenrola na humanidade, e nós continuamos sob o influxo dessa ideia. Acrescentemos que é um processo a serviço de Eros, que pretende juntar indivíduos isolados, famílias, depois etnias, povos e nações numa grande unidade, a da humanidade. . . . Mas a esse programa da cultura se opõe o instinto natural de agressão dos seres humanos, a hostilidade de um contra todos e de todos contra um. Esse instinto de agressão é o derivado e representante maior do instinto de morte, que encontramos ao lado de Eros e que partilha com ele o domínio do mundo. (Freud, 1930, p. 90)*

Em 1937, Freud afirmou:

> *Se tivermos presente, em sua totalidade, o quadro composto pelos fenômenos do masoquismo imanente de tantas pessoas, da reação terapêutica negativa e do sentimento de culpa dos neuróticos, não podemos mais sustentar a crença de que o funcionamento psíquico é governado apenas pela ânsia de prazer. Tais manifestações apontam inequivocamente para a existência de um poder, na vida psíquica, que denominamos instinto de agressão ou destruição, de acordo com seus fins, e*

> *que derivamos do original instinto de morte da matéria viva. (Freud, 1937, p. 311)*

Em "Por que a guerra?" (1933b), Freud sugeriu que "parece que quase nunca o instinto de uma espécie pode agir isoladamente; sempre se acha ligado - amalgamado, dizemos - a um certo montante de sua contrapartida, que modifica sua meta ou, ocasionalmente, permite-lhe alcançá-la" (p. 247). Assim, o instinto de autopreservação, do lado de Eros, deve ter uma certa cota de agressividade à sua disposição, para alcançar sua meta. Nessa carta a Einstein, Freud também fez uma distinção entre o instinto de morte - voltado contra si próprio - e o impulso destrutivo - dirigido aos outros.

Freud foi se interessando cada vez mais em compreender os fenômenos que se encontram potencialmente nos limites da representação simbólica, não somente devido aos mecanismos de repressão, cisão, recusa e negação, mas também por corresponderem, ao mesmo tempo, a *algo profundamente destrutivo na esfera psíquica que rompe a capacidade da mente de contê-lo.* Como discutido no Capítulo 3, a conceitualização de Freud do instinto de morte indicou a existência de um impulso que não corresponde a nenhuma representação, mas que se expressa na forma negativa por meio da compulsão à repetição.

Na base das formulações de Green sobre o negativo (Green, 1997, 1998, 1999, 2005, 2011) encontram-se os espaços vazios sem representação, estruturas mentais nas quais as representações desapareceram, deixando apenas um buraco negro na psique.[13] Os

---

13 Entretanto, é importante notar que o trabalho do negativo, como foi desenvolvido por Green, responde por ambos os processos, normais e patológicos. Em primeiro lugar, o negativo é a condição para o funcionamento do aparato psíquico e seu desenvolvimento. O inconsciente é definido nos termos do negativo do sistema Pcs-Consciente: ausência de tempo, ausência da negação,

conceitos de *instinto de morte* e do *negativo* ajudam-nos a compreender Auschwitz e aquilo que se encontra nos limites da capacidade de ser representado? Eli Wiesel disse que "Auschwitz não pode ser explicado e não pode ser visualizado" (1978).

Gostaria de fazer aqui uma referência aos trabalhos de Theodor Adorno, Jean-François Lyotard e Maurice Blanchot, uma vez que se tornaram centrais para a maior parte da literatura sobre a questão do Holocausto e da representação. Adorno escreveu em 1949 que depois de Auschwitz não se poderia mais escrever poesia. Cito na íntegra a passagem de "Cultural criticism e society":

> *Quanto mais uma sociedade torna-se total, maior a reificação*[14] *da mente e mais paradoxal seu esforço para escapar da reificação por si só. Menos a mais extrema consciência da catástrofe ameaça deteriorar-se num caráter ocioso. A crítica da cultura encontra-se confrontada com o estágio final da dialética entre cultura e barbárie.* Escrever poesia depois de Auschwitz é uma barbárie. *E isso corrói até mesmo o conhecimento de por que se tornou impossível escrever poesia hoje. A rei-*

representação de coisa. "O 'não' parece não existir para os sonhos . . . Os sonhos também tomam a liberdade de representar um elemento qualquer pelo contrário desejado, de modo que inicialmente não há como sabermos se um elemento que admite seu oposto está contido nos pensamentos oníricos de forma positiva ou negativa" (Freud, 1900, p. 360). Nas formulações de Green, é a alucinação negativa da mãe e do corpo da mãe que cria a condição para a própria atividade do pensar, bem como a capacidade para simbolizar. Essa função estruturante do negativo, do lado dos instintos de vida, deve ser diferenciada do negativo que está do lado dos instintos de morte.

14 Reificação, conceito de Georg Lukács que adquiriu o sentido mais geral de tornar as atividades humanas inanimadas, apresentando características de fixidez, automatismo e passividade. Outra possibilidade de tradução é "coisificação" [N.T.].

> *ficação absoluta, que pressupôs o progresso intelectual como um de seus elementos, prepara-se agora para absorver a mente de forma completa. A inteligência crítica não consegue ser páreo para este desafio porque se confinou a si mesma na contemplação autoindulgente. (Adorno, 1967, p. 34, grifos meus)*

Muito se escreveu sobre esta afirmação. Estaria Adorno afirmando que o horror de Auschwitz não poderia ser representado pela poesia? Ou sua inquietação seria relativa ao fato de que um poema sobre Auschwitz poderia oferecer um sentimento de prazer a partir de um lugar de assassinato em massa?

Michael Rothberg sugere que a expressão de Adorno "depois de Auschwitz" é um "cronótopo" (Bakhtin, 1981, p. 84), um termo que se refere a "tempo-espaços" que servem como "materializações imperfeitas de acontecimentos e tendências históricas" (Rothberg, 2000, p. 29). Rothberg sugere que é somente no *après-coup* que o significado completo da ruptura histórica causada por Auschwitz pode ser identificado.[15] Em sua análise da expressão de Adorno "depois de Auschwitz", Rothberg (2000) aponta que ela "ocupa uma zona intermediária entre o passado e o futuro que desafia a representação" (p. 56). Essa representação precisa de um outro tempo e um outro espaço, tanto cronológica como filosoficamente, um mundo que "não é ainda" (p. 55).

Nos anos 1960, Adorno acreditava que a memória do Holocausto praticamente não era reconhecida na cultura alemã. Anos

---

15 Uma contribuição para a discussão sobre a representação do Holocausto pode ser encontrada no livro de Kohon *Reflections on the aesthetic experience* (2015), que contém um capítulo sobre as interpretações retroativas do monumento do gueto de Varsóvia, em Varsóvia. O capítulo final de Kohon discute o trabalho do negativo com relação à estética.

depois, Adorno escreveu: "Não tenho o menor desejo de abrandar a afirmação de que escrever poesia lírica depois de Auschwitz é uma barbárie" (1978, p. 312). Adicionou a palavra "lírica" à sua afirmação. Parecia aprovar o sofrimento expresso pelo sobrevivente, como a poesia de Celan.

Em *Dialética negativa* ele faz, paradoxalmente, a afirmação a seguir, ainda mais radical:

> *O sofrimento duradouro tem tanto direito de se expressar como um homem torturado o tem de gritar; de onde pode ter sido errado dizer que depois de Auschwitz não se poderia mais escrever poemas. Mas não está errado levantar a pergunta, menos cultural, quanto a se depois de Auschwitz você pode continuar a viver – especialmente se aquele que escapou por acidente, aquele que por direito deveria ter sido assassinado, pode continuar vivendo. (Adorno, 1973, p. 362)*

São palavras duras, no entanto, talvez expressem muito do estado mental de muitos sobreviventes.

Blanchot refere-se a Auschwitz como aquilo que evade a representação e ainda assim, simultaneamente, marca todas as representações subsequentes:

> *É por isso que em minha opinião – de certa forma diferente da que levou Adorno a decidir com correção absoluta – direi que não é possível haver ficção sobre Auschwitz (estou me referindo à* Escolha de Sofia*). A necessidade de testemunhar é a obrigação de um testemunho que só pode ser dado – e só ser dado na singula-*

> *ridade de cada indivíduo.... Não importa quando seja escrita, toda narrativa* daqui por diante *será anterior a Auschwitz. (Blanchot, 1985, pp. 68-69, grifos meus)*

Ao discutir este texto, e particularmente a expressão "daqui por diante", Rothberg salienta que, para Blanchot, o tempo é "centrípeto" no sentido de que corre para frente e para trás do presente, correndo para trás na direção de e para a frente além de Auschwitz, debatendo-se em repetição e ruptura (Rothberg, 2000, p. 81). A relação com o outro (nos termos lacanianos) está estilhaçada.[16] Segundo Rothberg, a expressão "daqui por diante" sinaliza a "não contemporaneidade" de todos eventos; as dimensões plenas de Auschwitz só podem ser compreendidas retrospectivamente. Nisso ele ecoa o próprio Blanchot, que afirma, em *The infinite conversation*, que se um acontecimento representa uma ruptura na história, este só pode ser compreendido *après-coup*: "Os acontecimentos e pensamentos mais importantes são compreendidos ao final: as gerações que lhes são contemporâneas não vivenciam tais acontecimentos - elas sobrevivem a eles" (1993, p. 264).

Escrevendo nos anos 1980 e 1990, Lyotard abordou a questão da memória e da representação do Holocausto. Em *Le différend* (1988), coloca a questão de como um sobrevivente pode comprovar a existência das câmaras de gás aos negacionistas, uma vez que eles não as veem. Lyotard preocupa-se com o Holocausto, mas também

---

16 Rothberg compreende as obras de Blanchot *L'écriture du désastre* (1980) e *Après-coup* (1983) nos termos da relação entre dois grandes períodos na obra de Blanchot: por um lado, seu engajamento de direita e antissemita dos anos 1930 e, por outro, as conexões com seus artigos depois da guerra. Rothberg assinala que há um silêncio generalizado no que concerne os artigos anteriores à guerra, nunca repudiados explicitamente por Blanchot, e sugere que essas duas publicações iluminam retrospectivamente tanto a continuidade como a ruptura na própria relação de Blanchot com sua obra nesses dois períodos (Rothberg, 2000, p. 64).

com a questão do que acontece quando dois grupos não aceitam os argumentos um do outro. O conceito de diferendo [*différend*] é sugerido para situações nas quais algo aconteceu, mas os discursos estabelecidos não conseguem dar conta de tal acontecimento:

> *O diferendo é o estado instável e o instante da linguagem em que algo que necessita ser colocado em frases ainda não o pode ser. Esse estado inclui o silêncio, que é uma frase negativa, mas convoca também frases em princípio possíveis. Esse estado é assinalado por aquilo que costumamos chamar de sentimento: "Difícil achar as palavras" etc. . . . O que está em questão em uma literatura, uma filosofia, em uma política, talvez, seja testemunhar os diferendos encontrando expressões para eles. (Lyotard, 1988, p. 13)*

Auschwitz é o exemplo mais dramático dessa busca por uma expressão para compreendê-lo e avaliá-lo.

Alguns autores expressaram inquietação com os artigos de Lyotard, já que às vezes Auschwitz é visto como um acontecimento histórico único, outras vezes como um dentre outros. Em alguns momentos, Lyotard parece sugerir que Auschwitz está além da representação. Na compreensão de Godfrey, Lyotard estaria apontando que representações devem ser encontradas, mas estas "deveriam testemunhar o próprio estilhaçamento das formas tradicionais de representação" (Godfrey, 2007, p. 13). Não deveriam ser uma forma de obscurecimento, mas sim tentar representar aquilo que é quase impossível de ser representado.[17]

---

17 A memória e a representação do Holocausto são marcadas por ondas descontínuas. O julgamento de Eichmann em Jerusalém, que começou em 20 de maio de 1960, é um marco nos relatos do Holocausto porque, pela primeira vez, o

Trata-se de um modo de pensamento evocativo do poeta Paul Celan:

> *Apenas uma coisa permaneceu alcançável, próxima e segura dentre todas as perdas: a linguagem. Sim, linguagem. A despeito de tudo, ela permaneceu segura contra a perda. Mas ela teve que passar por toda sua própria falta de respostas, através do silêncio aterrorizador, através de milhares de escuridões de fala assassina. Ela atravessou. Ela não me ofereceu palavra nenhuma para o que estava acontecendo, mas atravessou. Atravessou e pôde vir à tona, "enriquecida" por aquilo tudo. (Celan, 1986, p. 34)*[18]

---

testemunho das vítimas que sobreviveram foi ouvido. O filme *Shoah*, de Claude Lanzmann (1985) apresenta testemunhos de sobreviventes e de perpetradores do Holocausto, e imagens dos campos na Polônia, incluindo campos de extermínio. Essas documentações com testemunhos foram seguidas por *formas alegóricas* de se tentar representar o Holocausto impossível de ser apresentado, como *Maus*, de Art Spiegelman (1986, prêmio Pulitzer Special Award em 1992); o controverso filme de 1999 *La vita è bella*, dirigido por Roberto Benigni; ou, mais recentemente, o ainda mais controverso livro *Les bienveillantes* (2006), pelo escritor nascido nos Estados Unidos Jonathan Littell, que ganhou o Grand Prix du Roman da Academia Francesa e o prêmio Goncourt daquele ano. Esse livro é narrado em primeira pessoa por seu protagonista fictício Maximilien Aue, representando um antigo oficial da SS de ascendência francesa e alemã que participou do Holocausto.

18 Celan nasceu na Romênia, em uma família judaica falante de alemão, e começou a escrever poesia muito jovem. Viajou à França para estudar medicina. O *Anschluss* o impediu de estudar em Viena, e as escolas romenas haviam acabado de impor uma cota para judeus. Sua viagem à França o fez atravessar Berlim; conforme os eventos da Noite dos Cristais se desenrolavam, ele retornou à Romênia para estudar literatura. Em 21 de junho de 1942, seus pais foram deportados para um campo de concentração no governorado da Transnístria, onde dois terços dos deportados acabaram morrendo. O próprio Celan foi levado para um campo de trabalho na Romênia, onde recebeu a notícia da

Adorno endossa uma qualidade que encontrou nesse poeta ao afirmar:

> *A poesia [de Celan] é permeada por um sentimento de vergonha decorrente do fato de que a arte é incapaz seja de experimentar ou sublimar o sofrimento. Os poemas de Celan articulam o horror indizível permanecendo em silêncio, transformando, assim, seu verdadeiro teor em uma qualidade negativa. (Adorno, 1984, p. 311)*

Serão estes expressões daquilo que só pode ser nomeado ou representado pelo negativo? A própria linguagem confronta-nos com tudo aquilo que se encontra em seus limites e não pode ser expressado por meio da linguagem. Primo Levi escreve: "Pela primeira vez, então, nos damos conta de que nossa língua carece de palavras para expressar tal ofensa, a aniquilação de um homem" (1996, p. 26). Nas palavras de Cohen, "A exigência de se pensar após Auschwitz seria, acima de tudo, expor e testemunhar esse silêncio no âmago da linguagem" (2005, p. 108).

No entanto, Cohen refletiu sobre a indestrutibilidade do humano: "Pois o momento em que a singularidade de cada homem parece ter sido destruída é o exato momento na qual ela ressurge, invisivelmente, mas inequivocamente" (p. 141). Cita de "Reb Fina", de Jabès: "Costuraram uma estrela em nossos corações para se apropriar da clareza de nossas noites: pois embora fôssemos vítimas de seu poder abusivo, bem no fundo eles sabiam que,

---

morte de seus pais. Depois da guerra, mudou-se para Paris via Viena. Celan recebeu o prêmio Bremen de literatura em 1958 e o prêmio Georg Büchner em 1960. Suicidou-se em Paris em abril de 1970. Reproduzido com permissão da Sheep Meadow Press.

transparente e vasto como o céu, nunca seríamos dominados" (em Cohen, 2005, p. 142).

Freud assinalou que uma das funções dos grupos é restringir a destrutividade dos homens contra outros homens. Discutiu a regressão das funções do supereu em algumas concentrações de massa e a severa redução do funcionamento do eu. Glover (1947) comparou a escalada da era nuclear à atuação [*acting out*], em escala social e política, de fantasias que podiam ser encontradas em pacientes psicóticos. Posteriormente, Bion (1961) sugeriu a noção de "grupos de pressupostos básicos", que se baseia numa premissa psicótica que enfatiza o sentimento de grandiosidade e superioridade de um grupo sobre outros grupos. Bion descreveu tais grupos não estruturados nos termos da ativação de três constelações de funcionamento grupal regressivo: os "grupos de pressupostos básicos" de "acasalamento", "fuga-luta" e "dependência". O grupo de "dependência" tem características narcísicas e deseja um líder provedor, autossuficiente, que os alimentará; o grupo "fuga-luta" tem uma atmosfera acentuadamente paranoica e tende a escolher um líder com características paranoides. Bion descreveu o grupo que se juntou com o objetivo de "acasalamento" como dominado por esperanças messiânicas (Bion, 1952, 1961). Rosenfeld (1971) descreveu a existência de organizações destrutivas patológicas, baseadas em defesas narcísicas contra sentimentos de inveja, dependência e troca de comunicação entre as várias partes do *self*. Kernberg (1998) conceitualizou os tipos sinistros de regressão que ocorrem em sociedades totalitárias, nas quais a cultura de massa atrai disposições narcísicas e/ou paranoides.

Esses textos psicanalíticos têm sido capazes de demonstrar que o impulso destrutivo é inerente ao ser humano e como pode se manifestar nas situações sociais e de grupo. A questão relativa às condições que permitem que ele se expresse de formas tão atrozes e inimagináveis quanto as do Holocausto precisa ser examinada em conjunto com outras disciplinas, como história, sociologia e ciências políticas. A filosofia, a literatura e a arte, bem como o trabalho dos psicanalistas contemporâneos, confrontaram-se com os desafios de encontrar formas de representar e manter viva a memória de algo que desafia os meios tradicionais de representação.

Pós-escrito

Em 16 de maio de 1941, na França ocupada, quando os homens judeus acima de 15 anos eram obrigados a se apresentar à polícia francesa situada à Rue Lutèce, em Paris, Fiszel Swiczarczyk acompanhou seu filho no dia de seu 15º aniversário. Passaram pela pequena porta do que hoje é o Jardin des Plantes. O rapaz, Hersz, foi registrado como judeu e recebeu autorização para voltar para casa. Seu pai, no entanto, foi detido pela polícia francesa e encaminhado para o campo de internos de Pithiviers. Hersz correu 5 quilômetros até o vigésimo *arrondisement* para contar à mãe, Frajda Dobrzinska, o que ocorrera.

Fiszel Swiczarczyk nasceu em Varsóvia e, quando jovem, serviu dois anos no serviço militar. Em 1937 foi para Paris com a mulher e os dois filhos, deixando para trás, em Varsóvia, 150 membros de sua família, entre eles pais, tios, tias e primos. Em 1º de setembro de 1939, quando os alemães invadiram a Polônia, Fiszel alistou-se no exército francês. Combateu em maio de 1940, quando os alemães invadiram a França. Nesse mesmo ano, 2 milhões de soldados franceses foram feitos prisioneiros, pois os alemães cercaram e rapidamente ocuparam metade do território francês. Fiszel Swiczarczyk foi um desses prisioneiros, mas ironicamente foi mandado para casa pelos alemães em 1941 pois fora ferido. Alguns meses depois, ao acompanhar seu filho para o registro na polícia francesa, foi detido. Nunca mais retornou para casa e foi deportado para Auschwitz no ano seguinte.

Somente no dia 10 de maio de 1941, cerca de 4 mil homens judeus foram presos. Em 16 e 17 de julho de 1942, no que passou a ser conhecido como a *Rafle du Vélodrome d'Hiver* (a Rusga do Velódromo de Paris), 13.152 judeus foram presos e mantidos no Vélodrome d'Hiver, no centro de Paris, ou no campo de Drancy, próximo dali. Foram então mandados de trem para o extermínio em Auschwitz. Mais tarde, o filho descobriu que seu pai estivera no Comboio número 6, que partiu de Paris para Auschwitz em 17 de julho de 1942. No total, 76 mil judeus foram deportados da França.

Retrospectivamente, acompanhando o desenrolar da narrativa, pode-se dizer que a prisão do pai de Hersz serviu como um sinal de alerta para sua mãe, que então tomou as primeiras decisões que permitiram que o rapaz se escondesse. O jovem Hersz juntou-se ao *maquis*, o movimento clandestino de resistência francês, e sobreviveu à guerra. Pôde salvar sua vida e muitas outras. Sobreviveram também sua mãe, Frajda Dobrzinska, e sua irmã, Madeleine.

Depois da guerra, Hersz casou-se e teve filhos (meu irmão e eu) e netos. A cadeia de gerações, tragicamente interrompida, não foi destruída.

Glossário[1]

Abjeto: o *The Columbia Dictionary of Modern and Cultural Criticism* define abjeto como "o estado de ter sido banido". Implica degradação: é o que intrinsecamente desestabiliza a identidade convencional e conceitos culturais. Kristeva sugeriu que o abjeto é "o lugar onde o sentido colapsa . . . Permanece à margem, além do estabelecido, e não parece se ater às regras do jogo. E, no entanto, desse lugar de exílio, o abjeto não deixa de desafiar seu mestre" (Kristeva, 1982, p. 2).

***Après-coup* (descritivo e dinâmico):** sugeri uma diferenciação entre a noção de *après-coup* descritivo e o conceito de *après-coup* dinâmico. *Après-coup* descritivo como usado na psicanálise coloquial simplesmente tem o sentido de significação retrospectiva. *Après-coup* dinâmico, por sua vez, inclui diferentes noções de temporalidade, como fixação, regressão, compulsão à repetição e o retorno do reprimido. Essas diferentes noções de tempo referem-se

1 Sou grata a Gregorio Kohon, que sugeriu a ideia de um glossário.

à heterocronia em psicanálise (Green, 2002b). Além disso, o *après-coup* dinâmico está conectado a uma rede de conceitos como trauma, castração e sexualidade infantil, conferindo um sentido específico ao corpo da teoria de Freud (Perelberg, 2006). É o vínculo entre o *après-coup* e essa rede de conceitos que lhe confere uma dimensão metapsicológica. É a *temporalidade do après-coup, estabelecendo os vínculos entre o aqui e agora e o lá e então,* que marca a passagem, em uma análise, de uma estrutura diádica para uma triádica (Perelberg, 2013b, p. 581).

Complexo de Édipo, conceito de Freud de: O complexo de Édipo constitui a primeira estrutura simbólica básica e inclui uma rede de conceitos como o assassinato do pai, o estabelecimento do ideal do eu, identificação, supereu, perda, castração, de-sexualização e sublimação (Green, 1992, 2004; ver também Kohon, 2005b). O complexo de Édipo retraduz retrospectivamente as primeiras experiências nos termos do *après-coup*, instituindo as diferenças entre os sexos e as gerações. O medo da castração requer a renúncia aos desejos incestuosos; no modelo estrutural da mente, essa ameaça é internalizada, e o medo do pai torna-se o medo do próprio supereu. No modelo freudiano, a reorganização ocorre com a situação edípica, e a sexualidade é seu lema. Nas *Controvérsias Freud-Klein*, Ella Sharpe apontou algumas diferenças entre o complexo de Édipo em Freud e em Klein: o complexo de Édipo clássico requer o desenvolvimento do eu e o reconhecimento da realidade da frustração, repressão, o uso de substitutos simbólicos e o supereu, que era inseparável do complexo de Édipo freudiano (em King & Steiner, 1990, p. 339; Perelberg, 2006).

Para Freud, o pai é crucial como presença na mente da mãe, mas essencialmente como o terceiro elemento que institui a proibição do incesto na relação com a mãe. A descoberta do desejo de matar o pai é um dos escândalos da psicanálise, junto com a descoberta da sexualidade infantil.

Complexo de Édipo, conceito de Klein de: nas formulações de Klein, o complexo de Édipo muda dramaticamente. Não se trata apenas da questão de que ele *ocorre* muito mais cedo: estruturalmente, Klein oferece uma conceitualização diferente sobre as origens do indivíduo e das diferenças sexuais.

Para Klein, o desmame e não a castração torna-se o momento no qual se estabelecem as diferenças entre os sexos. As diferenças sexuais são um dado, uma vez que existe um reconhecimento inato, inconsciente, do pênis e da vagina. Dessa forma, Klein enfatiza uma noção biológica, "natural" das diferenças entre os sexos (Kohon, 1999; Mitchell, 1974). O desejo da menininha de receber um pênis e de "incorporá-lo" como um objeto de satisfação oral é primário. Ao desejo oral segue-se o desejo vaginal. Pontalis assinalou que o complexo de Édipo como concebido por Klein perde sua dimensão de terceiridade: "o pênis do pai segue-se ao seio da mãe, é um objeto de fantasia do corpo materno, seguido pelos "pais combinados" – não é o terceiro elemento que todo analista clássico verifica na situação edípica" (Pontalis, 1965, pp. 178-179). Kristeva também sugeriu que, para Klein, o pênis paterno permanece como uma imago materna: "um tipo de seio materno, maligno e competitivo, mas não um terceiro" (Kristeva, 2000, p. 81).

Complexo paterno: antes de ter elaborado de uma forma mais completa a noção de complexo de Édipo, Freud escreveu sobre o "complexo paterno", marcado por sentimentos ambivalentes do menino em relação ao pai e pelo desejo de possuir a mãe.

"*Criança é espancada, uma*": Freud sugeriu que a fantasia *uma criança é espancada* é composta por três fases: a cena da primeira fase aparece como "o pai bate na criança" (uma criança é espancada). A segunda fase, indica Freud, é inconsciente e uma construção da transferência. Aparece como: "eu [menina] sou espancada por meu pai", na qual o/a autor/a ocupa o lugar da criança espancada da primeira cena. A terceira fase – a primeira que aparece na análise – assemelha-se à primeira. O/a autor/a da fantasia ocupa o lugar de espectador/a, mas dois elementos significativos diferenciam esta fase da primeira cena. Os parceiros mudaram: a criança espancada da primeira fase foi substituída por múltiplas crianças desconhecidas, e o pai – o espancador – por substitutos mais distantes.

Esta fantasia é central para o desenvolvimento teórico de Freud e sugere uma ligação entre masoquismo, feminilidade e os sentimentos de culpa provocados pelos desejos incestuosos dirigidos ao pai – desejos que são reprimidos e reconstruídos no processo de análise. No artigo seminal de Freud, a cena é essencialmente masoquista, uma reconstrução de uma fantasia infantil por meio da análise de pacientes adultos. Ao comparar as fantasias de espancamento em meninas e meninos, Freud sugere que o menino mantém uma atitude passiva feminina em todas as fases da fantasia.

Fantasias primárias: nos seus artigos metapsicológicos, Freud introduziu o conceito de fantasias primárias (*Urphantasien*) que estão ali desde os primórdios mas só podem ser "reativadas", por assim dizer, na vida de cada indivíduo nos termos do *après-coup* (ver Freud 1916-1917, 1918; Laplanche & Pontalis, 1968; Perelberg, 2005, 2006; Perron, 2001; Steiner, 2003). Laplanche e Pontalis consideram essas fantasias primárias como experiência estruturante. Green (2002b) propõe a noção de uma *predisposição para* *readquirir* – expressão derivada do texto do Homem dos Lobos (ver Perelberg, 2005) na qual as fantasias primárias são re-atualizadas por meio da experiência individual. O que são essas fantasias primárias? Freud sugere que são a castração, a sedução e a cena primária. Posteriormente, podemos também incluir o complexo de Édipo, que inclui filicídio, parricídio e incesto.

Forclusão: Lacan (2006) introduziu este termo como equivalente ao "*Verwerfung*" (rejeição) de Freud. Embora possam ser identificados alguns sentidos no uso que Freud faz do termo (Laplanche & Pontalis, 1988), para Lacan o mais importante é o que se encontra no texto do Homem dos Lobos: "Já nos é conhecida a atitude inicial do paciente para com o problema da castração. Ele a rejeitou e se ateve ao ponto de vista da união pelo ânus. Ao dizer que a rejeitou, o significado imediato da expressão é que não quis saber dela, no sentido de que a reprimiu. Com isso não se pronunciava um juízo sobre sua existência, mas era como se não existisse" (1918, p. 114).

Lacan sugere que forclusão significa "não simbolizar o que deveria ter sido simbolizado (castração): é uma 'abolição simbólica'" (Laplanche & Pontalis, 1988, p. 168).

***Habitus*:** este termo foi proposto por Bourdieu (1972) para indicar aquilo que liga estruturas sociais mais amplas a práticas específicas, princípios que geram estratégias. Refere-se à "maneira pela qual a sociedade torna-se sedimentada nas pessoas na forma de disposições duradouras, ou capacidades treinadas e propensões estruturais para pensar, sentir e agir de determinadas formas, que passam então a guiá-las" (Wacquant, 2005, p. 316). Um *habitus* funciona como uma "matriz de percepções, apreciações e ações" e permite que muitas tarefas sejam executadas (Bourdieu, 1972, p. 83).

Ideal do eu: o ideal do eu é a expressão da "primeira e mais importante identificação [de um indivíduo], sua identificação com o pai em sua própria pré-história pessoal" (Freud, 1923a, p. 38).

Negativo, trabalho do: a noção do negativo foi desenvolvida por André Green para dar conta de processos tanto normais como patológicos. O negativo é a principal condição para a existência do aparato psíquico e seu desenvolvimento. A repressão estabelece as distinções entre inconsciente e pré-consciente/consciente. O inconsciente é descrito como o negativo do consciente, em termos de ausência de tempo e desconsideração das categorias de contrários e contradições. Green sugere que o conceito de "estruturas enquadrantes" está na origem da representação (1990). Ao segurar seu bebê, a mãe deixa nele a impressão dos seus braços, o que constitui a estrutura enquadrante, que, na ausência da mãe, contém a perda da percepção do objeto materno como uma alucinação negativa dele. Green acredita que é contra o pano de fundo da negatividade que serão inscritas as futuras representações do objeto. A alucinação negativa da mãe e do corpo da mãe cria as condições que permitem a própria atividade do pensar, bem como a capacidade de simbolizar. A alucinação negativa da mãe é, portanto, uma pré-condição para o pensamento.

As formulações de Green sobre o trabalho do negativo incluem também a noção de estruturas mentais das quais as representações desapareceram, deixando apenas um buraco negro na psique, espaços vazios sem representação.

Pai – "um pai é espancado": À luz da experiência clínica, elaborei a fantasia de "um pai é espancado". Essa fantasia e suas transformações emergem para certos pacientes do sexo masculino como *resultado* do trabalho de análise e tornam-se uma apropriação potencial do pai (simbólico). Não significa necessariamente que o pai é explicitamente espancado. É uma *construção* derivada das associações livres e sonhos no encontro analítico, à qual se chega pelo trabalho de interpretação. A fantasia "um pai é espancado" pode muitas vezes ser encontrada na análise de alguns pacientes do sexo masculino no ponto de transição entre as duas configurações – ou seja, da do pai assassinado para a do pai morto. É uma transformação das fantasias primárias de castração, sedução e cena primária, todas contidas na fantasia "um pai é espancado".

Pai – "um pai é espancado até a morte" (Kristeva): Kristeva propõe uma releitura de *Totem e tabu* através das lentes de "uma criança é espancada", a fim de enfatizar o sentimento de culpa subjacente ao assassínio do pai como o reverso do desejo por ele (2008). Ela sugere que a fantasia "um pai é espancado até a morte" repousa na fundação da fé cristã, promovendo uma re-sexualização do pai ideal, de forma que o pai como figura de paixão "substitui o Pai da lei" (p. 181). "Embora Cristo seja o *Filho* . . . é como pai que ele é morto" (p. 180). O "pai espancado até a morte" é, segundo Kristeva, uma construção cristã do sujeito desejante, uma vez que libera o indivíduo do amor incestuoso pelo pai e da culpa a isso associada, projetando-a em um Cristo paixão-sofredor como caminho para a sublimação.

Pai, assassinato do: o pai narcísico é assassinado pelos filhos no mito fundante de *Totem e tabu*. No contexto deste livro, o pai assassinado não tem um lugar na configuração edípica, simbólica. Pode-se identificar configurações clínicas nas quais o "pai assassinado" está presente, como nas estruturas perversas, sádico-anais descritas por Abraham (1924) e por Chasseguet-Smirgel (1985).

Em tais configurações, é difícil para o indivíduo, se não impossível, dar sentido ao papel do pai na cena primária. Isso não significa que o pai foi realmente morto; a figura clínica pode surgir como a exclusão do pai da cena primária. Esses pacientes tendem a estabelecer relações diádicas e a eliminar relações triádicas.

Pai diurno, do dia: o pai benevolente, a contraparte da mãe que exerce as funções maternas.

Pai morto: este é o pai da lei que proíbe todos os assassínios. Em *Totem e tabu*, Freud colocou o assassinato do pai narcísico como levando à criação da lei e da genealogia (Freud, 1912-1913). O pai morto tornava-se mais poderoso do que jamais fora quando vivo: torna-se o pai morto, simbólico, que proíbe a violência e o incesto e está na fundação da cultura.

Pai "morto", assassínio do: esta noção é utilizada neste livro para indicar o assassínio da lei e da genealogia no sistema de violência absoluta no Holocausto.

Pai narcísico: este é o pai descrito em *Totem e tabu* (1912-1913), que é todo-poderoso, possuidor de todas as mulheres e que exerce sobre seus filhos um poder tirânico. É esse pai violento e incestuoso que é assassinado no mito fundante. Estamos aqui nos referindo à *imago* do pai narcísico anterior à proibição de todos os assassinatos.

Pai noturno, da noite: conceito proposto neste livro para indicar o pai sexual que é "repulsivo e diabólico" e que toma a mãe como amante. É a contraparte da mãe da noite/noturna (Braunschweig & Fain, 1975).

Perversa, configuração: nos termos do enquadre teórico proposto neste livro, a abolição do pai morto e elevação do pai assassinado encontram-se presentes nas configurações perversas. Identifiquei as seguintes características na literatura:

1. a qualidade estática, repetitiva, das interações com os outros;
2. empobrecimento simbólico (Kohon, 2000);
3. abolição do tempo e do *après-coup* (Perelberg, 2006);
4. abolição do princípio de realidade e predominância do princípio de prazer (Chasseguet-Smirgel, 1985; McDougall, 1990);
5. construção de uma pseudorrealidade que se torna um substituto da vida (devaneios, ou *Second Life*, Wood, 2007);
6. evitação de contato íntimo verdadeiro com outras pessoas, que são desumanizadas (Stoller, 1968);
7. fixação de uma configuração sadomasoquista (Campbell, 2014; Glasser, 1979);
8. coisificação (Dermen, 2010);
9. evitação de sentimentos de desamparo e passivação (Green, 1986a; Kohon, 2005a);
10. dúvida persistente quanto à veracidade do que o paciente está transmitindo ao analista (Campbell, 2014);
11. abolição do pai morto e ascensão do pai assassinado (Perelberg, 2009b);

12. uma incapacidade para o luto e o predomínio de uma estrutura melancólica na qual a ausência, a perda e os sentimentos sem nome são erotizados (Perelberg, 2009b).

Supereu freudiano: o termo "supereu" foi utilizado pela primeira vez em *O eu e o id* (1923a). De fato, o livro poderia ser tido intitulado *O eu, o id e o supereu*, considerando-se a enorme importância que o termo viria a ter na psicanálise. O supereu inclui as funções de proibição e de ideal, tornando-se a instância que incorpora a lei e a proibição. Em seu Prefácio à edição hebraica, escrito em 1930, Freud refere-se à "divisão da personalidade entre um eu, um supereu e um id" como uma "alteração radical" na teoria dos instintos e descobertas referentes à origem da consciência e do sentimento de culpa.

Supereu kleiniano: as noções de Klein sobre o complexo de Édipo eram muito diferentes das de Freud. Segundo Klein, o supereu existe desde muito antes, desde a fase oral, formado por meio da introjeção de objetos "bons" e "maus" e tornado especialmente cruel pelo sadismo infantil, que nesse período tem seu ápice. Klein (1932) descreveu medo de punição e sentimentos de remorso em crianças pequenas originando-se de um supereu primitivo pré-edípico. Ela também sugeriu existir um outro supereu, mais arcaico e aterrorizador, formado por uma difusão dos instintos que não foram modificados pelo processo normal de crescimento (Klein, 1958). O supereu kleiniano deriva-se da relação pré-edipiana com a mãe, enquanto o supereu freudiano define-se nos termos da constelação edípica e da função paterna.

Terceiridade: terceiridade é um constructo teórico ligado a uma estrutura. Fantasias inconscientes, repressão primária e identificação primária (com ambos os pais, como indicado por Freud) sugerem que o bebê nasce em uma estrutura triangular que o precede; é no contexto dessa estrutura que ele forma suas identificações. Por definição, o processo psicanalítico inclui uma dimensão histórica que liga, estruturalmente, dois momentos: o *lá e então* e o *aqui e agora*, inaugurando tempo, espaço e uma cadeia geracional (ver meu conceito de *après-coup* dinâmico).

Transmissão: no corpo de sua obra, Freud oscilou entre enfatizar explicações biológicas, filogenéticas e de legado e, em contraposição, salientar a relevância do objeto em um processo de transmissão inconsciente. Mesmo em *Totem e tabu*, no qual a herança genética é enfatizada, Freud sugeriu uma outra dimensão de transmissão que pode ser compreendida nos termos daquilo que Green denominou "*disposição para re-adquirir*". As fantasias primárias são re-atualizadas por meio da experiência individual (Green, 2002b). Fantasias inconscientes, repressão primária e identificação primária sugerem que o bebê nasce em uma estrutura triangular que o precede, e é no contexto dessa estrutura que formará suas identificações.

Referências

Abensour, L. (2011). L'ombre du maternel. *Revue Française de Psychanalyse, 85* (dez.): 1297-1336.

Abraham, K. (1924). A Short Study of the Development of the Libido Viewed in the Light of Mental Disorders. In *Selected Papers on Psychoanalysis*. London: Hogarth Press, 1979, pp. 418-501.

Abraham, N. & Torok, M. (1994). *The Shell and the Kernel*. London and Chicago: The University of Chicago Press.

Abram, J. (1996). The Fear of Woman. In *The Language of Winnicott*. London: Karnac, pp. 125-129.

Adorno, T. W. (1967). Cultural Criticism and Society. In *Prisms*. Cambridge: MIT Press, 1981, pp. 17-34.

Adorno, T. W. (1973). *Negative Dialectics*. London: Routledge.

Adorno, T. W. (1978). Commitment. In A. Arato & E. Gebhardt (Eds.), *The Essential Frankfurt School Reader*. Oxford: Blackwell.

Adorno, T. W. (1984). *Aesthetics Theory*, trad. C. Lernhard. New York: Routledge and Kegan Paul.

Aisenstein, M. (2009). The Death of the Dead Father? In L. J. Kalinich & S. W. Taylor (Eds.), *The Dead Father: A Psychoanalytic Enquiry*. London: Routledge, pp. 65-74.

Aisenstein, M. (2012). A Particular Form of Paternal Identification in Women. *Psychoanalytic Quarterly*, *81*: 27-37.

Alexander, F. (1922). The Castration Complex in the Formation of Character. *International Journal of Psychoanalysis*, *4*(1923): 11.

Althusser, L. (1968). Marx's Immense Theoretical Revolution. In L. Althusser & E. Balibar (Eds.), *Reading Capital*. London: Verso, pp. 182-193.

Améry, J. (1986). *At the Mind's Limits: Contemplations by a Survivor on Auschwitz and Its Realities*. New York: Schocken Books.

Andreas-Salomé, L. (1916). "Anal" und "Sexual". *Imago*, *4*: 249.

Anzieu, D. (1986). *Freud's Self Analysis*. London: Hogarth Press & The Institute of Psychoanalysis.

Arendt, H. (1951). *The Origins of Totalitarianism*. New York: Harvest/HBJ.

Arendt, H. (1964). *Eichmann in Jerusalem: A Report on the Banality of Evil*. New York: Viking Press.

Arendt, H. (1970). *On Violence*. New York: Harcourt, Brace & World.

Aulagnier, P. (1975). *La violence de l'interprétation. Du pictogramme à l'énoncé*. Paris: PUF. [*The Violence of Interpretation: From Pictogram to Statement*. Hove: Brunner-Routledge, 2001.]

Avineri, S. (1972). *Hegel's Theory of the Modern State*. Cambridge: Cambridge University Press.

Aviv, N. (2004). *From Language to Language ("Misafa Lesafa")*. Icarus Films. http://icarusfilms.com/new2005/fltl.html.

Bailly, L. (2009). *Lacan: A Beginner's Guide*. London: One World Publications.

Bakhtin, M. M. (1981). *The Dialogic Imagination*, trad. C. Emerson & M. Holquist. Austin: University of Texas Press.

Baldacci, C. (2011). Une jalousie de rêve. *Revue Française de Psychanalyse*, *25*: 649-663.

Baldacci, J.-L. (2013). Nul ne peut être abattu in absentia ou in effigie. *Revue Française de Psychanalyse*, *77*(5): 1495-1501.

Bataille, G. (1957). *Eroticism*. London: Penguin Classics, 1962.

Bataille, G. (1970). Essais de sociologie. *Oeuvres complètes*. Paris: Gallimard.

Bateson, G. (1936). *Naven*. Redwood City, CA: Stanford University Press, 1958; reimpr. 1981.

Bateson, G. (1972). *Steps to an Ecology of Mind*. Paladin: St. Albans.

Bateson, G. (1979). *Mind and Nature*. New York: Bantam Books.

Bauman, Z. (1989). *Modernity and the Holocaust*. Cambridge: Polity Press.

Beebe, B. & Lachmann, F. (1994). Representation and Internalization in Infancy: Three Principles of Salience. *Psychoanalytic Psychology*, *11*: 127-165.

Beetschen, A. (2013). Le paternel en attente de père. *Revue Française de Psychanalyse*, *77* (dez.): 1363-1368.

Benedict, R. (1935). *Patterns of Culture*. London: Routledge & Kegan Paul, 1971.

Benjamin, J. (2004). Beyond Doer and Done To: An Intersubjective View of Thirdness. *Psychoanalytic Quarterly*, *73*: 5-46.

Bion, W. R. (1952). Group Dynamics: A Re-View. *International Journal of Psychoanalysis*, *33*: 235-247.

Bion, W. R. (1961). *Experiences in Groups*. London: Tavistock Publications.

Bion, W. R. (1962a). A Theory of Thinking. In *Second Thoughts*. London: Heinemann, 1967, pp. 110-119; reimpr. London: Karnac, 1984. [Publicado originalmente como: The Psycho-Analytic Study of Thinking. *International Journal of Psychoanalysis*, *43*: 306-310.]

Bion, W. R. (1962b). *Leaning from Experience*. London: Karnac, 1984.

Bion, W. R. (1963). *Elements of Psycho-Analysis*. London: Karnac, 1984.

Bion, W. R. (1970). Container and Contained. In *Attention and Interpretation*. London: Karnac, 1984, pp. 72-82.

Bion, W. R. (1984). *Second Thoughts*. London: Karnac.

Bion, W. R. (1992). *Cogitations*. London: Karnac.

Birksted-Breen, D. (1993). General Introduction. In *The Gender Conundrum: Contemporary Psychoanalytic Perspectives on Femininity and Masculinity*. London: Routledge & The Institute of Psychoanalysis.

Birksted-Breen, D. (1996). Phallus, Penis and Mental Space. *International Journal of Psychoanalysis*, *77*: 649-657.

Birksted-Breen, D. (2009). "Reverberation Time", Dreaming and the Capacity to Dream. *International Journal of Psychoanalysis*, *90*: 35-51.

Blanchot, M. (1980). *L'écriture du désastre*. Paris: Gallimard.

Blanchot, M. (1983). *Après-coup*. Paris: Editions de Minuit.

Blanchot, M. (1985). *Vicious Circles*, trad. P. Auster. Barrytown, NY: Station Hill Press.

Blanchot, M. (1993). *The Infinite Conversation*, trad. S. Hanson. Minneapolis: University of Minnesota Press.

Bloch, M. (1975). Introduction. In *Political Language and Oratory in Traditional Society*. London: Academic Press.

Bloch, M. (1977). The Past and the Present in the Present. *Man*, *12* (ago., n. 2): 278-292.

Bollas, C. (1987). *The Shadow of the Object: Psychoanalysis of the Unthought Known*. London: Free Association Books.

Botella, C. & Botella, S. (2001). *La figurabilité psychique*. Paris & Lausanne: Delachaux & Niestlé.

Bott, E. (1972). Psychoanalysis and Ceremony. In J. La Fontaine (Ed.), *The Interpretation of Ritual: Essays in Honour of A. I. Richards*. London: Tavistock Publications.

Bourdieu, P. (1972). *Outline of a Theory of Practice*. Cambridge: Cambridge University Press, 1993.

Bourdieu, P. (1980). *The Logic of Practice*. Stanford, CA: Stanford University Press.

Braunschweig, D. & Fain, M. (1975). *La nuit, le jour. Essai psychanalytique sur le fonctionnement mental*. Paris: PUF.

Brierley, M. (1932). Some Problems of Integration in Women. *International Journal of Psycho-Analysis*, *13*: 433-448.

Britton, R. (1989). The Missing Link: Parental Sexuality in the Oedipus Complex. In R. Britton, M. Feldman & E. O'Shaughnessy, *The Oedipus Complex Today: Clinical Implications*. London: Karnac, pp. 83-102.

Britton, R. (1999). Getting in on the Act: The Hysterical Solution. *International Journal of Psychoanalysis, 80*: 1-14.

Britton, R. (2004). Subjectivity, Objectivity, and Triangular Space. *Psychoanalytic Quarterly, 73*: 47-61.

Brooks, K. L. (1919). *Complete Summary of the New Testament*. Los Angeles, CA: Bible Institute of Los Angeles.

Brunswick, R. M. (1940). The Pre-Oedipal Phase of the Libido Development. *Psychoanalytic Quarterly, 9*: 293-319.

Brusset, B. (2011). Sur le maternel et la sexualité. *Revue Française de Psychanalyse, 85* (dez.): 1577-1582.

Burgner, M. (1985). The Oedipal Experience: Effects on Development of an Absent Father. *International Journal of Psychoanalysis, 66*: 311-320.

Cabrol, G. (2011). Le Refoulement de l'Inceste Primordial. *Revue Française de Psychanalyse, 85* (dez.): 1583-1588.

Campbell, D. (1995). The Role of the Father in a Pre-Suicide State. *International Journal of Psychoanalysis, 76*: 315-323. Também em R. J. Perelberg (Ed.), *Psychoanalytic Understanding of Violence and Suicide*. London: Routledge, 1999.

Campbell, D. (2014). Doubt in the Psychoanalysis of a Paedophile. *International Journal of Psychoanalysis, 95*: 441-463.

Canestri, J. (2013). Le paternel, le tiers et la tierceité. *Revue Française de Psychanalyse, 78* (dez.): 1582-1585.

Canguilhem, G. (1979). *Idéologie et rationalité dans l'histoire des sciences de la vie*. Paris: Vrin.

Cavell, M. (1998). Triangulation: One's Own Mind and Objectivity. *International Journal of Psychoanalysis, 79*: 449-467.

Celan, P. (1986). *Collected Prose*. New York: Sheep Meadow Press.

Chabert, C. (2003). *Féminin mélancolique*. Paris: PUF.

Chabert, C. (2005). Clinical and Metapsychological Thoughts Derived from "A Child Is Being Beaten". In R. J. Perelberg (Ed.), *Freud: A Modern Reader*. London: Wiley, pp. 224-232.

Chasseguet-Smirgel, J. (Ed.). (1970). *Female Sexuality: New Psychoanalytic Views*. Ann Arbor: University of Michigan Press; reimpr. London: Karnac, 1991.

Chasseguet-Smirgel, J. (1976). Freud and Female Sexuality – The Consideration of Some Blind Spots in the Exploration of the "Dark Continent". *International Journal of Psychoanalysis, 57*: 275-286.

Chasseguet-Smirgel, J. (1984). *The Ego Ideal*. New York: Norton.

Chasseguet-Smirgel, J. (1985). *Creativity and Perversion*. London: Free Association Books.

Chasseguet-Smirgel, J. (1986). *Sexuality and Mind*. New York & London: New York University Press.

Chervet, B. (2011). La fibre maternelle. *Revue Française de Psychanalyse, 85* (dez.): 1345-1352.

Chervet, B. (2013). L'appel au père et le meurtre fondateur. *Revue Française de Psychanalyse, 77* (dez.): 1510-1515.

Chumash/Rashi. (2006). *The Metsudah*, Vol. 1. Bereishis: A New Linear Translation by Rabbi Avrohom Davis. New York: Eastern Book Press.

Cixous, H. (1976). Fiction and Its Phantoms: A Reading of Freud's "Das Unheimliche". *New Literary History, 7*: 525-548.

Cohen, J. (2005). *Interrupting Auschwitz: Art, Religion, Philosophy*. New York & London: Continuum.

Cournut-Janin, M. (1998). *Féminin et féminité*. Paris: PUF, pp. 1353-1558.

Cournut-Janin, M. (2010). The Feminine and Femininity. In D. Birksted-Breen et al. (Eds.), *Reading French Psychoanalysis*. London: Routledge & The Institute of Psychoanalysis, pp. 623-640.

Cournut-Janin, M. & Cournut, J. (1993). La castration et le féminin dans les deux sexes. *Revue Française de Psychanalyse, 5*: 1353-1558.

Creed, B. (1993). *Horror and the Monstrous Feminine: An Imaginary Abjection*. London: Routledge.

David, C. (1973). The Beautiful Differences. In D. Birksted-Breen, S. Flanders & A. Gibeault (Eds.), *Reading French Psychoanalysis*. London: Routledge, 2010, pp. 649-667.

Delaney, C. (1998). *Abraham on Trial*. Princeton, NJ & Oxford: Princeton University Press.

Delourmel, C. (2013). De la fonction du père au principe paternel. *Revue Française de Psychanalyse, 5*: 29-131. Também em *Bulletin de la Société Psychanalytique de Paris*. 73e Congrès des Psychanalystes de Langue Française, 2012.

Dermen, S. (2010). Endings and Beginnings. *Psychoanalytic Quarterly, 79*(3): 665-685.

Deutsch, H. (1925). The Psychology of Women in Relation to the Functions of Reproduction. *International Journal of Psychoanalysis, 6*.

Deutsch, H. (1930). The Significance of Masochism in the Mental Life of Women. *International Journal of Psychoanalysis, 11*: 48-60.

Devereux, G. (1978). *Ethnopsychoanalysis*. Berkeley: University of California Press.

Diatkine, G. (2013). Servitude volontaire et nostalgie. *Revue Française de Psychanalyse, 77* (dez.): 1453-1461.

Diatkine, R. & Simon, J. (1972). *La Psychanalyse Précoce*. Paris: PUF.

Donnet, J.-L. (1995). *Le divan bien tempéré*. Paris: PUF.

Donnet, J.-L. (2001). From the Fundamental Rule to the Analysing Situation. *International Journal of Psychoanalysis, 82*: 129-140.

Donnet, J.-L. (2009). *The Analyzing Situation*, trad. A. Weller. London: Karnac.

Dor, J. (1985). *Introduction à la lecture de Lacan*. Paris: Editions Denoël.

Dor, J. (1998). *Introduction to the Reading of Lacan: The Unconscious Structured Like a Language*. New York, NY: Other Press.

Dos Santos, J. E. & Deoscoredes, M. (1971). *Esu Bara Laroye: A Comparative Study*. University of Ibadan, Nigeria: Institute of African Studies.

Douglas, M. (1966). *Purity and Danger: An Analysis of Concepts of Pollution and Taboo*. New York: Praeger; reimpr. London: Routledge & Kegan Paul, 1969.

Durkheim, E. (1893). *The Division of Labour in Society*. New York: Macmillan, 1933.

Durkheim, E. (1897). *Suicide: A Study in Sociology*. London: Routledge & Kegan, 1952.

Durkheim, E. (1898). La prohibition de l'inceste et ses origines. *L'Année Sociologique, 1*: 1-70.

Durkheim, E. (1924). Représentations individuelles et représentations collectives. In *Sociologie et Philosophie*. Paris: PUF, 1974.

Durkheim, E. (1938). *The Rules of Sociological Method*. New York & London: Free Press, 1966.

Elwin, V. (1939). *The Baiga*. London: John Murray.

Ettinger, B. L. (2006). *The Matrixial Borderspace*. Minneapolis & London: University of Minnesota Press.

Evans-Pritchard, E. E. (1974). *Nuer Religion*. Oxford: Oxford University Press.

Evans-Pritchard, E. E. (1976). *Witchcraft, Oracles and Magic among the Azande*. Oxford: Clarendon Press.

Faimberg, H. (1993). A l'écoute du télescopage des générations. Pertinence psychanalytique du concept. In R. Kaës, H. Faimberg, M. Inriquez & J.-J. Baranes, *Transmission de la vie psychique entre générations*. Paris: Dunod, pp. 113-129.

Faimberg, H. (2005). The Telescoping of Generations. *New Library of Psychoanalysis*. London: Routledge.

Feldman, Y. (2000). *Glory and Agony: Isaac's Sacrifice and National Narrative*. Redwood City, CA: Stanford University Press.

Fonagy, P. & Target, M. (1995). Understanding the Violent Patient: The Use of the Body and the Role of the Father. *International Journal of Psychoanalysis*, *76*: 487-501. Também em R. J. Perelberg (Ed.), *Psychoanalytic Understanding of Violence and Suicide*. London: Routledge, 1998.

Fortes, M. (1949). *The Web of Kinship among the Tallensi*. Oxford: Oxford University Press, 1969.

Fortes, M. (1973). On the Concept of the Person among the Tallensi. In *La Notion de la Personne en Afrique Noire*. Paris: Centre National de la Recherche Scientifique, pp. 283-317.

Frazer, J.-G. (1890). *The Golden Bough: A Study in Magic and Religioo.* Oxford: Oxford University Press, 1994.

Freud, S. (1893). On the Psychical Mechanism of Hysterical Phenomena. *Standard Edition*, 2: 1-17.

Freud, S. (with Breuer, J.). (1893-1895). Studies on Hysteria. *Standard Edition*, 2.

Freud, S. (1896). The Aetiology of Hysteria. *Standard Edition*, 3: 189-224.

Freud, S. (1897a). Draft N, 31 May 1897. In *The Complete Letters of Sigmund Freud to Wilhelm Fliess, 1887-1904*, trad. & ed. J. M. Masson. Cambridge, MA: Belknap Press, 1986, pp. 250-252.

Freud, S. (1897b). Letter from Freud to Fliess, 12 December 1897. In *The Complete Letters of Sigmund Freud to Wilhelm Fliess, 1887-1904*, trad. & ed. J. M. Masson. Cambridge, MA: Belknap Press, 1986, pp. 285-287.

Freud, S. (1900). The Interpretation of Dreams. *Standard Edition*, 4-5.

Freud, S. (1905a). Fragment of an Analysis of a Case of Hysteria. *Standard Edition*, 7: 1-122.

Freud, S. (1905b). Three Essays on the Theory of Sexuality. *Standard Edition*, 7: 123-245.

Freud, S. (1907). Delusions and Dreams in Jensen's Gradiva. *Standard Edition*, 9: 1-96.

Freud, S. (1909a). Analysis of a Phobia in a Five-Year-Old-Boy. *Standard Edition*, 10: 1-150.

Freud, S. (1909b). Notes upon a Case of Obsessional Neurosis. *Standard Edition*, 10: 153-320.

Freud, S. (1910). Leonardo da Vinci and a Memory of His Childhood. *Standard Edition*, 11: 59-151.

Freud, S. (1911). Psycho-Analytic Notes on an Autobiographical Account of a Case of Paranoia (Dementia Paranoides). *Standard Edition*, 12: 3-82.

Freud, S. (1912). On the Universal Tendency to Debasement in the Sphere of Love [Contributions to the Psychology of Love II]. *Standard Edition*, 11: 177-190.

Freud, S. (1912-1913). Totem and Taboo. *Standard Edition*, 13: 1-162.

Freud, S. (1914). On Narcissism: An Introduction. *Standard Edition*, 14: 73-102.

Freud, S. (1916-1917). Introductory Lectures on Psycho-Analysis. *Standard Edition*, 15-16.

Freud, S. (1917 [1915]). Mourning and Melancholia. *Standard Edition*, 14: 237-258.

Freud, S. (1918). From the History of an Infantile Neurosis. *Standard Edition*, 17: 3-123.

Freud, S. (1919a). A Child Is Being Beaten: A Contribution to the Study of the Origin of Sexual Perversions. *Standard Edition*, 17: 177-204.

Freud, S. (1919b). The "Uncanny". *Standard Edition*, 17: 217-256.

Freud, S. (1920a). Beyond the Pleasure Principle. *Standard Edition*, 18: 7-64.

Freud, S. (1920b). Letter from Sigmund Freud to Ernest Jones, March 8, 1920. In *The Complete Correspondence of Sigmund Freud and Ernest Jones 1908-1939*, ed. R. A. Paskauskas. Cambridge, MA: Harvard University Press, 1993, pp. 372-374.

Freud, S. (1920c). The Psychogenesis of a Case of Homosexuality in a Woman. *Standard Edition*, 18: 145-172.

Freud, S. (1921). Group Psychology and the Analysis of the Ego. *Standard Edition*, 18: 67-143.

Freud, S. (1922). Medusa's Head. *Standard Edition*, 18: 273-274.

Freud, S. (1923a). The Ego and the Id. *Standard Edition*, 19: 12-66.

Freud, S. (1923b). The Infantile Genital Organization: An Interpolation into the Theory of Sexuality. *Standard Edition*, 19: 139-146.

Freud, S. (1924a). The Dissolution of the Oedipus Complex. *Standard Edition*, 19: 171-180.

Freud, S. (1924b). The Economic Problem of Masochism. *Standard Edition*, 19: 159-170.

Freud, S. (1924c). The Loss of Reality in Neurosis and Psychosis. *Standard Edition*, 19: 183-190.

Freud, S. (1924d). Neurosis and Psychosis. *Standard Edition*, 19: 149-156.

Freud, S. (1925). Some Psychical Consequences of the Anatomical Distinction between the Sexes. *Standard Edition*, 19: 241-258.

Freud, S. (1926). Inhibitions, Symptoms and Anxiety. *Standard Edition*, 20: 77-175.

Freud, S. (1927). The Future of an Illusion. *Standard Edition*, 21: 1-56.

Freud, S. (1928). Dostoevsky and Parricide. *Standard Edition*, 21: 173-194.

Freud, S. (1930). Civilization and Its Discontents. *Standard Edition*, 21: 57-146.

Freud, S. (1931). Female Sexuality. *Standard Edition*, 21: 221-244.

Freud, S. (1933a). New Introductory Lectures on Psycho-Analysis. *Standard Edition*, 22: 1-184.

Freud, S. (1933b). Why War? *Standard Edition*, 22: 195-216.

Freud, S. (1935). Freud and Female Sexuality: A Previously Unpublished Letter. *Psychiatry*, *34* (n. 3, 1971): 328-329.

Freud, S. (1936). Inhibitions, Symptoms and Anxiety. *Psychoanalytic Quarterly*, *5*: 415-443.

Freud, S. (1937). Analysis Terminable and Interminable. *Standard Edition*, 23: 216-253.

Freud, S. (1938). An Outline of Psycho-Analysis. *Standard Edition*, 23: 139-208.

Freud, S. (1939). Moses and Monotheism. *Standard Edition*, 23: 1-138.

Freud, S. (1950 [1895]). Project for a Scientific Psychology. *Standard Edition*, 1: 281-391.

Frosh, S. (2010). Psychosocial Textually: Religious Identities and Textual Constructions. *Subjectivity*, *3*: 326-441.

Gallop, J. (1982). *Feminism and Psychoanalysis: The Daughter's Seduction*. London: Macmillan.

Geertz, C. (1973). *The Interpretation of Culture*. New York: Basic Books.

Ginzberg, L. (1909). *The Legends of the Jews*, Vols. 1 & 2. Charleston, SC: Nabu Press, 2010.

Glasser, M. (1979). Some Aspects of the Role of Aggression in the Perversions. In I. Rosen (Ed.), *Sexual Deviation*. Oxford: Oxford University Press, pp. 278-305.

Glasser, M. (1985). "The Weak Spot": Some Observations on Male Sexuality. *International Journal of Psychoanalysis, 66*: 405-414.

Glasser, M. (1998). On Violence: A Preliminary Communication. *International Journal of Psychoanalysis, 79*: 887-902.

Glover, E. (1947). *War, Sadism and Pacifism*. London: Allen & Unwin.

Godelier, M. (1996). Meurtre du père ou sacrifice de la sexualité. In M. Godelier & J. Hassoun (Eds.), *Meurtre du père, sacrifice de la sexualité: Approches anthropologiques et psychanalytiques*. Paris: Arcanes.

Godelier, M. (2004). *Métamorphoses de la parenté*. Paris: Fayard.

Godelier, M. & Hassoun, J. (Eds.). (1996). *Meurtre du père, sacrifice de la sexualité: Approches anthropologiques et psychanalytiques*. Paris: Arcanes.

Godfrey, M. (2007). *Abstraction and the Holocaust*. New Haven, CT: Yale University Press.

Goldhagen, D. J. (1996). *Hitler's Willing Executioners*. London: Abacus.

Goody, J. (2005). The Labyrinth of Kinship. *New Left Review, 36*: 127-139.

Green, A. (1986a). The Borderline Concept. In *On Private Madness*. London: Hogarth Press & The Institute of Psychoanalysis, pp. 60-83.

Green, A. (1986b). Passions and Their Vicissitudes. In *On Private Madness*. London: Hogarth Press & The Institute of Psychoanalysis, pp. 214-253.

Green, A. (1990). *La folie privée: Psychanalyse des états limites*. Paris: Gallimard.

Green, A. (1992). *La déliaison.* Paris: Belles Lettres.

Green, A. (1997). The Intuition of the Negative in Playing and Reality. *International Journal of Psychoanalysis, 78*: 1071-1084.

Green, A. (1998). The Primordial Mind and the Work of the Negative. *International Journal of Psychoanalysis, 79*: 649-665.

Green, A. (1999). *The Work of the Negative.* London: Free Association.

Green, A. (2002a). *Idées directrices pour une psychanalyse contemporaine.* Paris: PUF.

Green, A. (2002b). *Time in Psychoanalysis: Some Contradictory Aspects.* London: Free Association Books.

Green, A. (2004). Thirdness and Psychoanalytic Concepts. *Psychoanalytic Quarterly, 73*: 99-135.

Green, A. (2005). Negation. In R. J. Perelberg (Ed.), *Freud: A Modern Reader.* London: Wiley.

Green, A. (2009). The Construction of the Lost Father. In L. J. Kalinich & S. W. Taylor (Eds.), *The Dead Father: A Psychoanalytic Inquiry.* London: Routledge, pp. 23-46.

Green, A. (2011). *Illusions and Disillusions of Psychoanalytic Work.* London: Karnac.

Green, A. & Donnet, J.-L. (1973). *L'enfant de ça. Psychanalyse d'un entretien: La psychose blanche.* Paris: Editions de Minuit.

Grier, F. (2014). La Traviata and the Oedipus Complex. *International Journal of Psychoanalysis, 96*(2): 389-410.

Grunberger, B. (1956). A Psycho-Dynamic Study of Masochism. In S. Lorand & M. Balint (Eds.), *Perversions.* New York: Random House.

Hanly, C. M. (2004). The Third. *Psychoanalytic Quarterly*, *73*: 267-290.

Hassoun, J. (1995). *La cruauté melancolique*. Paris: Flammarion.

Hassoun, J. (1996). Du père de la théorie analytique. In M. Godelier & J. Hassoun (Eds.), *Meurtre du père, sacrifice de la sexualité: Approches anthropologiques et psychanalytiques*. Paris: Arcanes.

Heald, S., Deluz, A. & Jacopin, P.-Y. (1994). Introduction. In S. Heald & A. Deluz (Eds.), *Anthropology and Psychoanalysis: An Encounter through Culture*. London: Routledge, pp. 1-29.

Hegel, G. W. F. (1948). *Early Theological Writings*, trad. T. M. Knox & R. Kroner. Chicago, IL: Chicago University Press.

Héritier, F. (1981). *L'exercice de la parenté*. Paris: Seuil-Gallimard.

Héritier, F. (1994). *De l'inceste*. Paris: Odile Jacob.

Héritier, F. (2002). *Masculin/féminin*, II. Dissoudre la hiérarchie. Paris: Odile Jacob.

Héritier, F. (2012). *Masculin/féminin*, I. Paris: Odile Jacob.

Hertz, J. H. (Ed.). (1978). *Pentateuch and Haftorahs: Hebrew Text, English Translation and Commentary*. London: Soncino Press.

Hirsch, D. (2013). Le père en psychanalyse. Entre ontogenèse et phylogenèse, entre biologie et culture. *Revue Française de Psychanalyse*, *77* (dez.): 1471-1479.

Hoffmann, E. T. A. (1817). The Sandman. In *Tales of Hoffmann*. London: Penguin, 1982.

Hoskins, M. (1976). Being Female. In D. Barker & S. Allen (Eds.), *Sexual Divisions and Society*. London: Tavistock Publications.

Jones, E. (1913). The Phantasy of the Reversal of Generations. In *Papers on Psychoanalysis*. Boston, MA: Beacon Press, 1961; reimpr. London: Karnac, 1977.

Jones, E. (1925). Mother-Right and the Sexual Ignorance of Savages. *International Journal of Psychoanalysis*, 6: 109-130.

Josef, J. (1996). *A Victim of History: The Holocaust*. Trabalho apresentado no II Congresso Brasileiro de Vitimologia.

Josef, J. (2005). A memória na história da vitimologia. In E. Kosovski & H. Piedade Jr. (Eds.), *Vitimologia e direitos humanos*. Rio de Janeiro: Sociedade Brasileira de Vitimologia.

Julius, A. (2010). *Trials of the Diaspora: A History of Anti-Semitism in England*. Oxford: Oxford University Press.

Kaës, R. (1993). Introduction au Concept de Transmission Psychique dans la Pensée de Freud. In R. Kaës, H. Faimberg, M. Enriquez & J.-J. Baranes, *Transmission de la vie psychique entre générations*. Paris: Dunod, pp. 17-58.

Kaës, R., Faimberg, H., Enriquez, M. & Baranes, J.-J. (1993). *Transmission de la vie psychique entre générations*. Paris: Dunod.

Kafka, F. (1919). *Letter to My Father*, trad. H. Colyer. Raleigh, NC: Lulu Press, 2008.

Kalinich, L. J. & Taylor, S. W. (Eds.). (2009). *The Dead Father: A Psychoanalytic Enquiry*. London: Routledge.

Kardiner, A. (1945). *The Psychological Frontiers of Society*. New York: Columbia University Press.

Keenan, E. (1975). A Sliding Sense of Obligatoriness: The Polystructure of Malagasy Oratory. In M. Bloch (Ed.), *Political Language and Oratory in Traditional Society*. London: Academic Press.

Kerman, J. (2006). Verdi and the Undoing of Women. *Cambridge Opera Journal*, *18*(1): 21-31.

Kernberg, O. F. (1998). Aggression, Hatred, and Social Violence. *Canadian Journal of Psychoanalysis*, 6: 191-206.

Kertész, I. (2009). *L'Holocaust comme culture*. Paris: Actes Sud.

Kestenberg, J. (1968). Outside and Inside, Male and Female. *Journal of the American Psychoanalytic Association*, *16*: 457-520.

Khan, L. (2013). Un Totem Interne? *Revue Française de Psychanalyse*, *77* (dez.): 1502-1509.

Kierkegaard, S. (1843). *Fear and Trembling*. Harmondsworth: Penguin, 1986.

King, P. & Steiner, R. (Eds.). (1990). *The Freud-Klein Controversies 1941-45*. London: Routledge & The Institute of Psychoanalysis.

Klein, M. (1927a). Symposium on Child Analysis. In *The Writings of Melanie Klein*, Vol. 1. London: Hogarth Press, 1975, pp. 139-169.

Klein, M. (1927b). Criminal Tendencies in Normal Children. In *The Writings of Melanie Klein*, Vol. 1. London: Hogarth Press, 1975, pp. 170-185.

Klein, M. (1928). Early Stages of the Oedipus Conflict. In *The Writings of Melanie Klein*, Vol. 1. London: Hogarth Press, 1975, pp. 186-198.

Klein, M. (1932). The Psychoanalysis of Children. In *The Writings of Melanie Klein*, Vol. 2. London: Hogarth Press, 1975.

Klein, M. (1945). The Oedipus Complex in the Light of Early Anxieties. In Love, Guilt and Reparation and Other Works. *The Writings of Melanie Klein*, Vol. 1. London: Hogarth Press, 1975, pp. 370-419.

Klein, M. (1952). The Origins of Transference. *International Journal of Psychoanalysis, 33*: 433-438. Também em Envy and Gratitude and Other Works. *The Writings of Melanie Klein*, Vol. 3. London: Hogarth Press, 1975, pp. 48-56.

Klein, M. (1958). On the Development of Mental Functioning. In Envy and Gratitude and Other Works. *The Writings of Melanie Klein*, Vol. 3. London: Hogarth Press, 1975, pp. 236-246.

Kohon, G. (1986). *The British School of Psychoanalysis: The Independent Tradition.* London: Free Association Books.

Kohon, G. (1999). *No Lost Certainties to Be Recovered.* London: Karnac.

Kohon, G. (2000). Dreams, Symbolic Impoverishment and the Question of the Other. In R. J. Perelberg (Ed.), *Dreaming and Thinking*. London: Karnac, pp. 73-90.

Kohon, G. (2005a). Love in a Time of Madness. In A. Green & G. Kohon, *Love and Its Vicissitudes.* London & New York: Routledge, pp. 41-100.

Kohon, G. (2005b). The Oedipus Complex. In S. Budd & R. Rusbridger (Eds.), *Introducing Psychoanalysis: Essential Themes and Topics.* London: Routledge.

Kohon, G. (2010). Identification Primaire et Imago Maternelle. In *Libres Cahiers pour la Psychanalyse*, n. 23: Transfert d'Amours. Paris: Editions in Press, 2011, pp. 11-27.

Kohon, G. (2015). *Reflections on the Aesthetic Experience: Psychoanalysis and the Uncanny*. London: Routledge.

Kristeva, J. (1982). *Powers of Horror: An Essay on Abjection.* New York: Columbia University Press.

Kristeva, J. (1995). *New Maladies of the Soul*. New York: Columbia University Press.

Kristeva, J. (2000). *The Sense and Non-Sense of Revolt*. New York: Columbia University Press.

Kristeva, J. (2001). *Melanie Klein*. New York: Columbia University Press.

Kristeva, J. (2008). A Father Is Beaten to Death. In L. J. Kalinich & S. W. Taylor (Eds.), *The Dead Father: A Psychoanalytic Enquiry*. London: Routledge, 2009, pp. 175-187.

Kristeva, J. (2011). La reliance, ou de l'érotisme maternel. *Revue Française de Psychanalyse*, *85* (dez.): 1559-1570.

Kristeva, J. (2013). Métamorphoses de la parentalité. *Revue Française de Psychanalyse*, *77* (dez.): 1650-1657.

Kroeber, L. (1920). Totem and Taboo: An Ethnological Psychoanalysis. *American Anthropologist*, *22*(1): 48-55.

Kroeber, L. (1939). Totem and Taboo in Retrospect. *American Journal of Sociology*, *45*(3): 446-451.

Lacan, J. (1954-1955). *The Seminar*, Book II: The Ego in Freud's Theory and in the Technique of Psychoanalysis, ed. J.-A. Miller, trad. S. Tomaselli. New York: Norton, 1991.

Lacan, J. (1969-1970). *The Seminar*, Book XVII: The Other Side of Psychoanalysis, ed. J.-A. Miller, trad. R. Grigg. New York: Norton, 2007.

Lacan, J. (1973). *Le Séminaire*, Livre XI. Les Quatre Concepts Fondamentaux de la Psychanalyse. Paris: Editions du Seuil.

Lacan, J. (1999). *Encore: Seminar XX*, ed. J.-A. Miller, trad. B. Fink. New York: Norton.

Lacan, J. (2005). *Des Noms-du-Père*. Paris: Editions du Seuil.

Lacan, J. (2006). *Écrits: The First Complete Edition in English*, trad. B. Fink. New York: Norton.

La Fontaine, J. S. (1981). The Domestication of the Savage Male. *Man*, *16*: 333-349.

La Fontaine, J. S. (1985). Anthropological Perspectives on the Family and Social Change. *Quarterly Journal of Social Affairs*, *1*(1): 29-56.

Lanzmann, C. (1985). *Shoah*. New Yorker Films.

Laplanche, J. (1980). *Problématiques II*. Paris: PUF.

Laplanche, J. (1981). A Metapsychology Put to the Test of Anxiety. *International Journal of Psychoanalysis*, *62*: 81-89.

Laplanche, J. (1987). *Nouveaux fondements pour la psychanalyse*. Paris: PUF.

Laplanche, J. (1989). Towards a General Theory of Seduction. In *New Foundations for Psychoanalysis*, trad. D. Macey. Oxford: Blackwell.

Laplanche, J. (1997). The Theory of Seduction and the Problem of the Other. *International Journal of Psychoanalysis*, *78*: 653-666.

Laplanche, J. & Pontalis, J.-B. (1968). Fantasy and the Origins of Sexuality. *International Journal of Psychoanalysis*, *49*: 1-18.

Laplanche, J. & Pontalis, J.-B. (1985). *Fantasme originaire, fantasme des origines, origines du fantasme*. Paris: Hachette.

Laplanche, J. & Pontalis, J.-B. (1988). *The Language of Psycho-Analysis*. London: Karnac.

Laufer, M. E. (1993). The Female Oedipus Complex and the Relationship to the Body. In D. Birksted-Breen (Ed.), *The Gender Conundrum*. London: Routledge, pp. 67-81.

Leach, E. (1972). The Structure of Symbolism. In J. La Fontaine (Ed.), *The Interpretation of Ritual: Essays in Honour of A. I. Richards*. London: Tavistock Publications, pp. 239-276.

Le Guen, C. (1974). *L'Œdipe originaire*. Paris: Payot.

Levenson, J. D. (1993). *The Death and Resurrection of the Beloved Son*. New Haven, CT & London: Yale University Press.

Levi, P. (1960). *If This Is a Man and the Truce*. London: Orion Books.

Levi, P. (1985). *If Not Now, When?* London: Abacus.

Levi, P. (1988). *The Drowned and the Saved*. London: Abacus.

Levi, P. (1996). *Survival in Auschwitz*. New York: Touchstone.

Lévinas, E. (1949). *En découvrant l'existence avec Husserl et Heidegger*. Paris: Vrin, 1982; reimpr. 2010.

Lévinas, E. (1969). *Totality and Infinity: An Essay on Exteriority*. Pittsburgh, PA: Duquesne University Press.

Lévinas, E. (1982). *Ethique et infini*. Paris: Fayard.

Lévi-Strauss, C. (1963). *Structural Anthropology*. Harmondsworth: Penguin; reimpr. 1968, 1986.

Lévi-Strauss, C. (1964). *Le Cru et le Cuit*. Paris: Plon.

Lévi-Strauss, C. (1966). *Du miel aux cendres*. Paris: Plon.

Lévi-Strauss, C. (1967). *The Elementary Structures of Kinship and Marriage*. Boston, MA: Beacon Press; reimpr. 1969.

Lévi-Strauss, C. (1968). *L'origine des manières de table*. Paris: Plon.

Lévi-Strauss, C. (1971). *L'homme nu*. Paris: Plon.

Lévi-Strauss, C. (1973). Introduction. In M. Mauss, *Sociologie et Anthropologie*. Paris: PUF.

Lévi-Strauss, C. (1975). *The Way of the Masks*, trad. S. Modelski. London: Jonathan Cape, 1983.

Lévi-Strauss, C. (Ed.). (1977). *L'identité*. Paris: Bernard Grasset.

Limentani, A. (1989). *Between Freud and Klein.* London: Free Association Books.

Littell, J. (2006). *Les bienveillantes.* Paris: Gallimard.

Loewald, H. W. (1979). The Waning of the Oedipus Complex. *Journal of the American Psychoanalytic Association*, *27*: 751-775.

Lukes, S. (1973). *Individualism.* New York & London: Harper Torch Books.

Lukes, S. (1977). *Emile Durkheim, His Life and Work: A Historical and Critical Study*. London: Penguin.

Lyotard, J.-F. (1988). *The Differend: Phases in Dispute*. Minneapolis: University of Minnesota Press.

MacCormack, C. & Strathern, M. (Eds.). (1980). *Nature, Culture and Gender*. Cambridge: Cambridge University Press.

Maimonides, M. (1963). *The Guide of the Perplexed.* Chicago, IL: University of Chicago Press.

Malinowski, B. (1916). Baloma: The Spirits of Dead in the Trobriand Islands. In *Magic, Science and Religion.* London: Faber and West, 1948, pp. 149-254.

Malinowski, B. (1923). The Psychology of Sex and the Foundation of Kinship in Primitive Societies. *Psyche*, *4* (out.): 98-128.

Malinowski, B. (1924). Psycho-Analysis and Anthropology. *Psyche*, *4* (abr.): 293-332.

Malinowski, B. (1927). *Sex and Repression in Savage Society*. London: Routledge & Kegan Paul, 1979.

Malinowski, B. (1929). *The Sexual Life of Savages*. New York: Harvest Books.

Malinowski, B. (1984). *Argonauts of the Western Pacific*. Long Grove, IL: Waveland Press.

Mann, T. (1924). *The Magic Mountain*. London: Vintage Books, 1999.

Marx, K. (1867). *Capital: A Critique of Political Economy*. Penguin: Harmondsworth, 1992.

Mauss, M. (1921). L'expression obligatoire des sentiments. In *Œuvres*, Vol. 3. Paris: Editions de Minuit, 1968.

Mauss, M. (1938). Une catégorie de l'esprit humain. La Notion de Personne, Celle de Moi. In *Sociologie et Anthropologie*. Paris: PUF, 1973.

McDougall, J. (1970). Homosexuality in Women. In J. Chasseguet-Smirgel (Ed.), *Female Sexuality*. London: Karnac, 1991, pp. 171-212.

McDougall, J. (1990). *Plea for a Measure of Abnormality*. London: Free Association Books.

McDougall, J. (1995). *The Many Faces of Eros*. London: Free Association Books.

Mead, M. (1930a). The Ethnological Approach to Social Psychology. In *Growing Up in New Guinea* (Appendix 1). London: Penguin, 1977.

Mead, M. (1930b). *Growing Up in New Guinea*. London: Penguin, 1977.

Mead, M. (1935). *Sex and Temperament in Three Primitive Societies*. London: Routledge & Kegan Paul.

Mead, M. (1949a). *Coming of Age in Samoa*. London: Penguin, 1978.

Mead, M. (1949b). *Male and Female*. London: Penguin, 1978.

Minsky, R. (1995). *Psychoanalysis and Gender: An Introductory Reader*. London: Routledge.

Mitchell, J. (1974). *Psychoanalysis and Feminism*. Harmondsworth: Penguin; reimpr. 1979.

Mitchell, J. (1984). Introduction I. In J. Mitchell & J. Rose (Eds.), *Feminine Sexuality*. London: Macmillan, 1982, pp. 1-26.

Mitchell, J. & Rose, J. (Eds.). (1982). *Feminine Sexuality*. London: Macmillan.

Money-Kyrle, R. (1929). *The Meaning of Sacrifice*. London: Hogarth Press & The Institute of Psychoanalysis.

Mosse, G. (1965). *The Crisis of German Ideology: Intellectual Origins of the Third Reich*. London: Weidenfeld & Nicholson, 1966.

Nadas, P. (2009). Preface. In I. Kertész (Ed.), *L'Holocaust comme culture*. Paris: Actes Sud.

Nietzsche, F. (1882). *The Gay Science*, trad. W. Kaufmann. New York: Vintage Books, 1991.

Nirenberg, D. (2013). *Anti-Judaism: The History of a Way of Thinking*. New York: W.W. Norton and Company, Inc.

Novick, J. & Novick, K. K. (1972). Beating Fantasies in Children. *International Journal of Psychoanalysis*, *53*: 237-242.

Nyiszli, M. (1960). *Auschwitz: A Doctor's Eyewitness Account*, trad. T. Kremer & R. Seaver. New York: Frederick Fell.

Ofer, D. & Weitzman, L. J. (1998). *Women in the Holocaust*. New Haven, CT & London: Yale University Press.

Ogden, T. H. (2004). The Analytic Third: Implications for Psychoanalytic Theory and Technique. *Psychoanalytic Quarterly*, *73*: 167-195.

O'Shaughnessy, E. (1999). Relating to the Superego. *International Journal of Psychoanalysis*, *80*: 861-870.

Parat, H. (2011). L'érotique maternelle et l'interdit primaire de l'inceste. *Revue Française de Psychanalyse*, *75*: 1609-1614.

Parsons, M. (2000). *The Dove That Returns, the Dove That Vanishes*. London: Routledge.

Perelberg, R. J. (1980). Umbanda and Psychoanalysis as Two Different Ways of Interpreting Mental Illness. *British Journal of Medical Psychology*, *53*: 323-332.

Perelberg, R. J. (1990). Introduction. In R. J. Perelberg & A. Miller, *Gender and Power in Families*. London: Karnac, 2012, pp. 34-62.

Perelberg, R. J. (1995a). A Core Phantasy in Violence. *International Journal of Psychoanalysis*, *76*: 1215-1231. Também em R. J. Perelberg (Ed.), *Psychoanalytic Understanding of Violence and Suicide*. London: Routledge, 1999, pp. 87-108.

Perelberg, R. J. (1995b). Review: Kaës, R., Faimberg, H., Enriquez, M. & Baranes, J.-J. (1993). Transmission de la vie psychique entre générations. Paris: Dunod. *International Journal of Psychoanalysis*, *76*: 179-182.

Perelberg, R. J. (1995c). Violence in Children and Young Adults: A Review of the Literature and Some New Formulations. *The Bulletin of the Anna Freud Centre*, *18*: 89-122. Também em R. J. Perelberg (Ed.), *Psychoanalytic Understanding of Violence and Suicide*. London: Routledge, 1999.

Perelberg, R. J. (1996). Anthropology and Psychoanalysis: An Encounter through Culture. *International Journal of Psychoanalysis*, *77*: 847-850.

Perelberg, R. J. (1998a). Introduction to Part III. In J. Raphael-Leff & R. J. Perelberg (Eds.), *Female Experience: Three Generations of Women Psychoanalysts on Work with Women*. London: Routledge, pp. 219-227.

Perelberg, R. J. (1998b). "To be or not to be" – Here: A Woman's Denial of Time and Memory, in J. Raphael-Leff & R. J. Perelberg (Eds.), *Female Experience: Three Generations of Women Psychoanalysts on Work with Women*. London: Routledge, pp. 60-76.

Perelberg, R. J. (1999a). The Interplay Between Identifications and Identity in the Analysis of a Violent Young Man. *International Journal of Psychoanalysis*, *80*: 31-45. Também em *Time, Space and Phantasy*. London: Routledge, 2008, pp. 66-86.

Perelberg, R. J. (1999b). The Interplay of Identifications: Violence, Hysteria and the Repudiation of Femininity. In G. Kohon (Ed.), *The Dead Mother: The Work of André Green*. London: Routledge & The Institute of Psychoanalysis.

Perelberg, R. J. (Ed.). (1999c). *Psychoanalytic Understanding of Violence and Suicide*. New Library of Psychoanalysis. London: Routledge & The Institute of Psychoanalysis.

Perelberg, R. J. (1999d). On Remembering the Unthinkable. *International Psychoanalytical Association (IPA) Newsletter*, *8*(1): 25-37.

Perelberg, R. J. (2003). Full and Empty Spaces in the Analytic Process. *International Journal of Psychoanalysis*, *84*: 579-592.

Perelberg, R. J. (2005). Unconscious Phantasy and Après-Coup: From the History of an Infantile Neurosis. In R. J. Perelberg (Ed.), *Freud: A Modern Reader*. London: Whurr, pp. 206-223.

Perelberg, R. J. (2006). Controversial Discussions and Après-Coup. *International Journal of Psychoanalysis, 87*: 1199-1220. Também em *Time, Space and Phantasy*. London: Routledge, 2008, pp. 106-130.

Perelberg, R. J. (2007). Space and Time in Psychoanalytic Listening. *International Journal of Psychoanalysis, 88*: 1473-1490. Também em *Time, Space and Phantasy*. London: Routledge, 2008, pp. 131-149.

Perelberg, R. J. (2008). *Time, Space and Phantasy*. London: Routledge.

Perelberg, R. J. (2009a). Après-coup dynamique: Implications pour une théorie de la clinique. *Revue Française de Psychanalyse, 73*: 1583-1589.

Perelberg, R. J. (2009b). Murdered Father, Dead Father: Revisiting the Oedipus Complex. *International Journal of Psychoanalysis, 90*: 713-732.

Perelberg, R. J. (2009c). Love and Melancholia in the Analysis of Women by Women. *International Journal of Psychoanalysis, 98*(6): 1533-1549.

Perelberg, R. J. (2011a). A Father Is Being Beaten: Constructions in the Analysis of Some Male Patients. *International Journal of Psychoanalysis, 92*: 97-116.

Perelberg, R. J. (2011b). Noces de Sang. *Revue Française de Psychanalyse, 85* (dez.): 1623-1630.

Perelberg, R. J. (2013a). L'inquiétante étrangeté: Tiercéité et temporalité. *Revue Française de Psychanalyse, 77*(5): 1551-1558.

Perelberg, R. J. (2013b). Paternal Function and Thirdness in Psychoanalysis and Legend: Has the Future Been Foretold? *Psychoanalytic Quarterly*, *82*(3): 557-585.

Perelberg, R. J. (2013c). Revue Française de Psychanalyse, 2011, Vols. 1-5: On Some of the Current Themes in French Psychoanalysis [Review]. *International Journal of Psychoanalysis*, *94*: 589-617.

Perelberg, R. J. (2015). On excess, trauma and helplessness: Repetitions and transformations. *International Journal of Psycho-Analysis*, *96*(6): 1453-1476.

Perron, R. (2001). The Unconscious and Primal Phantasies. *International Journal of Psychoanalysis*, *82*: 583-595.

Picard, G. (1993). *Histoire de l'illusion*. Paris: Jose Corti.

Poliakov, L. (2003a). *The History of Anti-Semitism: From the Time of Christ to the Court Jews*. Philadelphia: University of Pennsylvania Press, 1955.

Poliakov, L. (2003b). *The History of Anti-Semitism: From Mohammed to the Marranos*. Philadelphia: University of Pennsylvania Press, 1961.

Poliakov, L. (2003c). *The History of Anti-Semitism: From Voltaire to Wagner*. Philadelphia: University of Pennsylvania Press, 1968.

Poliakov, L. (2003d). *The History of Anti-Semitism: Suicidal Europe, 1870-1933*. Philadelphia: University of Pennsylvania Press, 1977.

Pontalis, J.-B. (1965). *Après Freud*. Paris: Julliard.

Pontalis, J.-B. (1977). *Entre le rêve et la douleur*. Paris: Gallimard.

Proust, M. (1918). *In Search of Lost Time*, Vol. 1-3. Teddington, Middlesex, UK: Echo Library, 2006.

Pulzer, P. (1964). *The Rise of Political Anti-Semitism in Germany and Austria*. Cambridge, MA: Harvard University Press.

Radcliffe-Brown, A. R. (1924). The Mother's Brother in South Africa. In *Structure and Function in Primitive Society*. London: Routledge & Kegan Paul, 1976.

Radcliffe-Brown, A. R. (1940). On Joking Relationships. In *Structure and Function in Primitive Society*. London: Routledge & Kegan Paul, 1976.

Radcliffe-Brown, A. R. (1949). A Further Note on Joking Relationships. In *Structure and Function in Primitive Society*. London: Routledge & Kegan Paul, 1976.

Radcliffe-Brown, A. R. (1952). *Structure and Function in Primitive Society*. London: Routledge & Kegan Paul, 1976.

Radcliffe-Brown, A. R. (1970). *African Systems of Kinship and Marriage*. Oxford: Oxford University Press.

Read, C. (1918). No Paternity. *Journal of the Royal Anthropological Institute*, *48*: 146.

Reik, T. (1931). *Ritual Psychoanalytic Studies*. London: Hogarth Press & the Institute of Psychoanalysis.

Richard, F. (2013). L'efficience de l'interprétation et la fonction paternelle. *Revue Française de Psychanalyse*, *77* (dez.): 1462-1470.

Ringelheim, J. (1998). Genocide and Gender: A Split Memory. In D. Ofer & L. J. Weitzman (Eds.), *Women in the Holocaust*. New Haven, CT & London: Yale University Press.

Riviere, J. (1929). Womanliness as a Masquerade. In J. Raphael-Leff & R. J. Perelberg (Eds.), *Female Experience: Four Generations of Women on Work with Women*. London: The Anna Freud Centre, 1998, 2008, pp. 228-236.

Róheim, G. (1932). Psycho-Analysis of Primitive Cultural Types. *International Journal of Psychoanalysis*, *13*: 1-221.

Róheim, G. (1946). The Oedipus Complex and Infantile Sexuality. *Psychoanalytic Quarterly*, *15*: 503-508.

Róheim, G. (1950). *Psychoanalysis and Anthropology*. New York: International Universities Press; reimpr. 1954, 1973.

Róheim, G. (1973). The Oedipus Complex of the Navaho. In *Psychoanalysis and Anthropology*. New York: International Universities Press, pp. 319-360.

Rolland, J.-C. (1997). Le rythme et la raison. *Revue Française de Psychanalyse*, *61*(5): 1589-1651.

Rolland, J.-C. (1998). *Guérir du mal d'aimer*. Paris: Gallimard.

Rolland, J.-C. (2006). *Avant d'être celui qui parle*. Paris: Gallimard.

Rolland, J.-C. (2010). *Les yeux de l'âme*. Paris: Gallimard.

Rosaldo, M. Z. (1974). Women, Culture and Society: A Theoretical Overview. In M. Z Rosaldo & L. Lamphere (Eds.), *Women, Culture and Society*. Stanford, CA: Stanford University Press, pp. 17-42.

Rosaldo, M. Z. & Lamphere, L. (Eds.). (1974). *Women, Culture and Society*. Stanford, CA: Stanford University Press.

Rosenfeld, H. (1971). A Clinical Approach to the Psychoanalytic Theory of the Life and Death Instincts: An Investigation into Aggressive Aspects of Narcissism. *International Journal of Psychoanalysis*, *52*: 169-177.

Rosolato, G. (1969). *Essais sur le symbolique*. Paris: Gallimard.

Rosolato, G. (1987). *Le sacrifice: Repères psychanalytiques*. Paris: PUF.

Rothberg, M. (2000). *Traumatic Realism: The Demands of Holocaust Representation*. Minneapolis: University of Minnesota Press.

Roussillon, R. (2013). Le père et la question de l'introjection pulsionnelle. *Revue Française de Psychanalyse*, *77* (dez.): 1369-1373.

Rubenstein, R. L. (1966). *After Auschwitz*. Baltimore, MD: Johns Hopkins University Press, 1992.

Salam, A. (1990). *Unification of Fundamental Forces*. Cambridge, MA: Cambridge University Press.

Sandler, J. (1976). Counter-Transference and Role-Responsiveness. *International Review of Psycho-Analysis*, *3*: 43-47.

Sapir, E. (1967). *Anthropologie*, Vol. 1 & 2. Paris: Editions de Minuit.

Schaeffer, J. (2011). Les portes des mères. *Revue Française de Psychanalyse*, *85* (dez.): 1623-1630.

Schwartz-Bart, A. (1976). *The Last of the Just*, trad. S. Becker. New York: Bantam Books.

Segal, H. (1987). Silence Is the Real Crime. *International Review of Psycho-Analysis*, *14*(3), pp. 3-12.

Segal, H. (1997). Psychoanalysis, Literature and War. Papers 1972-1995. *New Library of Psychoanalysis*. London: Routledge & The Institute of Psychoanalysis.

Smadja, E. (2009). *Le complexe d'Oedipe, cristallisateur du débat psychanalyse/anthropologie*. Paris: PUF.

Smadja, E. (2011). The Œdipus Complex: Crystallizer of the Debate between Psychoanalysis and Anthropology. *International Journal of Psychoanalysis*, *92*: 985-1007.

Smith, W. R. (1894). *Lectures on the Religion of the Semites. Fundamental Institutions.* First Series (2ª ed. [póstuma]), ed. J. S. Black. London: Adam & Charles Black.

Sofsky, W. (1993). *The Order of Terror: The Concentration Camp.* Princeton, NJ: Princeton University Press, 1997.

Spencer, B. & Gillen, F. J. (1899). *The Native Tribes of Central Australia.* London: McMillan and Co.

Spiegel, S. (1993). *The Last Trial: On the Legends and Lore of the Command to Abraham to Offer Isaac as a Sacrifice: The Akedah*, trad. J. Goldin. Woodstock, VT: Jewish Lights Publishing, 2007.

Spiegelman, A. (1986). *Maus: A Survivor's Tale: My Father Bleeds History.* New York: Pantheon.

Spillius, E., Milton, J., Garvey, P., Couve, C. & Steiner, D. (2011). *The New Dictionary of Kleinian Thought.* London: Routledge.

Spiro, M. E. (1982). *Oedipus in the Trobriands.* Chicago, IL: University of Chicago Press.

Stärcke, A. (1921). The Castration Complex. *International Journal of Psychoanalysis, 2*: 179.

Stein, C. (1967). Rome imaginaire. Fragment d'un commentaire de "L'Interprétation des Rêves" de Sigmund Freud. *L'Inconscient, 1*: 1-30.

Stein, C. (1968). Le père mortel et le père immortel. *L'Inconscient, 5*: 59-100.

Steiner, R. (Ed.). (2003). *Unconscious Phantasy.* London: Karnac.

Sternhell, Z. (1986). *Neither Right nor Left: Fascist Ideology in France.* Berkeley: University of California Press.

Stoller, R. J. (1968). *Sex and Gender.* London: Karnac.

Stoloff, J.-C. (2000). *Interpréter le narcissisme*. Paris: Dunod.

Stoloff, J.-C. (2007). *La fonction paternelle*. Paris: Éditions In Press.

Stoloff, J.-C. (2009). *Pourquoi l'antisémitisme? Et si Freud s'était trompé*. Paris: Éditions Pascal.

Stoloff, J.-C. (2013). Le père en psychanalyse: Entre "phylogenèse" et ontogenèse. *Revue Française de Psychanalyse*, *77* (dez.): 1480-1487.

Talcott, P. & Bales, R. F. (1955). *Family, Socialization, and Interaction Process*. Glencoe, IL: Free Press.

Taylor, S. W. (2009). Prologue. In L. J. Kalinich & S. W. Taylor (Eds.), *The Dead Father: A Psychoanalytic Enquiry*. London: Routledge, pp. 9-20.

Todd, J. M. (1986). The Veiled Woman in Freud's "Das Unheimliche". *Signs*, *11*: 519-541.

Tort, M. (2005). *La fin du dogme paternel*. Aubier: Flammarion.

Trachtenberg, J. (1943). *The Devil and the Jews*. New Haven, CT: Yale University Press.

Turner, V. W. (1968). *The Drums of Affliction*. Oxford: Clarendon Press.

Turner, V. W. (1969). *The Ritual Process*. Chicago, IL: Aldine.

Uris, L. (1961). *Mila 18*. New York: Bantam.

Van Gennep, A. (1969). *Les rites de passage*. Paris: Librairie Critique.

Vidal-Naquet, P. (1995). *Les assassins de la mémoire*. Paris: Editions du Seuil.

Villa, F. (2013). Le père: Un héritage archaïque. *Revue Française de Psychanalyse*, *77* (dez.): 1381-1452.

Wacquant, L. (2005). Habitus. In J. Becket & Z. Milan (Eds.), *International Encyclopaedia of Economic Sociology*. London: Routledge.

Walker, N. (1970). *Crime and Punishment in Britain.* Edinburgh: Edinburgh University Press.

Weber, M. (1978). *Economy and Society* (2 vol.). Berkeley: University of California Press.

Wellisch, E. (1954). *Isaac and Oedipus.* London: Routledge & Kegan Paul.

Wiesel, E. (1978). Trivializing the Holocaust. *New York Times*, 16 abr.

Wiesel, E. (2006). *Night*. New York: Hill & Wang.

Winch, P. (1974a). The Idea of a Social Science. In B. R. Wilson (Ed.), *Rationality*. London: Blackwell, pp. 1-17.

Winch, P. (1974b). Understanding a Primitive Society. In B. R. Wilson (Ed.), *Rationality*. London: Blackwell, pp. 78-111.

Winnicott, D. W. (1963). Fear of Breakdown. In *Psychoanalytic Explorations*, ed. C. Winnicott, R. Shepherd & M. Davis. London: Karnac, 1989, pp. 87-95.

Winnicott, D. W. (1969). The Use of an Object. *International Journal of Psychoanalysis, 50*: 711-716. Também em *Psychoanalytic Explorations*, ed. C. Winnicott, R. Shepherd & M. Davis. London: Karnac, 1989, pp. 217-239.

Winnicott, D. W. (1971a). Dreaming, Fantasying and Living: A Case-History Describing a Primary Dissociation. In *Playing and Reality*. Harmondsworth: Penguin, pp. 31-43.

Winnicott, D. W. (1971b). Mirror-Role of Mother and Family in Child Development. In *Playing and Reality*. Harmondsworth: Penguin, pp. 111-118.

Winnicott, D. W. (1971c). Transitional Objects and Transitional Phenomena. In *Playing and Reality*. Harmondsworth: Penguin, 1971, pp. 1-30.

Wood, H. (2007). Compulsive Use of Virtual Sex and Internet Pornography: Addiction or Perversion. In D. Morgan & S. Ruszczynski (Eds.), *Lectures on Violence, Perversion and Delinquency*. London: Karnac, pp. 157-178.

Yerushalmi, Y. H. (1991). *Freud's Moses: Judaism Terminable and Interminable*. New Haven, CT & London: Yale University Press.

Zornberg, A. G. (2009). *The Murmuring Deep*. New York: Schocken Books.

Índice remissivo

GRÁFICA PAYM
Tel. [11] 4392-3344
paym@graficapaym.com.br